课程思政系统性
探索与实践

基于"三寓三式"范式导向的
"上海高校课程思政重点改革领航学院"
建设案例·续三

滕跃民　张　波◎主　编

王　莹　肖　鹏◎副主编

包立霞◎编　务

上海三联书店

序　言

　　课程思政不同于思政课程系统全面显性地开展思政理论的"主渠道"教育，而是在其他各类课程(基础课、通识课和专业课)中融入政治意识和思想价值引领的"微循环"。通过融入思政元素，渗透立德树人理念，课程思政实现全员、全过程、全方位育人，从而使专业知识教育与思想政治教育的有机结合，形成协同效应，帮助学生树立正确的世界观、人生观和价值观，促进学生的全面发展。

　　在上海出版印刷高等专科学校党委的领导下，在学校课程思政研究中心和教务处的指导下，学校影视艺术系党政领导高度重视课程思政，带领广大教师发扬拼搏和无私奉献精神，积极投身于课程思政改革。他们的政治站位与思想高度在全校有比较突出表现，出台了激励性的政策措施和资金投入，充分发挥和调动教师的改革积极性、主动性和创造性。他们在首批校级课程思政领航学院的基础上，率先在全校成立了以第一课堂为核心的课程思政"三寓三式"范式研究中心，聚焦课程思政的"落地落实落细"环节，深入开展课程思政有效路径和科学方法的研究探索，并在第二第三课堂大力推进课程思政的建设实践，取得了极其丰硕的成果。他们不但在校内外发挥引领作用，而且在市内外产生了非常广泛的影响力。本书是他们成果的结晶，内容包括课程思政论文、课程思政领航课程、党史融入课程典型案例、课程思政教学案例、课程思政建设成果等，是学校课程思政改革宝贵的经验和财富。

　　本书具有比较扎实的基础，它是继之前公开出版的《课程思政系统性探索与实践——基于"三寓三式"范式导向的"上海高校课程思政重点改革领航学院"建设案例》《课程思政系统性探索与实践——基于"三寓三式"范式导向的"上海高校课程思政重点改革领航学院"建设案例续一》《课程思政系统性探索与实践——基于"三寓三式"范式导向的"上海高校课程思政重点改革领航学院"建设案例续二》的又一颇具特色的专著。

　　本书继续秉承之前全方位、多层次、立体化的框架体系，书中内容丰富，思想前瞻,观点鲜明,富于真知灼见,是影视艺术系专业教师在课程思政改革与建设领域的一大力作。本书不但客观地展现影视艺术系专业教师在课程思政改革与建设中积极进取和勇于探索的精神,以及强烈的育德意识和较高的育德能力,还集中体现了课程思政改革与建设深入发展中所取得的不凡业绩和显著成效。"三寓三式"范式是本书的核心,其内容具有较强的思想性、前沿性、时代性、专业性和学术性,方法具有较好的先进性、针对性、互动性,避免出现"表面化""硬融入"现象。"三寓三式"范式也是学校课程思政改革竞争力的充分体现,具有可推广可复制的丰富价值和重要意义,学校 2018 年首个全国课程思政教学成果奖、教育部职业院校文化素质教指委首批课程思政教学研究中心、上海市首批课程思政教学研究示范中心、全国黄大年教师团队、教育部首批课程思政示范项目(课程、名师、团队)、上海市课程思政示范项目(课程、名师、团队)、上海市首批课程思政重点改革领航学院、上海首批"大思政课"建设重点试验高校、教育部职业教育教师创新团队、上海高职高专首批课程思政教学研究院等重大项目的成功获批,都与之密切相关。高等教育和职业教育战线的广大教师可以从"三寓三式"范式的"标杆效应"中获取启迪和借鉴。

雄关漫道真如铁,而今迈步从头越。课程思政改革与建设是永恒的旋律,只有开始没有结束。我们希望影视艺术系党政领导和专业教师今后继续以习近平新时代中国特色社会主义思想为指导,深入学习贯彻党的二十大精神,全面贯彻党的教育方针,发扬教育家精神,加大"大思政课"的推进力度,进一步完善"三全育人"新格局,不断提高课程思政育人能力。要根据学科和专业大类,将思政教育全面融入人才培养方案和专业课程,打造更多的课程思政优秀案例和改革成果,使课程思政改革和建设不断跨上新的台阶。同时希望专业教师以"大先生"标准严格要求自己,持续攻关,深入研究"三寓三式"范式,使课程思政改革与建设真正"做到落实落地落细",继续铸就上海版专的课程思政"上海样板",为上海的课程思政改革和建设增光添彩,为培养德智体美劳全面发展的社会主义建设者和接班人做出新的更大的贡献。

顾春华

上海电力大学校长、原上海出版印刷高等专科学校党委书记

2024 年 6 月

目　录

第三部分　党史进课程典型案例

第四部分　课程思政教学案例

第五部分　课程思政建设成果

第一部分　课程思政论文集

高职专业"课程思政"的"道法术器"改革①

《辽宁高职学报》2018 年第 8 期

滕跃民　张玉华　肖纲领

摘　要:高职院校在专业教育中实施课程思政是使各类课程与思想政治理论课同向同行,形成协同效应的重要组成部分。高职院校专业教育的课程思政改革,可以基于"道法术器"思路来实施。"道"即引导学生讲道理、走正道、行道德,实现价值引领;"法"即寓道于教、寓德于教、寓教于乐,遵循教学规律;"术"即构建画龙点睛式、专题嵌入式、元素化合式教学方式,打造多元路径;"器"即融入信息技术。

关键词:高职院校;专业教育;课程思政;道法术器

"课程思政"是在马克思主义基本立场与观点方法的指导下,深入发掘各类课程的思想政治理论教育资源,并从战略高度构建思想政治理论课、综合素养课程、专业教育课程"三位一体"的思想政治教育课程体系。其目的是探索各类课程与思想政治理论课同向同行,形成协同效应。基于此,高职院校专业教育中的课程思政是指高职院校专业课教师在传授专业知识、培育学生职业技能的同时,进行价值引领,从而实现学生思想品德水平、文化素养和职业操守的同步提升。高职院校承担培养技术技能人才的重任,课程是高职院校人才培养最核心的抓手。专业课作为高职院校课程的主要部分,自然应成为高职院校课程思政的主阵地。在高职院校专业课中实施课程思政是"使各类课程与思想政治理论课同向同行,形成协同效应"的重要组成部分。因此,高职院校在专业课中进行课程思政改革,对于高职院校进行全方位人才培养而言具有重要意义。高职院校专业教育中课程思政的实施,可以在"道""法""术"

---

① 本文已发表于《辽宁高职学报》2018 年第 8 期。

"器"四个方面进行有效探索。

一、"道"——实现价值引领

高职院校专业课程思政的最终目的在于立德树人。学生是受教育的主体,高职院校专业课程思政必须服务于学生的成长成才。高职院校专业课程思政的开展首先需要从"道"上实现对于学生价值的引领,引导学生讲道理、走正道、行道德。

(一)以专业课程思政改革引导学生讲道理

在高职院校专业课中实施课程思政,旨在引导学生讲马克思主义的道理,用马克思主义的立场、观点、方法来认识和改造世界。当前较多西方学者认为马克思主义所反映的时代特点已发生了剧烈变化,马克思主义已不能解释日新月异的新时代了。他们认为现代西方科学和社会的新理论层出不穷,早就超越了马克思主义。虽然当今的世界已经不是马克思、恩格斯当年创立历史唯物主义理论时的样子,但是人类社会从资本主义向社会主义过渡的时代背景丝毫没有发生改变。而且中国革命和建设所取得的巨大成就,有力地证明了坚持马克思主义指导的正确性。特别是党的十八大以来,在以习近平为核心的党中央领导下,中国国力和发展水平进一步提升,再次证明了马克思主义基本原理同中国具体实际相结合的巨大力量。马克思主义的道理,即马克思主义的立场、观点和方法,是马克思主义科学思想体系的精髓。[1]马克思主义的基本立场是始终站在人民大众的立场上,一切为人民,一切相信人民,一切依靠人民,全心全意为人民谋利益。马克思主义的基本观点,是关于自然、社会和人类思维规律的科学认识,是对人类思想成果和社会实践经验的科学总结。马克思主义的基本方法,是建立在辩证唯物主义和历史唯物主义世界观、方法论基础上的思想方法和工作方法,主要包括实事求是的方法、辩证分析的方法、历史分析的方法、群众路线的方法等等。在高职院校专业课中实施课程思政,专业课教师需要结合专业课程实际,把马克思主义的基本道理内化到学生心中。

---

[1]　孟源北.习近平新时代中国特色社会主义思想的理论来源[N].学习时报,2017-11-03(A02).

(二) 以专业课程思政改革引导学生走正道

在高职院校专业课中实施课程思政,旨在引导学生走中国特色社会主义的正道,增强走中国道路的信心和决心。道路问题是关系党的事业兴衰成败第一位的问题,道路就是党的生命。新中国成立以来,特别是改革开放40 年来,我们党坚持把马克思主义基本原理同我国具体实际和时代特征相结合,成功开辟了中国特色社会主义道路。中国特色社会主义道路正是中国共产党把马克思主义的理论同中国革命和建设实践相结合的成果。在高职院校专业课中实施课程思政,专业教师需要引领学生把马克思主义的哲学理论化为思想方法,贯彻于自己的行动、自己的专业领域中,从而走马克思主义的正道。

(三) 以专业课程思政改革引导学生行道德

"在同一件事情上人们的立场、观点如此多样,以至于教师难以在学生面前充当道德权威,谆谆教导学生什么是好的与坏的,什么是对的与错的,该做什么,不该做什么。把价值标准和道德观念当作确定的知识来教的时代,一去不复返了。①"价值取向多元冲突的现象对高职院校专业课教师开展课程思政提出了挑战。面对这种挑战,高职院校专业课教师不应坚持价值中立,而是应该勇敢地承担起价值引领的重任,引导学生践行集体主义道德。在高职院校专业课中实施课程思政,旨在引导学生践行集体主义的道德。承担课程思政任务的高职院校专业课教师需要引导学生"化理论为德性"。所谓"化理论为德性",即引导学生通过身体力行的专业实训实习,把马克思主义理论化为自己的德性,具体化为有血有肉的人格。集体主义是我们长期信奉的道德原则。随着计划经济体制向市场经济体制转型,集体主义的道德原则也需要新的发展,这符合马克思主义经济基础决定上层建筑的论断。而社会主义核心价值观就是集体主义道德原则的当代发展。②在个人主义思想不断盛行之际,通过实施专业课程思政,学生将在专业实践中化马克思主义的理论为自己的德性,从而把社会主义核心价值内化到自己的人格中。

---

① 黄向阳.道德相对主义与学校德育[J].全球教育展望,2001(6):5—8.
② 崔宜明.社会主义核心价值观与中国优秀传统文化的再认识[J].道德与文明,2014(5):21—27.

二、"法"——遵循教学规律

课程思政本质上是一门课,与其他课程有一定的共性,因此课程思政也需要遵循一定的教学规律。课程思政既要遵循专业课的教学规律,又要遵循德育课的教学规律,因而需要把两种类型课程的教学规律有机结合起来,按照相应的"法"来实施教学,否则课程思政的效果会大打折扣。

(一)课程思政改革需要寓道于教

高职院校专业教育中既要有专业知识方面的要求,也要有思政的高度与人文情怀的温度。但是长期以来,高职院校专业课程过于注重知识技能传授,忽视价值观引领和学生品德养成,无疑贬低了学生作为"人"的价值。甚至学生只是被当作将来能产生更高劳动效率的"机器"来培养,产生了教育的异化。这显然与马克思主义关于实现人的自由全面发展的目标相去甚远。技术从本质上说是中性的。技术可以用来造福人类,也可以用来毁灭人类。美国哲学家汉娜·阿伦特曾在《人的境况》中指出:"工程师并非其自身造物的主人,其他物品的制造者也是如此;超乎其上的政治学必须为体力劳动提供指导。①"在这里,阿伦特批评了那些只管提高技能和完成制造,其他什么都不考虑的技术工作者。在高职院校专业教育中,教师不能只教学生如何在技术上精益求精,更要让学生学会思考技能对于社会有怎样的价值,即"寓道于教"。实现思政教育强化、职业素养培育和职业技能提高的"三促进效应",才是高职院校专业教育的本真。

(二)课程思政改革需要寓德于教

课程思政在本质上应该属于德育范畴,这就意味着高职院校专业课教师在课程思政中也应该自觉承担起德育的教学任务。因此,高职院校专业课教师在开展课程思政时应遵循基本的德育原则和方法。当前社会的文化从一元变成多元,这意味着道德教育要从一元的灌输走向多元的民主、对话。②一元文

---

① 理查德·桑内特.匠人[M].李继宏,译.上海译文出版社,2015:1.
② 孙峰,李欢.道德教育的现实选择:从灌输走向对话[J].辽宁师范大学学报(社会科学版),2009(5):56—60.

化下道德教育的内容是唯一的,道德教育的方式也是强制的,教师是道德教育中永恒价值的"法官"。在多元文化背景下,承担德育任务的教师不再直接告诉学生什么正确、什么错误,而是引导学生对各种道德取向与道德规范进行分析、比较与鉴别,自主、合理地选择真正符合时代要求或个人所应确立的道德价值,做到"寓德于教"。

(三) 课程思政改革需要寓教于乐

在大众化教育阶段,高职院校学生存在着学习动力不足,不愿意学习的情况。在高职院校专业课的课程思政教学中要注重挖掘学生的兴趣点,从"问题"入手,"浅入深出"地开展教学,促进学生体验到学习的乐趣和成就感,做到"寓教于乐"。上海出版印刷高等专科学校经过多年的探索,形成了思政元素融入实训课同向同行的教学模式。该模式通过实施课前启发式教育、课中体验式教育、课后感悟式教育,有效衔接了"课前、课堂、课后"三个过程。该模式综合运用案例、图片、视频、时政性强的材料,打造体验式课堂的"精彩一刻",增强了课程的吸引力,从而创建了在学习中找到快乐、在快乐中学会学习的教学方法,达到了"快乐教学"的良好效果。

三、"术"——打造多元路径

高职院校专业课的课程思政要实现德智技的共同提高,需要探索具体的融入方式。论文提出了画龙点睛式、元素化合式、专题嵌入式、隐性渗透式四种融入方式,以期助力高职院校学生技能和素养的双重提高,为专业课程的"同向同行"提供借鉴。

(一) 课程思政的"画龙点睛"教学方式

"画龙点睛"教学方式是指在讲授专业课的知识点和技能点时进行社会主义核心价值观、唯物辩证法等的点睛。"画龙"是指高职院校专业课知识点的学习和技能点的训练;"点睛"是指用德育元素对相关知识点和技能点进行指点。如在印刷概论等专业的讲课中涉及毕昇、王选、万启盈等内容时,可以进行社会主义核心价值观的点睛。万启盈是党的印刷事业和中国现代印刷工业的奠基人之一。他为了实现革命理想,1937年千里迢迢赶赴延安,被分配到党报委员会领导的中央印刷厂工作。万启盈排过字、拼过版、管过工务、当过厂长。90多岁高龄时,他仍在撰写《中国近代印刷工业史》。①在讲印刷的历史中,专业教师可以采用"画龙点睛"教学方式,把万启盈爱国事迹、敬业的精神,提升到社会主义核心价值观的高度进行讲解。

(二)课程思政的"专题嵌入"教学方式

"专题嵌入"教学方式是指专业课教师选择相关主题,在不打破原来教学结构的基础上,将思政的某个专题进行嵌入,以加深学生对专业课程内容的理解,同时提高学生对思政要求的认识。比如在印刷过程与控制课程讲授关于水墨平衡的主题中,可以嵌入对立统一规律的阐述,以揭示印刷过程中的矛盾运动发展、两点论、重点论、量变到质变规律。平版胶印是现今应用最广泛的印刷技术之一,其著名原理就是"水墨平衡"。在现代平版胶印过程中,印刷中的"水"和"墨"是在高速、高压的过程中相互接触、相互作用的,不少学生误认为"水墨平衡"就是"油水不相溶"。但嵌入对立统一规律后,学生更容易理解水墨平衡原理。"水"和"墨"两种互不溶解的液体在高速高压状态下,油水间的相互作用发生了显著的变化,一种液体以微滴的形式分散到另一种液体中,产生"乳化"现象,形成"油包水"型稳定乳状液。依托课程思政的"专题嵌入"教学方式,高职院校学生专业课的学习有了更有力的支撑。

(三)课程思政的"元素化合"教学方式

化合反应指的是由两种或两种以上的物质反应生成一种新物质的化学反应。课程思政的"元素化合"教学方式,就是将专业知识、专业技能、思政要点三种不同的教学元素进行化合,进而产生合而为一的效果。比如音乐欣赏课程的讲授,其知识点通过与文化的元素化合,就很好地融入了课程思政要求。在讲授民族音乐时,一方面把优秀的民族作品的定义、特点等知识点介绍给学生,让学生对中国优秀传统音乐作品有所了解;另一方面,引入国外有代表性的音乐,使学生在欣赏外国音乐的同时,产生对祖国的民族自豪感,增加文化自信。再比如歌曲《黄河》教学中,作为来源于西方的音乐体裁,除了钢琴技法

---

① 杜维兴.正直坚强的老人:怀念万启盈同志[J].印刷杂志,2014(11):36—38.

和作曲技法等知识点之外，所有知识点都体现中国传统音乐文化的魅力，如"起""承""转""合"的中国传统音乐创作技法，笛子与琵琶两种中国传统乐器的融入。正是这种音乐知识点与文化的育人元素结合在一起，实现了双重育人功效，使得爱国主义、文化自信等思政要点有机化合到专业课程中，充分体现出了课程思政"元素化合"教学方式的效果。

四、"器"——融入信息技术

高职院校专业教育的课程思政要提高颜值，需要信息化技术来包装。随着时代的发展，传统教学模式已不能适应课程教学的发展。而信息技术以其灵活、高效、信息丰富等特点更加适应课程思政的现代化教学模式。课程思政教育信息化，要求在教育过程中较全面地运用以计算机、移动通信为基础的现代信息技术，从而适应正在到来的信息化社会提出的新要求。高职院校专业课教师应该处理好信息技术与课程内容的有机融合关系，发挥信息技术在价值观教育中的功能和作用。新型信息技术教学应用创新是深度融合的动力。比如传播学概论课程中，可以运用 VCR 虚拟现实技术来呈现中国共产党在长征途中宣传革命的事迹。把这些红色事迹通过虚拟现实来让学生体验，必然会加深学生的感受性。

总体而言，高职院校专业课程思政的"道法术器"改革，是课程思政在高职院校专业课程教育中的有力渗透，有利于提高高职院校思政教育的效果，也是提升高职院校专业课程教育教学水平，实现"全员育人、全方位育人、全过程育人"，促进学生思想品德水平、文化素养和职业操守的同步提升的有利思路。高职院校专业课程思政的"道法术器"改革，为高职院校开展专业课程思政提供了一定的参照和借鉴，值得进一步加以探索和研究。

高职院校"四化教学法"内容设计与改革实践①

滕跃民　许宇飞　李田丰②

摘　要: 教法改革是"三教"改革的重要组成模块,是影响人才培养质量的关键举措。结合院校自身的实践改革经验,提出了"四化教学法"即:课程教学"思政化"、课程内容"创新化"、教学方法"快乐化"、教学手段"信息化",其中"课程教学思政化"是根本,"课程内容创新化"是前提,"教学方法快乐化"是关键,"教学手段信息化"是保障,四个部分相辅相成,共同组成了一个紧密相连的有机整体。认为强化对教师队伍的专项培训、落实教务等部门的监督责任、开展可量化的考核评价活动是有效实施"四化教学法"的支撑要件。"四化教学法"是高职院校教法改革的拓展和深化,立足于高职院校教法改革实践,具有深厚的实践基础与强大的生命力,将为高职院校教法改革提供有益借鉴。

关键词: 高职院校;课程思政;四化教学法;三寓三式;具体实践

　　2019年3月18日习近平总书记在北京主持召开学校思想政治理论课教师座谈会并发表了重要讲话,总书记明确指出:"要理直气壮开好思政课,用新时代中国特色社会主义思想铸魂育人,引导学生增强中国特色社会主义道路自信、理论自信、制度自信、文化自信。"③《职业教育改革实施方案》(简称"职教20条")明确提出了职业教育教法改革要求,将教法改革视为提升职业教育人才培养质量的关键举措。教法改革是"三教改革"中的重要内容,落实职教20条提出的教法改革要求,是在职业教育快速发展的崭新时代背景下对"三教"

① 基金项目:"课中课"国家级教学成果奖应用推广工程课题编号 zk-2020-016。

② 作者简介:滕跃民(1960—　),男,上海人,硕士,教授,原常务副校长,硕士研究生导师,研究方向:课程思政;许宇飞(1992—　),男,河南鹿邑人,上海理工大学硕士研究生,研究方向:职业教育;李田丰(1995—　),女,河南安阳人,上海理工大学硕士研究生,主要研究方向:课程思政,公共管理。

③ 《习近平主持召开学校思想政治理论课教师座谈会强调用新时代中国特色社会主义思想铸魂育人贯彻党的教育方针落实立德树人根本任务》,《人民日报》,2019-3-19.

改革要求的深化与拓展。结合实践经验提出了"四化教学法",在院校推广运用中取得了良好效果,实现了德育、智育、创新和信息化的四个结合,有效地提升了人才培养质量,契合职业教育未来教法变革的长远需要。

一、"四化教学法"的改革动因

教法改革是"三教"改革的关键组成部分。"三教"改革是一项复杂的系统工程,教学方法改革是其中的重要方面,教学方法改革的成败直接关系到教学质量的提高和高职人才培养目标的实现①。因此,"职教 20 条"将其视为人才培养质量的关键突破口和重要内容,基于分析,其原因包含以下四个层面:

(一) 促进学风建设水平不断提升的重要举措

由于历史的原因,高职学校学生的学风问题由来已久,尽管各校采取了诸多措施,并不断加大学风建设力度,但始终未从根本上解决该问题。高职学生除了理论基础相对较弱,远大理想和奋斗精神也比较欠缺,学生在学习上一遇到困难,很容易打退堂鼓,不能系统地学习和掌握所要求的知识和技能,在实践中的应用能力较差,不少学生容易产生厌学、课堂倦怠等现象,影响院校学风建设。通过"四教"改革,扭转学生在课堂被动接受知识"输入"状态,利用多种手段将复杂深奥、抽象的知识以浅显易懂的形式在课堂教学中呈现出来,激发学生的学习兴趣和学习热情,真正使学生感受到学习的乐趣和获得感,调动学习的积极性,营造出向上乐学的学风氛围,提升院校的学风建设水平。

(二) 契合高职院校人才培养模式的根本要求

实践性是高职院校人才培养模式的鲜明特征。行业需求是高职院校人才培养的基本导向,高职院校培养掌握较强实践操作能力的技能型人才,是适应行业发展需要的内在要求。长期以来,我们的人才培养工作比较宏观,在产教融合、校企合作等投入很多,但对微观的"教法"即课堂教学关注不足。以理论讲授为主导是课堂教学的主要方法,忽视了高职院校人才培养的基本规律,对学生实践能力培养重视程度不够,从根本上来讲,在这样的教法主导的课堂体

---

① 李小林.对深化高职院校教学方法改革的思考[J].教育与职业,2010(29):139—141.

系影响下,难以培养出高质量的复合型技术技能人才,难以满足行业发展的实际需要。因此,教法改革就是要改变传统的教法模式,植入实践环节,使人才培养方式贴近行业需求,学生掌握的专业能力更好地对接未来岗位要求,从而实现提升高职院校人才培养质量的根本目标。

(三) 提升高职院校实践教学质量的重要保证

教学方法决定着高职院校人才培养的质量与实际教学水平,教法革新的本质是为提升实践教学质量服务。基于改革实践,上海出版印刷高等专科学校在不久前提出的"教学质量'最后一公里'工程",为解决课堂教学质量提供了比较有效的方法,成为学校教学质量年报的重要案例。教法是传授课堂知识的纽带和桥梁,教师要采取正确且适用的教学方法满足正常的实践教学需要,这是保障基本教学质量的基础。"四化教学"提出的基础就是"教学质量'最后一公里'工程,两者关系密切,相辅相成"。通过不断改革教法,促使广大教师革新教法体系,并以"四化教学法"为基础,融入课堂实践教学过程,打造出上海出版印刷高等专科学校独具一格的"金课",从根本上提高了学校的教学质量。"四化教学法"对教师的知识与能力结构也提出了新的要求,促使教师在实践教学中不断完善自身知识与能力体系。

(四) 满足学生课堂学习不同需求的内在保障

教法革新是满足学生多样化学习需求的有效手段。当下,职业院校教学方式方法无法有效满足实践教学需求,存在"满堂灌""闭门造车"等现象,难以激发学生学习兴趣,不能贯彻"以学生为中心"的理念,课堂吸引力不强[1]。学生群体在课堂教学中有着多样化的学习需要,教师在实践教学中如何满足学生差异化的学习需要?最有效的手段就是对教法体系进行系统的改革,努力创新教学方式方法,积极推行情景式、项目制为主导的教法方法,对接高职院校人才培养需求,提升课堂教学的内在吸引力,充分调动学生参与课堂的积极性,有效满足课堂学习过程中表现出的多样化需求,进而不断提高人才培养质量。

---

[1] 秦华伟,陈光."双高计划"实施背景下"三教"改革[J].中国职业技术教育,2019(33):35—38.

二、"四化教学法"的内容框架

在探索"三教"改革的实践过程中,上海出版印刷高等专科学校探索出了"四化教学法"改革模式,即课程教学"思政化"、课程内容"创新化"、教学方法"快乐化"、教学手段"信息化"。这四个方面环环相扣,构建了课堂教学质量链,也是"教法"改革的重大举措。

(一) 课程教学"思政化"

高职院校的教法改革要将育人目标摆在首位。课程教学"思政化"就是课程思政,是指在所有课程的教学中融入爱国主义、理想信念、道德品质、奋斗精神、知识见识和综合素养的培养要求,积极引导学生养成良好的世界观、人生观、价值观。思政类课程的教学方式主要是显性的,非思政类课程主要是隐性的,两者同向同行,形成协同效应。

(二) 课程内容"创新化"

高职院校的教法改革要将创新变革作为主要手段。课程内容"创新化"是指教学内容要结合"双创"、科研要求,满足学校教师在不同知识层面的教学需要,将课堂内容与学生的实践需要相结合。高职院校学生主动学习意识不强,学习自控力有待加强[1],这就需要教师在实践教学中要不断引入新技术、新工艺、新规范。结合世界技能大赛等有影响力的竞赛品牌,以赛促教、以赛促学、以赛促育,将竞赛标准对接实践教学,人才培养导向对接岗位需要,积极构建满足实际需要的知识点技能点体系。课程内容的创新化主要依靠一线教师,在实践教学中遵循基本教学规律,根据专业领域不同认真总结实践经验,将课程内容以多样化、高度灵活的形式在课堂教学中展示给学生,既保证实践教学需要,又能提升教学质量及教学水平。

(三) 教学方法"快乐化"

高职院校的教法改革要将快乐学习视为关键内容。教学的根本目的是实

---

① 詹春燕,赵欣.高职院校思想政治理论课教学方法创新探析[J].思想理论教育导刊,2012(05):79—81.

现课堂知识借助教师这一"媒介"教授给学生,从而良性过渡与转移。教学方法"快乐化"是指激发学生的兴趣和好奇心,教师在实践教学中运用情景化、故事化、游戏化、启发式、互动式、案例式等教学方法,营造较为活跃、融洽的课堂气氛,为学生参与课堂教学打下基础。通过丰富多样的教学方法,吸引学生参与课堂活动,落实学生成为课堂教学活动主体的基本要求,为实现良好的师生互动提供保障。在快乐中成长、学习是潜移默化的知识传授,也是较为理想的知识传授方式,不仅能提升学生的学习热情,也能激发学生在学习过程的创造力,提高学生的课堂参与意识。

(四) 教学手段"信息化"

高职院校的教法改革要将信息技术作为重要媒介。信息技术的快速发展,已渗透到教育领域中的各个层面,在新冠肺炎疫情背景下,借助信息化产品有效保障了教学活动的正常开展。从这一实践中不难看出,当前的教学手段也有综合融入信息技术,拓展教育边界。教学手段"信息化"是指运用PPT、视频、动画及AR/VR、App等信息化技术,创设不同情境,激发想象力①,不断提高教学效果,使学生更积极地投入学习中去。例如,在实践操作中借助虚拟仿真技术,使学生能够亲自操控教学机设备,让其获得身处实践的教学环境,在实践场景中锻炼自身技能,提高技能掌握熟练程度,并及时发现问题,利用信息化技术及时解答学生疑虑,实现高效的育人机制。

总的来看,"四化教学法"源于实践教学,贴合高职院校实践教学需要,对提升人才培养质量等层面有着较为良好的促进作用。"四化教学法"的顺利实施从根本上来讲要借助于产教融合、校企合作的体制机制,在实践中不断深化推广,扩大自身影响力与实际效用。

三、"四化教学法"的实践探索

教法改革重在创新校企合作、工学结合模式,推进"课堂革命"②。教育教学改革的创新有宏观广义和微观之分,各门课程有不同的专业属性,在运用

---

① 刘伟欣.高职院校课堂教学方法的选择及改革趋势探讨[J].中国教育学刊,2015(S1):395.
② 王成荣,龙洋.深化"三教"改革 提高职业院校人才培养质量[J].中国职业技术教育,2019(17):26—29.

"四化教学法"的实践过程中不能生搬硬套,要具体分析和有针对性地实施,要利用自身优势,挖掘课程"创新化"元素,实现最佳的教学效果。结合上海出版印刷高等专科学校影视艺术系在"四化教学法"中的具体实践,本文对"四化教学法"的内在运行机理及实际效用呈现如下。

(一)传播正能量,实现课程教学"思政化"

在教学中,教师将正能量的思政元素融入教学内容。具体的嵌入方法有"寓道于教""寓德于教",手段有"画龙点睛式""专题嵌入式""元素化合式"等,结合前面的"寓教于乐",构成了"三寓三式"。此外,以典型案例及事件引导同学们积极向上,充满正能量。从小事着手,注重穿插讲授红色经典故事,通过将思想教育与课堂活动的完美结合,助力在校学生身心全面发展,从而实现育人的根本目标[①],让同学们树立对祖国的热爱,以及自身发展的自信心。此外,教师在课程教学中经常列举了一些能够让他们感受到温暖的例子或是典故,营造了融洽的教学氛围,同时又拓宽了学生的知识面,实现了品德育人与知识育人的同向结合。

(二)结合专业知识,实现课程内容"创新化"

在讲分镜头设计过程中,教师借助了《勇敢的心》《孔雀》等多部与课堂教学主题直接相关的影视作品。在课堂上,以影视片段作为教学的导入环节,真实地展现主人翁在追求梦想过程中的辛酸历程,通过导入这一片段让同学们对人生有深入的思考和感悟。在讲解这些片段专业知识的时候,借助了情景描绘分析,帮助同学们更好地理解课程知识体系及逻辑框架。这种情景化、再现化的内容呈现在实践中颇受学生喜爱,实现了专业知识内容及形式上的创新,更易于学生们接受并吸收。

(三)启发式诱导,实现教学方法"快乐化"

在课堂知识传授过程中,教师们充分运用快乐教学的情景化、形象化、启发式和互动式等方法,由浅入深、由易到难地开展教学。比如在教"人物走路

---

① 许宇飞,滕跃民.课程思政"五维度"价值分析及改革思考[J].教育现代化,2020,7(10):58—60.

动画设计"时,先播放由知名动画大师拍摄的动画片《行走》,让学生对经典的动画设计有一定的了解,然后让学生通过观看男人、女人以及小孩走路的视频,归纳提炼出人物行走的基本规律。必要时由任课教师亲自示范,使学生感到非常亲切,不时响起欢声笑语,让原本枯燥的课堂变得生动有趣,时时刻刻充满着新鲜,从而大大激发了学生的创作热情与灵感。

(四)使用信息终端,实现教学手段"信息化"

动画设计行业更新快,信息化(网络化、数字化)水平要求更加严格。为了提升教师的信息化素养,学校鼓励和支持选派优秀教师到校企合作的企业进行定期的企业实践,提升教师的信息化专业知识与能力。企业紧跟行业发展需要,信息化发展的动态更加敏锐。在影视传媒、动画设计等专业,不少教师深感信息化水平在实践育人中的关键作用,要不断提升自身信息化水平。随着网络技术的快速发展,对教师长期的适应能力提出了更高要求。事实证明,掌握熟练技术的教师,其专业发展将更能从容地适应未来实践教学需要。

四、高职院校"四化教学法"的实施要件

想要有效发挥"四化教学法"的既定效果,要强化对教师队伍的专项培训工作、发挥教务等部门的监督责任、开展量化可视的考核评价活动,从而发挥"四化教学法"在教学改革中的实际效用,助力高职院校提升人才培养质量。

(一)强化对教师队伍的专项培训

系统有效的教学方法要依靠一线教师在实践教学中灵活运用,才能真正发挥其既定成效。首先,要提升教师队伍的思政素养,尤其是非思政教师队伍,要对其进行专项培训,提升教师队伍的思政素养水平。其次,在教学实践中鼓励教师进行教学创新,通过举办教师教育教学创新活动,培养教师的创新意识,提升教师在实践教学中的创新能力,为践行"四化教学法"打下坚实基础。再次,要引导教师走近学生,倾听学生的意见和心声,不断提升自身教学水平,在这一过程中与学生形成良好的师生关系,精准把握不同类型学生差异化的课堂需求,以灵活、多样的教学方式呈现课堂知识,在实践中提高教师的

专业权威。最后,要定期对教师的信息化水平进行专项培养。随着信息化影响的不断深入,对信息操作能力的熟练掌握是课堂实践教学的必然要求。

(二)落实教务等部门的监督责任

"四化教学法"是在院校教学改革的实践基础上逐步总结而来,具有广泛的适用性和广阔的发展空间。在实践中要着重发挥教务等部门的监督作用。首先,实施定期院校研讨活动。教学主管领导要深入参与,不同学院的一线教师进行教学实践的专项展示,检验"四化教学法"在实践教学环节中的执行情况,是否落实了既定的教学方针,满足了教学实践需要,对于教师展示过程中存在的不足要及时纠正,保证"四化教学法"既定效用的发挥。其次,发挥教学督导专项监督作用。教学督导要深入一线课堂听取教师课堂进展情况,认真做好课堂记录,适时询问学生对教师的评价,在课程结束后要对任课教师进行教学评价,且要明确指出在落实"四化教学法"的实践过程中存在哪些不足及优点,为后期的改进、推广提供依据。最后,构建各教学部门联动协调机制。要厘清并落实二级学院教学部门在落实"四化教学法"中的责任,并将该项工作执行情况作为年度考核的指标之一。

(三)开展可量化的考核评价活动

考核评价是有效的监督方式,考评体系要为落实"四化教学法"改革提供有效支撑。首先,构建高职院校教法考核评价体系。从院校层面来看,要出台专项管理办法,明确将"四化教学法"的落实及执行情况纳入教师年度考核指标体系,引起教师的重视,并提升在实践中的执行质量。其次,组建专业的考核评价队伍。抽调优秀且具备一定经验的一线教师及外聘专家,对教师落实"四化教学法"的实际情况进行鉴定评价,并进行经验总结。再次,及时反馈考核结果。考核评价的根本目的是促进教师不断改进自身教学水平,要将专家考评结果及时反馈给参评教师,为其改正并完善自身不足提供可靠的考评依据。最后,建立考核奖惩制度。依据考核结果,对优秀教师进行全校表彰,并总结其实践经验并进行推广;对表现一直居于后位的教师要加强教学指导,并给予教学预警,限期进行教学诊改。

五、结语

从改革实践来看,不少教师认为"四化教学"是其课堂教学的重要范式,是提高课堂教学质量的有力措施,强调多种教学方法的综合运用,就是要改变传统的教学局面,使之有利于培养新经济时代所需要的人才①。"四化教学法"在实践中一般是综合运用,比如思政化+快乐化的组合。在教学中,引导学生树立坚定的人生信念,将个人荣辱与国家命运相结合,以相对轻松愉悦的环境氛围实现育人目标。此外,上海出版印刷高等专科学校在实践中还探索出了思政化+创新化的组合,教师带领学生参与"庆祝人民海军成立70周年"特种邮票和邮册、吉祥物等的设计,学生由衷地感受到了人民海军的辉煌历史,提升了爱国热情,坚定了他们今后成为社会主义建设者和接班人的信心和决心。陶行知先生也说,教的方法,要根据学生学的方法。学生在课堂中乐学、善学、学会是生态课堂的永恒追求。教法的改革最终要落脚到学生学法的生成上,没有学法的不断生成,课堂就不会呈现出复杂多变、丰富多彩的生态样式②。"四化教学法"源于院校改革实践,在改革进程中要把握好课程思政与其他专业课程同向同行的内在逻辑关系,把握两者之间的交叉耦合点,在专业课程中以正确的方式挖掘其中的思政元素,为专业课程中渗透思政教育打下坚实基础,更好地实现树德立人的根本目标③;可喜的是,"四化教学法"的积极实施者张波老师在上海市第三届"青教赛"上获得了特等奖,并成为2020年上海市五一劳动奖章获得者;同时,"四化教学法"也将在院校改革实践中不断得到深化,也将被赋予新的时代内涵,以更加有效的方式服务于高职院校的实践教学需要,进一步提升高职院校人才培养质量。

---

① 卢红学.高等职业教育教学方法发展与创新[J].职业技术教育,2010,31(13):49—52.
② 张红旗."三教改革"视域下职校生态课堂的诊断与构建[J].职教论坛,2020(03):51—55.
③ 滕跃民,许宇飞,方恩印.高职院校课程思政改革的系统化思考[J].辽宁高职学报,2020,22(07):1—5.

英文摘要：

Content Design and Reform Practice of "Four Modernizations Teaching Method" in Higher Vocational Colleges

TENG Yue-min　XU Yu-fei　LI Tian-feng

(Shanghai Publishing and Printing College University

of Shanghai for Science and Technology)

Abstract：The reform of teaching methods is an important component of the "three teachings" reform and a key measure that affects the quality of talent training. Combining with the practice reform experience of colleges and universities，the "Four Modernization Teaching Methods" were put forward： "Cultivation of Politics"，"Innovation of Course Contents"，"Happy" Teaching Methods，and "Informatization" of Teaching Methods，among which "Political teaching ideology" is fundamental，"innovation of course content" is the premise，"happy teaching methods" is the key，and "information of teaching methods" is the guarantee. The four parts complement each other and form a closely connected organic whole. It is believed that strengthening the special training of the teaching staff，implementing the supervision responsibility of the teaching affairs and other departments，and carrying out quantifiable assessment and evaluation activities are the supporting elements for the effective implementation of the "four teaching methods". "Four teaching methods" is the expansion and deepening of pedagogy reform in higher vocational colleges. It is based on the practice of pedagogy reform in vocational colleges. It has a profound practical foundation and strong vitality，and will provide useful reference pedagogical reforms for vocational colleges.

Keywords：higher vocational colleges；ideological and political education in the curriculum；teaching methods of the four modernizations；content framework；Three-implicit and Three-fusional；specific practice

An empirical study on curriculum Ideological and political evaluation criteria in Shanghai Higher Vocational Colleges

Lican*　Zhangbo[1]

Abstract: He arrival of the new era has raised the development of higher education to an unprecedented height. In the new era, what people to cultivate, how to cultivate and for whom to cultivate have become the fundamental questions that China's higher education must answer. "Curriculum ideological and political education" not only meets the requirements of Ideological and political education in today's era, but also meets the fundamental requirements of people-oriented and cultivating morality. The evaluation of curriculum ideological and political teaching is an important starting point to improve the quality of curriculum ideological and political teaching. In order to further improve the quality of Ideological and political teaching in Colleges and universities and realize the deep integration of Ideological and political teaching and teaching, referring to the relevant research results of previous curriculum ideological and political teaching evaluation, taking relevant policies and regulations as the guidance and the theory of people's all-round development as the theoretical basis, an evaluation index system of Ideological and political teaching in Colleges and universities composed of 3 first-class indicators and 20 second-class indicators is preliminarily constructed.

Keywords: Curriculum Ideological and Politics, Evaluation Criterion, Three Types of Moral Education

---

* Corresponding Author.

① Lican, Zhangbo: Shanghai Publishing and Printing College, Zhengzhou, Shanghai, China.

I. INTRODUCTION

Curriculum ideological and political construction is a systematic project. Establishing and perfecting the quality evaluation system of curriculum ideological and political construction is an important means to promote the continuous improvement and spiral rise of curriculum ideological and political construction. The lack of practical evaluation index system has become an important factor restricting the in-depth development of curriculum ideological and political construction. The construction of "curriculum thought and politics" in higher vocational colleges is a systematic project. The construction of this systematic project is conducive to the realization of the goal of whole process, all-round and all staff education in higher vocational colleges. Therefore, the construction of curriculum thought and politics is the need to realize the dream of building a modern and powerful country with Chinese characteristics in the new era.

II. NECESSITY OF ESTABLISHING CURRICULUM IDEOLOGICAL AND POLITICAL EVALUATION SYSTEM IN SHANGHAI HIGHER VOCATIONAL COLLEGES

In May 2020, the Ministry of Education issued the guiding outline for ideological and political construction of courses in Colleges and universities (hereinafter referred to as the outline). The outline points out that "comprehensively promoting the ideological and political construction of curriculum is a strategic measure to implement the fundamental task of Building Morality and cultivating people, and an important task to comprehensively improve the quality of talent training", It also puts forward the requirement that "the effect of talent training is the primary standard for the evaluation of curriculum ideological and political construction. It is necessary to establish and improve the multi-dimensional evaluation system and supervision and inspection mechanism of curriculum ideological and political construction, and implement it in all kinds of evaluation work and deepening the reform of education and teaching in Colleges and universities". Therefore, the construction of curriculum ideological and political quality evaluation system and curriculum evaluation indicators has important theoretical and practical significance. The process is that it is a safeguard measure to promote the full implementation of curriculum ideological and political education, a measurement standard to test the quality of curriculum ideological and political teaching, and a feedback mechanism to improve the effectiveness of curriculum ideological and political education.

In this research, The comparative system was put forward by Professor Yueming Teng of Shanghai Publishing and printing college "There are two core links, a key process and a guarantee design index system in the curriculum ideological and political collaborative innovation of higher vocational colleges, that is, the evaluation of teachers' teaching work, the evaluation of students' learning effect, the evaluation of teaching process and the evaluation of collaborative cooperation. It also puts forward the measures to optimize the curriculum ideological and political collaborative innovation system, that is, to build a long-term evaluation mechanism based on morality and cultivate people, and to improve and perfect the curriculum with indicators as reference The quality of Ideological and political education should be guided by the "three complete education" to promote the construction of collaborative education. (Teng, 2020) vocational education is an important type of national education system, and practicality is its most prominent feature. Ideological and political education is integrated into professional training courses, thus forming a "class in class" peer-to-peer model. Based on the talent training goal of vocational education, we adhere to the combination of theoretical teaching and practical teaching, and take improving students' vocational skills as the support point. In addition to the teaching of theoretical knowledge, the best way to cultivate ideological and political work in the curriculum is to integrate theory into practice. This characteristic of Higher Vocational Colleges realizes the natural connection between the cultivation of skilled talents in Higher Vocational Colleges and the fundamental goal of Building Morality and cultivating people. Integrating the key points of ideological and political course into the practice and training of vocational education will help to cultivate the professional quality of vocational skilled talents. These elements should become the evaluation indicators to measure the effect of ideological and political teaching. This can not only meet the needs of improving the quality of skilled talents, but also achieve the educational goal of Building Morality and cultivating people. We should deepen the ideological and political reform of the curriculum, flexibly adjust the ideological and political practice content of the curriculum, improve its pertinence and applicability in practice, and cultivate more skilled talents with both morality and technology.

III. THREE DIMENSIONS OF CURRICULUM IDEOLOGICAL AND POLITICAL TEACHING EVALUATION IN SHANGHAI HIGHER VOCATIONAL COLLEGES

To construct the evaluation index system of ideological and political teaching in higher vocational colleges, we should first clarify the three dimensions of evaluation subject, evaluation object and evaluation implementation. Determine the evaluation subject, which is related to the credibility and effectiveness of the evaluation index system; Clarify the evaluation object, which is related to whether the evaluation index system is specific, feasible and targeted; The evaluation process refers to clarifying the evaluation methods, which is related to the availability of the evaluation index system. Only by demonstrating in these three dimensions can we effectively carry out the construction of the index system.

The status and role of the evaluation subject in evaluating the ideological and political curriculum are different. At present, the effectiveness of curriculum ideological and political construction has become an important content of construction evaluation, discipline evaluation and teaching performance evaluation of Higher Vocational Colleges in Shanghai. Therefore, the evaluation subjects of curriculum ideological and political construction of higher vocational colleges can be management subjects such as Shanghai Education Department and school managers.

There are many objects of curriculum ideological and political evaluation, including schools, majors, courses, teachers and students. (Wang, 2020) the school is the leading body to promote the systematic and overall ideological and political construction of the curriculum. The major is the organic carrier of the ideological and political construction of the curriculum. The curriculum is the main battlefield of the ideological and political construction of the curriculum. Teachers are the main force to promote the ideological and political construction of the curriculum, and students are the direct beneficiaries of the ideological and political construction of the curriculum. Therefore, they can all be used as evaluation objects. For the evaluation of curriculum ideological and political teaching, the scope of perspective is further narrowed, and more emphasis is placed on the evaluation from the perspective of teachers and students. Evaluate teachers and students.

The implementation of evaluation combines process evaluation with summative evaluation. Process evaluation focuses on the evaluation throughout the whole process of ideological and political teaching. At this stage, it focuses on whether the teaching content is integrated with the current political hot spots, laws, regulations and professional ethics, the core values of social subjects, and whether a variety of teaching methods are used. Summative evaluation is a kind of evaluation based on results, which is to pay attention to results. Students' learning effectiveness is an important part of the curriculum ideological and political teaching evaluation. This stage focuses on the evaluation of students' attitudes towards their studies, majors and life, and their attention and identity to the country and society(Sun, 2020).

IV. AN EMPIRICAL ANALYSIS OF THE EVALUATION INDEX SYSTEM OF IDEOLOGICAL AND POLITICAL TEACHING IN HIGHER VOCATIONAL COLLEGES

In order to improve the scientificity and accuracy of evaluation, abstract curriculum ideological and political objectives need to be concretized. Therefore, before constructing evaluation indicators of curriculum ideological and political teaching in higher vocational colleges, it is necessary to have a clear and explicit understanding of curriculum ideological and political teaching objectives in higher vocational colleges, that is, to build curriculum ideological and political teaching objective model. Therefore, the establishment of this goal model is directly influenced by the Guiding Outline of Ideological and Political Construction of Curriculum in Colleges and Universities. The Outline clearly points out that the goal of ideological and political construction of curriculum is to guide students to understand national and social conditions, improve patriotism, dedication, honesty and friendship, improve the awareness of the rule of law, practice professional norms and so on.

4.1 Two pole index construction of curriculum ideological and political teaching evaluation index in Higher Vocational Colleges

In terms of the evaluation index system of Ideological and political teaching in higher vocational colleges, "teaching content", "teaching method" and "teaching effect" are established according to the requirements of relevant policies and regulations on the ideological and political construction of higher vocational colleges, including teaching content, teaching method and teaching effect. Among them, whether the ideological and political elements in the teaching content are effectively excavated is the prerequisite to measure the effectiveness of curriculum ideological and political teaching, whether the teaching methods are effective is the realistic basis to test the effectiveness of curriculum ideological and political teaching, and the growth and development of students is the effective standard to test the effectiveness of curriculum ideological and political teaching. Therefore, this paper takes the teaching content, teaching method and teaching effect as the three first-class indicators of the evaluation index system of Ideological and political teaching in higher vocational colleges.

4.1.1 Establishment and connotation definition of primary indicators

Teaching content belongs to the concept of teaching level, which refers to all knowledge presented and transmitted to students in the teaching process. Popular understanding is the problem of what to teach, and what to teach is directly limited by the teaching objectives. The goal of the course is to train new people of the times who are responsible for national rejuvenation and successors and builders of the socialist cause with all-round development of morality, intelligence, physique, beauty and labor. Therefore, in the process of curriculum ideological and political teaching, when choosing teaching methods, we need to fully consider the teaching goal of curriculum ideological and political teaching, and take this goal as the direction; Secondly, the method is mainly to use a certain material to achieve a certain purpose. (DU, 2016) learning methods are subject to the influence of teaching content. The nature of teaching content and the evaluation of teaching effect are the value judgment of the achievement of expected teaching objectives. Some scholars believe that the evaluation of the effect of curriculum ideological and political teaching should be the overall value judgment of the effect of curriculum ideological and political talent training. (Li, 2020) the talent training goal of curriculum ideological and political education is to realize the fundamental task of Building Morality and cultivating people. The foothold of curriculum ideological and political education is to cultivate students into talents with family and country feelings, moral quality and cultural literacy.

4.1.2 Empirical analysis of primary indicators

The empirical demonstration of primary indicators in this study mainly comes from Delphi method. During the study period from June 2021 to April

2022, 15 experts, teachers and doctoral students in Shanghai were sampled and discussed by offline and online methods. It includes the consideration of experts' reliability, authority, enthusiasm and other dimensions. After three rounds of expert feedback and exchange, the experts paid full attention to the construction of the index system and put forward some pertinent opinions. The following is the feedback and analysis of the expert consultation results.

It can be seen from table 1 that among the 15 experts, 93% of the experts agree with "teaching content" as the primary index, all the experts agree with "teaching method" as the primary index, and 86% of the experts agree with "teaching effect" as the primary index. According to the expert consultation results, the classification of the preliminary primary indicators is basically appropriate, the name does not need to be modified, and the number does not need to be increased or decreased. Therefore, the above three primary indicators can be used as the primary indicators of the curriculum ideological and political teaching evaluation index system in higher vocational colleges.

TABLE I   Expert Consultation Results of First-class Indicators for Curriculum Ideological and Political Teaching Evaluation in Higher Vocational Colleges

EVALUATING INDICATOR		EXPERT OPINION
PRIMARY INDEX	NUMBER OF PEOPLE IN FAVOR	PROPORTION
CONTENT OF COURSES	14	93
THE TEACHING METHOD	15	100
TEACHING RESULTS	13	86

4.1.3   Establishment and connotation definition of secondary indicators

The first level indicator "teaching content" consists of 9 second level indicators: laws and regulations, party history and national history, basic national conditions and national front policies, international political situation, professional ethics, laws and regulations, excellent Chinese traditional culture, socialist core values and thinking methods. The above nine secondary indicators mainly focus on the political identity, family and country feelings, cultural literacy, constitutional and legal awareness, moral cultivation and other contents required in the outline. For a long time, professional courses in higher vocational colleges pay attention to discipline practice, too much emphasis on the importance of professional knowledge to talent training, and ignore the comprehensiveness of talent training to a certain extent. The proposal of curriculum ideological and political education is to break the opposition and division between discipline specialty and ideological and political education, and realize the effective connection between professional education objectives and ideological and political education objectives, so as to maximize the function of teaching and educating people(Yang, 2020).

Teaching method is an artistic method, which is clearly guided by various purposes. In the secondary indicators, the "three types of moral education"(method education, moral education, fun education, finishing touch, topic embedded, element combination) "Method education" means that teachers should not only teach students how to learn knowledge, but also moisten things and silently let students know how to grasp the development laws of nature and society and abide by the norms of society and life. "Moral education" means that teachers imperceptibly cultivate students' good morality and establish correct values in teaching. "Fun education" requires teachers to teach students in accordance with their aptitude and carry out requires teachers to teach students in accordance with their aptitude and carry out "Happy Teaching" to stimulate students' interest in learning, including situational and heuristic methods. "Finishing touch" refers to the strengthening of ideological and political elements such as socialist core values and materialist dialectics when teaching knowledge and skills. "Dragon painting" refers to the learning of knowledge points and skill points, while "finishing point" refers to highlighting the ideological and political elements contained in the course when explaining the knowledge points and skill points of the course and realizing the value guidance. "Topic embedding" is that teachers carefully embed a topic of ideological and political education without breaking the original teaching structure, so as to deepen students' understanding of the course content and strengthen students' value recognition. "Element combination" is that teachers combine three different teaching elements: knowledge points, skill points and ideological and political points in an atomic way, so as to produce a natural mixed effect.

The secondary indicators in the teaching effect include 10 indicators: sense of social responsibility, national responsibility consciousness, global consciousness, honesty and trustworthiness, discipline and law-abiding, and cultural heritage.

4.2 Analysis on the proportion of curriculum ideological and political evaluation indicators

The significance of the evaluation index system of curriculum ideological and political teaching in higher vocational colleges is to help teachers understand students' acceptance of curriculum ideological and political teaching, let teachers carry out teaching in line with students' characteristics and needs according to students' feedback, and finally promote reform through evaluation and help students achieve all-round development. (Wang, 2020) therefore, when determining the weight of the evaluation index system of ideological and political teaching in higher vocational colleges, it is necessary to obtain the opinions of teachers and students. Therefore, when determining the weight assignment ratio of teachers and students, it is determined that the weight ratio of teachers and students is 7 : 3, which can also be further explained by Pareto's law. Pareto's law believes that in a group, it occupies a small part but is indeed the most important, while the rest, although occupying the vast majority, is relatively secondary. Therefore, it is determined that the weight of the evaluation index system of ideological and political teaching in Higher Vocational Colleges = the weight given by teachers $\times$ 70% + the weight given by students $\times$ 30%. Based on this, the final evaluation index system and its weight of ideological and political teaching in higher vocational colleges are obtained.

Higher vocational colleges undertake the important task of training technical talents, and curriculum is the core of talent training in higher vocational colleges. As the main part of the curriculum in higher vocational colleges, professional courses should naturally become the main ideological and political position of the curriculum in higher vocational colleges. The implementation of ideological and political courses in professional courses in higher vocational colleges is an important part of "making all kinds of courses go hand in hand with ideological and political theory courses to form synergy". (Teng, 2018)In the evaluation of curriculum ideological and political teaching, we should consider the actual situation of teaching, and can not mechanically limit the teaching content and teaching methods according to the evaluation index system. Different disciplines and majors have different knowledge systems, and teachers' personal teaching style and life experience are different. Therefore, based on the result of the weight reunification of the evaluation index system, the scoring table of curriculum ideological and political teaching in higher vocational colleges is formulated, The scoring table mainly includes three sections: indicators, assessment dimensions and assessment points, as shown in Table 2.

V. CONCLUSION

This study includes the primary index "teaching content", which includes seven sub dimensions: laws and regulations, socialist core values, international and domestic current and political affairs, professional ethics, basic national conditions and national policies, party history and national history, and Chinese excellent traditional culture; The primary index "teaching method" includes "method education, moral education, fun education, finishing touch, topic embedded, element combination"; The primary indicator "teaching effect" includes 7 sub dimensions: sense of social responsibility,

TABLE II Evaluation of Ideological and Political Teaching in Higher Vocational Colleges

FIRST LEVEL DIMENSION	TOTAL SCORE	ASSESSMENT DIRECTION	SPECIFIC ASSESSMENT	SCORE
CONTENT OF COURSES	45 POINTS	Integrate the elements of "family and country feelings"	The course content is combined with the four histories, major policies and current events.	25
		Integrate "professional ethics" elements	Course content and socialist core values, professional ethics and laws and regulations.	12
		Integrate "cultural literacy" elements	The course content integrates cultural tradition and media literacy.	8
THE TEACHING METHOD	31 POINTS	Three types of moral education	The course content is combined with method education, moral education, fun education	19
		Three types of mothed education	The course content is combined with finishing touch, topic embedded, element combination	12
TEACHING RESULTS	24 POINTS	Further promotion of "family and country consciousness"	Students have the ability to safeguard the motherland, support national policies and have a global vision.	8
		Further improvement of "craftsman spirit"	Students have pragmatic and hardworking spirit, unremitting spirit and meticulous professional spirit.	10
		Further improvement of "social responsibility"	Students have the ability to serve the society, be diligent in speculation and be enthusiastic about public welfare.	6

cultural heritage, global consciousness, national responsibility consciousness, honesty and trustworthiness, discipline and law-abiding, and craftsman spirit. Through the analysis of the survey results of teachers and students, it is found that the standard system scale has good consistency and stability, which is consistent with the model constructed by the original theory, and other indexes are qualified after testing, indicating that the validity of the index system scale is good. Although this research is trying to build a set of evaluation index system with strong applicability, it is found that there are differences in the actual research process, which does not mean that the applicability of the evaluation index system is not strong, but emphasizes that we should not ignore the differences and blindly pursue homogeneity. In the specific use process, we can refer to the index system constructed in this paper and the actual teaching practice for debugging. Because the current curriculum ideological and political evaluation indicators are not perfect, the index system has a certain reference significance. In the process of follow-up research or use, we should still pay attention to adding some evaluation indicators in combination with the types, disciplines and students' characteristics of higher vocational colleges, so as to make the evaluation more targeted.

ACKNOWLEDGEMENTS

This research was supported by Shanghai Educational Science Research Project(Research on Teachers' role and teaching decision-making in Higher Vocational Colleges from the perspective of ethical regulations); 2022 SPPC Course Ideological and Political School Project.

REFERENCES

[1] Teng. Y. M, Xu. Y, "Systematic Thinking on Curriculum Ideological and Political Reform in Higher Vocational Colleges", in *Journal of Liaoning Higher Vocational College*. July 2020: 2.

[2] Yuexi. W, "On the Construction of Curriculum Ideological and Po-

litical Evaluation System in Higher Vocational Colleges", *Guide to Ideological and Theoretical Education*. October 2020:125—130.

［3］Sun W. J，Chen. H，"Evaluation and diagnosis of classroom teaching ability of Ideological and political teachers in Colleges and Universities Based on students' evaluation of teaching". in *School Party Construction and Ideological Education*. November 2020:73—76.

［4］Duwei，*China Light Industry Press*. 2016:169.

《影视配乐》课程思政
"三寓三式"教学法初探①

王　莹　　滕跃民

摘　要：文章在简要阐述"三寓三式"内涵的基础上，系统介绍了《影视配乐》课程的课程思政改革的思路和举措，列举了"元素化合式""画龙点睛式""专题嵌入式"，以及"快乐教学"在课程教学中的实施案例，对推进课程思政改革具有推广和借鉴价值。

关键词：课程思政；三寓三式；影视；音乐

高校作为"培养社会主义的核心接班人"②的主阵地，肩负"着立德树人、培根铸魂"的重任，围绕"培养什么人、怎样培养人、为谁培养人"③这一根本问题，不断创新理念，积极开展教育教学改革。课程思政作为教育教学改革的新理念、新举措，目前已经在教育界进行广泛推广和运用。我校的课程思政改革实践取得了丰硕成果，并获得了国家教学成果奖。《影视配乐》课程思政改革运用该成果奖的"三寓三式"的教学法，在课程的教学中春风化雨、润物无声地融入思政元素，并提升了教学的亲和力和教学质量，受到了学生的喜爱。

一、何为"三寓三式"

"三寓三式"指的是"思政与专业课程融合的路径和方法"④。"三寓"就是"寓道于教""寓德于教""寓教于乐"，是课程思政高屋建瓴的总思想，其核心就

---

① 　基金项目：2020年"课中课"国家级教学成果奖应用推广工程课题编号zk-2020-006；2019年校级资源库课程建设《影视配乐》项目编号：Y1A-0307-19-06-46y。

②③　习近平在全国高校思想政治工作会议上强调：把思想政治工作贯穿教育教学全过程努力开创我国高等教育事业新发展[N].人民日报，2016年12月9日第1版。

④ 　滕跃民、张玉华、肖纲领.高职专业"课程思政"的"道法术器"改革[J].辽宁高职学报，2018(8)：53—61.

是一种"隐性教育"①，体现润物无声、潜移默化。"三寓"的"道"就是"指规律、规范和准则"，要遵循客观规律，要遵守行为准则。"德"指品行修养，做人的根本，要大力培养和发扬。"乐"为快乐教学，快乐教学会活跃课堂气氛，使教学事半功倍。"三式"指的是课程思政的教学方式。分别是"画龙点睛式、专题嵌入式、元素化合式"。"画龙点睛式"是指"在课程的知识点和技能点的教学中，对其中的思政元素进行点睛"②；"专题嵌入式"是指将思政元素以"块"的形式（若干元素）嵌入到课程知识点和技能点的教学中；"元素化合式"是指将知识点、技能点与思政元素进行化合，产生"合而为一"③的育人效果。"三式"的目的就是避免"生搬硬套"④，达到自然生成的境界。

二、课程介绍

《影视配乐》是与影视艺术相生相长的艺术课程。它是一门声画艺术，兼具了"音乐"和"影视"的特性。探寻音画之间的关联和意义，能够提升观众对影片的欣赏和审美的情趣，也为影视剧配乐提供了理论支撑。学生要了解、熟悉和掌握这门课的内容，就必须解决音乐的流动性、联觉性与影视艺术的时间性、表现性高度结合等问题。在影视配乐中，如何确定配乐使用的时间点，如何运用音乐使用的路径和方式方法，如何通过音乐提高影视作品的艺术价值，不仅是一个复杂的学习和实践过程，也是该课程教学的核心内容。一部优秀的影视作品，必须具有较高的艺术水准，其中配乐在其中功不可没。该课程正是从艺术的角度出发，管窥电影音乐的特点、功能、作用，了解音乐创作的基础要素、音乐构成、体裁、乐曲类别等，并将有特色的广告音乐、动画音乐融入其中，学生可以循序渐进地深入了解影视音乐的风格特点，初步建立自己的音乐概念构架，为最终驾驭配乐、独立完成高水平的影视艺术作品打下扎实的

① 滕跃民、张玉华、马前锋、汪军、孟仁振.《同向同行：知识传授与价值引领同频共振》[N].中国教育报，2019 年 6 月 19 日第 11 版。
② 上海版专教研.上海版专首次举行课程思政教研论坛. 2019-12-10. https://mp.weixin.qq.com/s/AS0UNwLtTUaYuExmNxR3gw.
③ 上海版专教研.学校"德智技融合"的"课中课"人才培养模式初见成效，2018-01-10. https://mp.weixin.qq.com/6sIaJtmYKmXysjTTDYbWmw.
④ 上海版专教研.我校课程思政改革又获新成果.2018-4-2. https://mp.weixin.qq.com/s/9w6GS2-Woe__nT9qNtmXLCg.

基础。

三、《影视配乐》课程思政建设路径和方法

（一）基于"画龙点睛式"的教学方式

在"三式"中，"画龙点睛式"的教学方式是最为常用的，音乐在影视作品中的"点睛"作用无处不在。通过《影视配乐》课堂上一系列的观影活动，同学们会发现音乐在这个镜头当中就是一个"点睛"的作用。教师也会让学生尝试做一些实验，比如同一个镜头下有音乐和没有音乐时的情感体验，让他们切实地感受到音乐在影视作品中的重要性。优质的影视配乐作品不仅能提升影片的画面感，更能通过传递正能量、弘扬主旋律，从而震撼、洗涤人们的心灵，使观众发现音乐的本质。通常在表现影视作品的"大无畏精神、和奋斗精神"时，会使用一些特殊的乐器、音响，或者一些特殊的处理方式，如交响乐、管乐、人声、合唱等形式，这都具有"点睛"的效果。中国古诗词蕴含的是中华民族文化的精髓，可以激发爱国主义精神。在《影视配乐》课程的关于短旋律和歌曲创作的教学中，教师将唐诗宋词引入课程教学，将具有中国特色的"鱼咬尾""起承转合"的民族音乐创作方法与唐诗宋词紧密相结合。这里是把音乐创作教学视为"龙"，进一步点出诗词教学中爱国主义精神的"睛"。老师在课堂上讲授民族音乐创作方法，同时引导学生吟唱唐诗宋词，既达到了短旋律和歌曲创作教学的要求，又让学生在活跃的课堂气氛感受到了灿烂的古诗词魅力，弘扬了中国优秀传统文化，从而凸显了"点睛"之笔。

（二）具有浸润作用的"专题嵌入式"教学方式

《影视配乐》课程教学中有相当多的实践环节，教师在教学过程中将中国传统、社会热点、校园文化等以"专题嵌入"方式融入教学之中。例如：在授课进程中会遇到中国传统节日"端午节"，老师会布置一个 3—5 分钟介绍端午节的短视频音乐配乐作业，作业要求学生运用中国民族调式，使用古筝、二胡、琵琶等乐器来完成。学生既要考虑旋律大小调的音色给予的画面差异，又要考虑乐器的选择。二胡音色醇厚、有着忧郁的气质，可以用于屈原投江（端午节的由来）？龙舟大赛（端午节的习俗）欢快热闹的场面选择琵琶还是古筝？从而在启发学生自主思考、培养发散性思维、激发学生的学习兴趣和热情的同

时,促使学生"浸润"在节庆的大环境中,体验感受中国优秀传统文化的博大精深,进一步激发爱国主义精神。

(三) 基于"洋为中用"的"元素化合式"教学方式

作为媒体介质的影视传播,在体感度上更具直接性和实效性。宽泛的网络、电视、传媒信息传递着不同国家的音乐创作风格和时尚走向。所谓"他山之石可以攻玉",走出国门的中国音乐大师谭盾以他特有的"中国元素"为核心,兼容并蓄西方音乐的精华,其创作的音乐作品享誉世界。他的影视音乐作品《武侠三部曲》(电影《英雄》《卧虎藏龙》《夜宴》)完美地阐释了他对中西方音乐的领悟,他把中国的禅意、鼓文化、民族民间乐器的灵活融入了西方的交响乐中,与西方交响乐的各种音乐元素进行恰如其分的"化合",形成了独具匠心的音乐风格。他的音乐不仅是中国武侠哲意与视听艺术的完美结合,更为世界舞台贡献了丰富的中国人文精神和传统哲理。学生通过该章节的学习,不但知晓了西方的音乐语言,更了解了本民族的音乐特点,弘扬了本民族历史悠久的音乐文化,在不知不觉中增强了学生的文化自信。

(四) 无处不在的"快乐教学"方法

寓教于乐就是采用"快乐教学"方法,如"启发式""互动式""案例式"等。老师在课堂引入"角色互换",由学生当老师,做部分专题案例分析,增强学生的主动性和获得感。同时采用"竞赛式"教学,将比赛方式引入课堂,以赛促练,通过比赛激发学生的学习兴趣和探究能力。还可以请学生在课堂上展示自己的作品,师生共同现场评分,既可以潜移默化地植入思政元素活跃课堂教学气氛,又进一步加深了知识点理解,提高教学质量。

(五) 云端授课,云上花开

疫情期间,身处各地的师生在教育部"停课不停学,停课不停教"的号召下,利用各类网络和在线教育平台开展在线教育,打响了一场在线教学攻坚战。该课程在教学上积极将"三寓三式""五化五式"教学法用于云端,教学形式上探索出"四云"新模式。"云联结"——利用互联网云端架起了教师和学生的桥梁;"云共享"——教师利用"云课堂"传道,学生通过"云研究","云作品"

等形式,完成作业;"云深入"——鼓励学生勇于在多维度的网络世界深入挖掘,大胆尝试,追寻问题本质;"云体验"——网课+直播,教师变主播,没有做不到,只有想不到。"三寓三式","五化五式"教学法在"四云"模式的推动下云上"花开"。这种创新不仅提升了教师在线教学活力,优化了教学内容,是课程中见思政,以思政塑课程,实现"盐溶于水,润物细无声"的强力手段,也是把"理论教育与专业教育协调同步、相得益彰的过程"①。例如:在课程声音的三大要素知识点,专题嵌入"武汉加油"主题短片系列,浸润式的教学手段极大地增强了学生好奇心和求知欲。

四、结语

课程思政改革自 2016 年 12 月在全国高校思想政治会议中被提出后,作为一个系统而长期的教育方针,被提升到一个前所未有的历史新高度。"十年树木百年树人",课程思政就是将立德树人"全员、全过程、全方位"②进行贯彻落实的一个重要组成部分。"沿用好办法、改进老办法、探索新办法,不断提高教育的针对性和亲和力"③,让学生在专业教学中,主动愉快地接受思政教育,使专业课程既有"高度"又具有"温度"④,思政课与各类课程不互相扯皮,打破"孤岛效应",与思政课程教育改革同向同行、相得益彰。课程思政是首弘扬社会主义核心价值观的赞歌,也是人才培养的永恒旋律,我们专业老师要不断地自觉咏唱,这也是我们当代教师的使命和责任。

---

① 杨涵从."思政课程"到"课程思政"——论上海高校思想政治理论课改革的切入点[M]."课中课"融汇德智计贯通.滕跃民主编,2019 年 12 月第 62 页。

② 习近平.坚持中国特色社会主义教育发展道路培养德智体美劳全面发展的社会主义建设者和接班人[N].人民日报,2018 年 9 月 11 日第 1 版。

③ 陈宝生.切实推动高校思政政治工作创新发展. https://www.cpcnews.cn.

④ 新华社武汉,"有高度"融合"有温度""天下事"讲成"身边事"——思政课《深度中国》何以成为"爆款"课程. 2019-1-12. https://big5.www.gov.cn.

"课中课"课程思政模式在高职影视制作类课程中的创新与实践

石　莹① 李　灿②

摘　要:高职院校从提升学生的思想政治素养出发积极推行课程思政模式,"课中课"课程思政模式创新性地将德育元素融入技能培养环节,使思政教育与专业实训目标互融,在高职影视制作类课程中的创新与实践是提升高职院校学生思政修养、技术技能的重要途径,是高职院校全面育人有序开展的重要举措。目前,由于缺乏经验,高职院校在影视制作类课程中引入课程思政模式时存在实际操作层面的问题。本文通过在实际教学过程中,将"课中课"与影视制作类课程中的结合与实践,积极探讨这一国家级教学成果在影视类人才培养的重要作用,从而进一步探索提升高职学生综合素质,也为"课中课"课程思政模式的拓展性研究提供有力的支持。

关键词:课程思政;高职院校;影视制作类课程;三寓三式

　　课程思政是以"全员育人、全方位育人、全过程育人"为格局,把"立德树人"作为教育的根本任务,推动各类课程与思想政治理论课同向同行,形成协同效应的一种综合教育理念。上海出版印刷高等专科学校创新性地将德育元素融入技能培养环节,使思政教育与专业实训目标互融,打通了显性技能培养和隐性素养培育相互促进的通道。并在此基础上,该成果凝练并打造成了基于"寓道于教、寓德于教、寓教于乐",具有"画龙点睛式、专题嵌入式、元素化合式"初步实施标准的职业教育"同向同行"的上海版专范例,成为全国高校"课

―――――――――
① 　作者简介:石莹(1979—　　),女,汉族,江苏镇江人,硕士学位,上海出版印刷高等专科学校副教授,研究方向:影视传播,实践教学。
② 　李灿(1985—　　),女,蒙古族,内蒙古人,博士学位,上海出版印刷高等专科学校讲师,研究方向:文化传播,新媒体实务。

程思政"改革成功的先行者和探索者。在国家提倡强化思政教育的背景下，"课中课"课程思政模式已经成为了一种全新的思政人才培养模式。"课中课"课程思政是指学校在进行专业课的授课过程中积极寻找该专业与思政教学之间的交叉点，从而在日常授课的过程中融入相应的思政知识，于潜移默化中提升学生的思想政治素养。积极推行课程思政育人模式有利于促进学生的健康成长。影视制作类课程是高职院校的重要课程安排，将"课中课"课程思政育人模式引入影视制作类课程有利于全面提升影视制作专业学生的思想道德水平，帮助他们更好地适应社会发展的需要。

一、"课中课"课程思政模式在高职影视制作类课程中创新的必要性

（一）高职院校实现人才培养目标的必然要求

高职院校以培养社会需要的应用型人才为育人目标。近些年来随着社会经济的快速发展，各行各业对人才的需求逐渐增大，同时也对人才的要求逐渐提高，不仅要求其具备扎实的专业知识技能，也要求其具备良好的思想道德素质，政治文化修养。高职院校根据社会发展的这一变化，将课程思政模式引入育人体系中，通过在专业课的教学中加入课程思政的相关知识帮助学生探索思政教育与提升自身专业素养之间的关系，从而提高学生对思想政治知识的重视程度，帮助学生在学习专业知识的过程中提升自己的思想政治素养。这有利于实现高职院校的人才培养目标，所以在影视制作类专业中引入课程思政模式是高职院校实现人才培养目标的必然要求。

（二）提升高职院校学生思政修养的重要途径

高职院校学生的学习能力较差，自控能力较弱，且普遍对思想政治教育有较大的抵触心理，这就造成了长期以来我国高职院校学生思想政治素质低下的问题，而且在互联网时代的冲击下，高职院校的学生容易受到网络不良信息的影响，所以在新时代切实提升学生的思想政治水平，提高学生的信息辨别能力就成为了高职院校需要解决的关键问题。影视类制作课程的实践性极强，且学生对这门课程的专业知识有着极高的兴趣，只要教师在授课的过程中积极寻找影视制作与思政知识之间的交叉点就容易激发学生学习思政知识的兴

趣,进而提升自己的思想政治修养,所以在影视制作课程中引入课程思政育人模式是提升高职院校学生思政修养的重要途径。

（三）思政工作是高职院校教育工作的重要组成部分

在我国传统的教育体系中,高职院校多是通过课堂教学的方式进行相关的思想政治知识教育活动,但是由于这是一种单向性很强的教育方式,学生主动学习的积极性不高,所以课堂教育形式收效甚微,高职院校学生的思想政治修养依然处于较低水平。而将思政知识的学习与专业课知识的学习结合起来,在影视制作课程中融入思想政治知识的教育方式容易被学生接受,进而促进学生主动学习思政知识①。

	专业教学要点	思政教学结合点	主要教学设计与方式
课前（技能的准备与知识储备）	专业技能的必要知识储备	甄选思政教育类案例题材影片片段、短视频案例等	"专题嵌入式""启发式"方式
课程开展中（技能的获得与练习）	完成任务的基本要点	校内（项目）实践:毕业季;母校,我的家;校园新闻等	"画龙点睛式""探究式""讨论式"方式
课后延伸（校企合作项目的拓展、国内外竞赛的参与）	完成项目的基本要点	任务（项目）设计:当代青年讲述红色故事;行走的公益;平安校园系列等	"元素化合式""嵌入式""探究式"方式

课程思政模式是高职院校思政教育的重要组成部分,积极将思政知识融入各专业课的学习中有利于高职院校思政教育的有序开展。

二、"课中课"课程思政模式在高职影视制作类课程中存在的问题

（一）缺乏专业人才队伍建设

课程思政育人模式要求教师在日常授课的过程中寻找思政知识与专业课知识之间的交叉点,从而促进学生在学习专业知识的同时提升自己的思想政治修养。这就对高职院校的教师提出了更高的要求,要求他们在掌握本专业

---

① 滕跃民,张玉华,肖纲领.高职专业"课程思政"的"道法术器"改革[J].辽宁高职学报,2018,（08）:53—55.

相关知识以及实际操作技能的同时拥有较高的思想政治水平以及专业的思政知识。但是目前高职院校的教师队伍以中年教师为主,他们在受教育阶段并没有学习专业的思政知识,这就造成了课程思政育人目标与高职院校现实状况之间的脱节,即高职院校缺乏开展课程思政教育的人才队伍。为了改善这一情况,强化学校的人才队伍建设,高职院校需要从社会中招募一批既拥有丰富的影视制作经验又拥有较高的思想政治素养、接受过专业思政教育的复合型人才,以此来促进课程思政模式与高职院校影视制作课程的深度融合①②。

(二) 难以发挥学生的积极性

虽然课程思政模式与影视制作课程进行融合可以在很大程度上提升影视制作专业学生的思想政治水平,帮助他们更好地适应社会的发展,但是由于高职院校的学生学习兴趣较低,且教师在授课的过程中沿用传统的课堂授课方式,所以高职院校在进行课程思政与影视制作课程的融合时难以发挥学生的积极性。

三、"课中课"课程思政模式在高职影视制作类课程中的创新与实践

(一) 影视制作类课程与思政元素融合

影视制作类课程主要是指影视后期制作,高职院校在进行相关课程设计时应该考虑行业自身的特点,以岗位需求为根本安排相应的学习内容。在这个过程中,理念的引导作用是非常重要的,所以高职院校的教师在学生接触视频剪辑课程之初就要融入相关的思想政治知识,以此来减少他们对思政知识的抵触心理,提升他们思政素养,同时促进他们专业操作能力的提升③。

(二) 采用丰富多样的教学方法与手段

由于高职院校的学生自控能力以及学习能力较差,教师在进行授课的过程中采用单一的课堂授课方式不利于集中学生的注意力,需要积极创新教学

---

① 朱佳雯.初探新时代"课程思政"改革的必然性及其成效[J].山西青年,2019,(18):153.

② 万山红."课程思政"理念下影视编剧教学改革路径[J].声屏世界,2020,(11):106—107.

③ 刘云霞.高职院校行业英语课程思政的对策研究[D].石家庄:北京师范大学,2020.

方式与方法,以此来提升学生的学习兴趣,"三寓三式"的教学方法就是高校探索思政知识与专业课知识进行融合的路径。"三寓"是指寓道于教、寓德于教、寓教于乐,"三式"是指进行课程思政的教育方式,即画龙点睛、专题嵌入式、元素化合式,高职院校的教师在进行影视制作授课时可以采用项目化与"三寓三式"相结合的方式展开教学,整个学习过程包括项目介绍、提出问题、分析问题、进行讨论、解决问题,以及针对不同阶段的需要讲授不同的思政知识,通过这种授课形式使每个学生都能够参与到学习中来,在轻松活泼的学习氛围中培养他们全局意识与专业能力,提升他们的思想政治修养①。

根据"课中课"模式,结合影视制作类课程的特点,研究、设计、实施在课前(技能的准备与知识储备)、课程开展中(技能的获得与练习)、课后延伸(校企合作项目的拓展、国内外竞赛的参与)的"任务单元课程思政"模式,并对艺术类专业课的课程思政建设路径进行探索、思考和凝练、推广。下表为"任务单元课程思政"的基本要点和主要思路。

(三) 采用科学合理的考核方式与方法

考试是提升学生专业水平的重要方式,"课中课"课程思政模式在高职影视制作课程中的创新与实践中一项重要的内容就是改变传统的考核方式,采用科学合理的考核方式与方法。在新形势下,高职院校创新考核方式与方法,在考核内容中增加了对实际操作能力的考核,在理论知识的考核部分增加思政知识、思政实践的考核,有助于促进课程思政教育在影视类制作课程中的发展。

四、结语

将高职院校的影视制作类课程与课程思政模式进行融合是一个长期的工作,虽然目前为止高职院校在探索这两者融合的路径中取得了一定的成效,但是这种探索依然处于初级阶段,所以高职院校在日后的教育工作中需要促进二者的深度融合,以期取得更好的效果,全面提升学生的思想政治水平。

---

① 神伟,陈晨.高职专业课教学中融入"课程思政"理念的实践研究——以《影视后期编辑》为例[J].办公自动化,2020,25(01):36—37+64.

"用声音传播正能量":课程思政理念下高校声音设计课程创新研究

胡悦琳

摘　要:在"全程育人、全方位育人"的大背景下,高校艺术专业教师被赋予了新的历史使命,认清专业课程与课程思政融合的必要性、探索专业教学改革的新途径、创新课程思政教学实施方法,并落实于教学实践中,是目前课程思政教学的当务之急。

关键词:声音设计;课程思政;教学创新

一、专业课程与课程思政融合的必要性

(一) 提升课程教学内涵

专业课程教学主要以讲授专业知识和传授专业技能,传统专业课程的课程内容涉及面较窄,在整个培养方案课程体系中相互各自独立,缺乏跨文化、跨专业的内容,专业教学往往不能融会贯通,所以高校专业课程往往给人繁杂的感觉,学一门专业课就像是学一个新的专业,专业课程间少有联系。而思政课程以传道为主,深谙此道,便能触类旁通,这些教学内容往往学校将其单独开设课程进行教学,很容易走入意识形态灌输的误区,不易于学生接受。所以将"思政课程"向"课程思政"转变,在专业课程中渗入思政内容,拓展与拓宽课程覆盖面,挖掘和充实专业课程教育资源,提升专业课程内涵,专业课程价值将得到升华。[①]如果专业课程是一碗汤,那课程思政好比是盐,将盐融入汤中,能起到提味的作用。

---

① 习近平.决胜全面建成小康社会夺取新时代中国特色社会主义伟大胜利——在中国共产党第十九次全国代表大会上的报告[M].北京:人民出版社,2017:46.

（二）发挥"三位一体"育人功能

"三位一体"，其基本内涵是将人才培养规格融"知识、能力、素质"为一体，人才培养内容融学生"通识能力、专业基础能力、专业发展能力"为一体，人才培养途径融"课堂教学、实验实训、校园文化活动"三个培养平台为一体。专业课程教学目标分为知识、能力、素质三个维度，知识和能力维度的教学目标可见可测，而素质维度的教学目标是隐性的，难以具体化标准化。课程思政为达成素质维度育人目标提供途径，以"立德树人"为根基，充分发挥思想政治教育的浸润作用，把课程思政元素与知识传授中的主流价值引领相融合，借助多元化培养平台，滋养育人。①这种育人模式是全流程、全方位、综合性的，以"思政教育"隐性之手反哺知识能力教学，不仅不会在专业课程教学中喧宾夺主，还有利于构建全课程育人格局。

（三）形成"1＋1＞2"的协同效应

协同效应原本为一种物理化学现象，又称增效作用，是指两种或两种以上的组成部分相加或调配在一起，所产生的作用大于各部分单独应用时作用的总和。而其中对混合物产生这种效果的物质称为增效剂。"课程思政"就是将专业知识与思政教育相互协作共享教学资源，并在课前、课中、课后不同阶段、不同环节、不同方面共同利用同一资源而产生整体效应。专业课程所处整个专业培养体系中，与思政教育同属一个育人环境，整个环境中的各个组成部分间存在着相互影响而又相互合作关系，在专业课程中落实"用好课堂教学这个主渠道"这一要求，秉持"全面思政教育、立体思政教育、创新思政教育"理念，提高学生的修养，开阔视野，潜移默化、润物无声地引导其审美情趣，建立正确的人生观、世界观、价值观。思政教育为专业课程注入灵魂，专业课程为思政教育提供实践平台与资源，使得思政教育不再"口若悬河"，而是有凭有据，大大提高思政教育的亲和力和有效性。

---

① 高德毅，宗爱东.从思政课程到课程思政：从战略高度构建高校思想政治教育课程体系［J］.中国高等教育，2017（1）：43—46.

二、声音设计课程思政教学改革途径

（一）建设"工作流程"为主线的模块化思政课程体系

以职业能力为主线，融"思政教学"与"专业教学"为一体，以提高本专业人才培养质量和社会服务能力为首要目标，以思政元素融入课程大纲为着力点调适教学观，将育人理念融入到专业课程整体规划。设置课程的知识传授、能力培养和价值引领目标。对课程开发、教学设计、教学实施、资源建设进行系统设计，在每个课程模块设立课程思政评价点及标准，制订突出职业素养和职业能力培养的专业课程体系和课程标准，构建突出先进性、实效性、前瞻性和持续性的课程思政教学体系。

《声音设计》课程对原有声音设计基本理念与工艺流程、声画结合、声学与心理声学、数字音频制作四个教学单元增加思政教学要点及评价要点，并在此基础上形成发现声音、画出声音、制作声音三阶段思政教学体系。

表1　《声音设计》课程思政教学及评价要点

教学单元	专业教学内容	思政教学要点	思政评价
单元一声音设计基本理念与工艺流程	声音设计基本理念、影视声音设计规范与基本流程。	以全局的视角，理性的思维，遵循事物普遍发展规律，做事要循序渐进。	对电台节目制作设计方案是否遵循普遍发展规律，有全局观的意识，养成良好的工作习惯。
单元二声画结合	声画同步、声画异步、声画对位。	引入中国古代哲学理念，提升辩证思维及逆向思维能力，提升创新意识。	在声音设计图中是否运用了辩证思维。
单元三声学与心理声学	声学基础、乐器声学、听觉生理、效果器原理	引导学生自觉认真地学习探索客观规律，实事求是，掌握理论与实践相辅相成的关系，用系统科学的方法，严谨的态度做事，培养"试错"的精神。	是否能够运用已学理论进行创造性地发明乐器和使用音频软硬件工具。
单元四数字音频制作	数字音频原理、数字音频格式、声音素材拾取、音频编辑与处理、效果器运用	融入遵纪守法、工匠精神、团队合作、文化保护意识于课程，潜移默化地对学生进行社会主义核心价值观的教育。	课展结合，从采风、制作、布展整个过程中，从版权意识、人文关怀、工匠精神、团队合作等多个方面进行思政评价。

（二）依托"产学融合"，形成产教研一体化的思政教学生态圈

思政教育最终的目的是为社会培养品格健全的人才，其根本是为社会服务，而"产学融合"能为思政教育插上翅膀，延伸课堂教学，为课程思政提供更广阔的教学天地。自然界任何事物都处在生态圈中，既有输入也有输出。传统的思政教学借助课堂以输入为主，不输出，那些思政教学理论就无法付诸实践，如同纸上谈兵，而当建立起思政教学生态圈后，思政教学就有了输出的途径，在整个生态圈中，资源互享，课程思政有了肥沃的土壤，教学就会得到长足并可持续的发展。

作为教师要想激发学生的学习动机，那么就得先为学生提供施展才华的平台，以促进每个学生全面和个性发展。产教相结合，是教育、生产不同社会分工在功能与资源优势上的集成化。《声音设计》依据上海市人力资源与社会保障局《"音频特效制作"职业技能鉴定项目》，依托"校台联盟"，结合党支部建设，与相关企事业单位签订了产学研合作协议，与广播影视行业建立联络、资源共享、搭建产学研平台，通过校企间的亲密合作，推动课程思政建设及声音设计人才的培养，提升学生社会责任感、使命感，以及职业素养。此外，结合校系重大活动，如大学生电影节、毕业大戏、"美丽中国"艺术展，拓展产教融合形式，开展课程思政教学。

（三）通过"第二课堂"实施思政教学

"第二课堂"能够有效地培养学生独立思考、社会实践、合作创新等各种能力，也让学生在实践中学习，享受创作的过程。在这个过程中教师与学生分享彼此的思考、经验和知识，交流彼此的情感、体验与观念，丰富教学内容，求得新的发现，从而达到共识、共享、共进，实现教学相长和共同发展。课展结合是"第二课堂"的一种重要形式，"课展结合"教学实践不仅实现教学与科研项目的互相融合，还使学生充分感受到布展以及创作的不易，切实提高学生的实践能力与成就感，落实"课展结合"的教学理念。在展出期间，相关教师利用观展的机会，带领学生到展览现场进行现场参观授课，将课堂理论与实践相结合，深度感受相关课程的魅力，有利于学生更好地"吸收—消化"理论知识。课展结合教学是对传统教学方法的革新，是对传统课堂讲授式教学有目的、有计划、有步骤的延伸，它不仅将"课"与"展"相互结合，而且体现了真正意义上的

"快乐教学"的初衷,使学生饱尝愉悦地学习的感情体验,从而"乐于学习、乐于思考、乐于记忆",以此激发学习兴趣,调动学习积极性,培养专业能力,提高课堂效率,实现"教和学"的双赢。

由上海高校实践育人创新创业基地联盟主办,上海出版印刷高等专科学校承办的"美丽中国"——庆祝中华人民共和国成立 70 周年视觉艺术作品展呈现了诸多积极探索课展结合课堂教学模式的成功案例。在"声忆·石库门"板块中,系列作品结合了《声音设计》专业课程教学,课堂教学中,通过石库门采风活动学生参观了上海的标志性建筑,浏览了《屋里厢博物馆》,在代表不同时期新老石库门里弄间实地录音,最后凝练成《海派》《市井》《改造》《新尚》四个主题板块声音艺术作品。通过这番教育教学探索,有助于实现育人美德与智慧传播的初衷与使命。

三、声音设计课程思政教学实施方法

(一) 寓道于教

"寓道于教"是指在教学中渗入人生哲理、美学理念,或先人在实践中得出的经验方法,总结的真理,将事物普遍发展规律及法则运用到专业学习中,培养学生养成良好的思维习惯,用全局的眼光看待具体问题,化繁为简,以不变应万变。[1]如《声音设计》在课程"声画结合"模块中,引入中国古代美学理念"大音希声",这一美学理念出自老子《道德经》:"大方无隅,大器晚成。大音希声,大象无形。"其实,这一美学理念在书法、绘画、音乐等艺术创作中的应用并不少见,《声音设计》课堂教学中引入这一美学理念来讲述在声音设计中,有无相生,有声和无声是相反相成、相比较而存在、相衬托而益彰的。此外,旁征博引,列举分析了诗文中白居易《琵琶行》中的"此时无声胜有声",与之前"嘈嘈切切错杂弹,大珠小珠落玉盘"等等的"有声"形成对比,从而画龙点睛式地引出声音设计的基本原则——"此时无声胜有声,于无声处寻有声",并通过《珍珠港》《海上钢琴师》等电影片段进行案例讲解。

寓道于教的思政教学实施方法有助于对专业知识进行高度凝练和归纳总

---

[1] 郑小飞,崔畅丹.高职"课程思政"的实施路径与方法探微[J].东华大学学报:社会科学版,2018(6):14—17.

结,便于学生掌握专业知识的精髓,提升了教学效率。

(二) 寓教于乐

寓教于乐,即快乐教学。如果说寓道于教是将专业知识化繁为简,那寓教于乐就是将课堂教学变得有趣。在《声音设计》课程模块三"声学与心理声学"中,运用"快乐教学"将原本抽象枯燥的理论知识,运用体验式、启发式、探究式、讨论式等教学方法,将其转化成具体形象生动,以学生喜闻乐见的方式呈现,引导学生自觉认真地学习探索客观规律,实事求是,掌握理论与实践相辅相成的关系,用系统科学的方法、严谨的态度做事,培养"试错"的精神。

针对美术类学生爱画画,习惯具象思维等特点,创造性地运用"联觉",实现发现声音、画出声音、制作声音三阶段能力提升,让原本抽象的声音变得"看得到,摸得到",激发了学生学习兴趣,拥有了一颗热爱生活的心灵。

在《声音设计》教学内容上引入西方绘画艺术中的音乐视觉化案例及Cymatics(声音可视化),让学生发现一个美丽的声音世界。通过课堂现场听域测试来直观地了解人耳的听阈范围,以及类似的实验来掌握心理声学及乐器声学等原理。以"寻找生活中的声音"为主题,让学生用最常见的录音设备手机、录音笔等录制生活中的声音,以此培养学生善于观察生活、捕捉声音的能力;通过"听声音画画"实践环节,在教学方法上运用逆向思维,充分发挥学生的想象力,学会用声音讲故事,潜移默化中掌握声画结合理论;在课堂实践环节,让学生学习DIY乐器,了解乐器的发生原理。

(三) 寓德于教

在课程模块四《数字音频制作》中,通过寓德于教,元素化合式、情景化互动式、讨论式、课展结合,融入遵纪守法、工匠精神、团队合作、文化保护意识于课程,潜移默化地对学生进行社会主义核心价值观的教育。

在上海着力打造文化中心四大品牌建设的时代背景下,《声音设计》课程积极创新实践、着力传承与弘扬海派文化,将上海的城市精神作为教学育人的载体,在潜移默化中提升影视学子的文化素养,增强学生们的社会责任感和使命感。学生通过石库门采风活动参观了上海的标志性建筑,浏览了《屋里厢博物馆》,在代表不同时期的新老石库门里弄间实地录音,最后凝练成《海派》《市井》《改造》《新尚》四个主题板块声音艺术作品。此外,引入"我和我的祖国"主题,让学生通过团队协作自主创作网络电台节目,从前期的节目策划、对白/旁白的撰写,以及录音和后期制作均由学生完成,并以此引入音像版权相关法律及基本知识,提升学生法律意识,该节目已在喜马拉雅电台上线,截至目前上了 4 期收获 400 多名听众,这档节目也为"00 后"的学生提供爱国主义教育的平台。成就感是一种快乐,来自一步步通向完美的过程,产学研结合是一种通过让学生获得成就感从而获得快乐的"快乐教学"策略,因为学生的每一次项目实践都是在不断积累、沉淀,通过反复尝试而逐渐完美,可以充分调动教师和学生在进行教与学时的积极性,从而让学生获得巨大的成就感和自我认同。

《美术鉴赏》课程思政元素的教学设计①

程士元　滕跃民②

摘　要:艺术课程思政教育是高等院校艺术教育的一个重要组成部分,对大学生的社会主义核心价值观的形成和审美水平的提升起到举足轻重的作用。本文以上海出版印刷高等专科学校的一门专业理论基础课程《美术鉴赏》为例,以"三寓三式"为指导进行课程思政教学设计,挖掘课程实施过程中的思政元素,将知识技能传授与价值引领有机结合,形成课程思政与美术教育的立体式形态和渗透式发展,以推动该艺术课程的思政建设。

关键词:美术鉴赏;课程思政;三寓三式;教学设计

习近平总书记指出,文艺是时代前进的号角,最能代表一个时代的风貌,最能引领一个时代的风气。艺术课程思政教育是高等院校艺术教育的一个重要组成部分,对大学生的社会主义核心价值观的形成和审美水平的提升起到举足轻重的作用。

上海出版印刷高等专科学校通过多年来的理论探索和教学实践,创造性地形成了关于"寓道于教、寓德于教、寓教于乐"(三寓),具有"画龙点睛式、专题嵌入式、元素化合式"(三式)实施标准的"同向同行"范例,一跃成为全国高校"课程思政"改革成功的先行者[1]。该范例获得了 2018 年上海市教学成果特等奖、全国二等奖,是国内职业教育领域唯一的课程思政成果奖。在课程思政这一全新教育教学领域实现了历史性的突破,构建了各类课程开展课程思政改革的模式和标准。

本文以学校影视艺术系的一门专业理论基础课程《美术鉴赏》的"课程思

① 基金项目:"课中课"国家级教学成果奖应用推广工程课题编号 zk-2020-017。
② 作者简介:程士元(1978—　),男,艺术硕士,讲师,现任上海出版印刷高等专科学校影视艺术系专业教师,研究方向:编导、视觉艺术。通讯作者:滕跃民。

政"为例,以"三寓三式"[2]为指导进行教学设计,挖掘课程实施过程中的思政元素,将知识技能传授与价值引领有机结合,以推动该艺术课程的思政建设。

一、《美术鉴赏》课程思政的导入特点

在影视艺术系专业课程教学体系中,《美术鉴赏》属于视觉文化审美的专业基础理论课程,学好此课程对摄影、摄像以及相关艺术等课程的深入学习提供了良好的艺术指导和审美取向。该课程一般安排在第一学年的上学期进行,宜早不宜晚,其教学大纲主要以课堂理论讲解为主,以参观展览为佐,并辅以大量的作品图片和影像剖析为例。在具体结合课程思政内容融合的过程中,要求特别关注对作者、作品、流派、思潮,直至观念和手法的深度解读和正确引导,了解其发展和继承的源流和艺术特色,关注时下社会热点和学生兴趣,创新课堂,活跃气氛,从而提升学生艺术文化素养和培养正确的艺术审美观。

二、《美术鉴赏》课程思政的设计理念

众所周知,艺术类大学生由于长期集中接受专业教育的影响,艺术修养和审美能力开始下滑,普遍缺乏政治热情,政治理论素质十分欠缺。一直以来,"为艺术而艺术"的职业观,"艺术超越政治"的超然论,对他们的人生观、价值观的形成都有着很深的影响。他们中大多数虽然思想活跃,也重视专业技能训练,但缺乏深度,社会公德意识也较淡薄,在认识上容易沦为片面化和简单化,在应用上往往将知识传授、价值塑造和能力培养人为地割裂开来。

作为一门专业基础理论课程,《美术鉴赏》课程思政旨在培养艺术专业大学生的美术鉴赏能力和视觉艺术修养,这要求首先要在课程设计理念上处理好美术鉴赏知识传授与人文价值引领的关系。在内容上,以"三寓三式"为指导,打通该课程理论学习、实践创作和作品品鉴等三大板块,在教学实施过程中有针对性地挖掘相关思政元素来融合其中;在结构上,以鉴赏的角度为切入点,以美术史为发展线,以艺术风格划分主题版面,通过思政元素将作品鉴赏、美学观念和美术批评等进行点、线、面交集关联,探究和构建该课程思政的教学生态体系。

三、《美术鉴赏》课程思政的建设内容

艺术课程中的思政教育同艺术作品本身一样具有触及灵魂的力量,换言之,艺术课程中蕴藏着许许多多亟待挖掘的正能量。《美术鉴赏》课程思政亮点体现在既能注重在价值传播中凝聚知识底蕴,又能注重在知识传播中强调价值取向,可以达到潜移默化的"合力"教育效果。为此,笔者将"三式"分别对应该艺术课程中的理论学习、实践创作和作品鉴赏等三大层面,在每一个层面上又分别挖掘相关思政元素来融入"三寓"教学,整体上呈纵横立体的多维交互状态。

(一) 从艺术理论学习层面上"画龙点睛式"地开展课程思政教学

艺术理论的学习呈现出一个横向不断拓宽的知识结构状态。古今中外的艺术理论浩瀚如烟,在教学的过程中,对相关课程的知识点和技能点的简明提示,有针对性地对学生开展道德理想、艺术审美、社会主义核心价值观、唯物辩证法、职业素养等的"点睛"手段,提高学生对理论学习的浓厚兴趣和文化修养[3]。充分利用艺术课堂的灵活性,将艺术的活跃与思政教育的严肃相中和,圈点学生的兴趣点和社会热点来开展课程思政教学,注重教学方式丰富化和教学手段多样化。比如,从"诗中有画,画中有诗"作品拓展到"书画同源"和"书画一律"的理论形成,对学习中国传统文化如何提升文化素养方面圈出思政要点,又映射到新时期复合人才培养的热点话题。又如,从艺术理论的角度和视野上看,"眼界决定境界"的要点值得"点睛",引出加强艺术理论学习和提升文化修养的必要性。

(二) 从艺术实践创作层面上"专题嵌入式"地开展课程思政教学

无论是直接创作艺术作品,还是间接观赏主题展览,艺术实践是每一位艺术生都无法绕开的课题。不同于艺术理论学习,艺术实践的学习呈现的是一个纵向的渐修的结构状态。在这个层面上,采用"专题嵌入式"地开展课程思政教学往往能起到事半功倍的效果。一方面,艺术"专题"形成是教师研究和选择的结果,也是开展不同艺术类型实践教学常用的模板;另一方面,在不打破原来教学结构的基础上,将思政的某个专题进行巧妙地嵌入,以加深学生对

此类知识的理解,同时提高学生的思政道德的认识,一举多得。比如,在讲授中国传统书画精神的专题时,嵌入主观和客观在实践基础上的辩证统一的专题,通过结合中国书画"精气神"具体作品佐证,分别从客观物质的属性中和精神层面中去寻找美的根源,探讨主观和客观的统一体——物质与精神的完美和谐,借此进一步弘扬人与环境和谐统一的中国新时代的价值取向。另外,思政课堂可以借鉴美术鉴赏的实践性,在课堂上嵌入"艺术+思政+主题"的特色模式进行教学探索,如主题读后感、主题理论运用,在考核中增加实践分数。这既"活化"思政教育,又拓展艺术创作,让学生真正了解理论,运用理论,让理论和实践结合,提升课堂实践教学的趣味性,让思政元素悄无声息地融入艺术教学中。

(三) 从艺术作品鉴赏层面上"元素化合式"地开展课程思政教学

艺术作品鉴赏是指欣赏者在接受艺术作品的过程中,通过感知情感、想象和理解等各种心理因素的复杂作用进行艺术再创造,并获得审美享受的精神活动。从这个意义上看,艺术作品鉴赏呈现出立体的动态顿悟的结构状态。"元素化合式"教学方式,就是将专业知识、专业技能、思政要点三种不同的教学元素进行化合,巧妙地将社会主义核心价值观的精髓要义恰如其分地融入课堂教学之中,进而产生合而为一的育人效果,在引人入胜、潜移默化中实现教育目的[4]。比如在讲解中国传统书画哲学思辨的环节中,通过把中外不同时期的画家作品进行比较研究,引出有别于西方审美的中国传统美学"天人合一"的审美观,从而树立民族自豪感和文化自信心。同时利用思政元素结合社会热点,通过学习民族艺术文化,领会"民族的就是世界的"的文化含义,推动中华文化走出去,构建以合作共赢为核心的新型国际关系,打造人类命运共同体。

(四) 艺术课程思政元素的挖掘与融合

从艺术理论中挖掘思政元素。为了加深对于"文人画"主题的理解,采用"专题嵌入式"导入"诗书画三绝"。通过案例式、探究式对"文人画"展开深度剖析。一方面,画作借书法、诗词提升了画面的文学意味和文人格调;另一方面,诗词、书法和画作的结合使画面达到形象思维与空间思维相得益彰的效果。这种题画诗的艺术形式不但集中体现了中国文化"诗书画"相结合的美学特色,更是文人品味和文化格调的本色彰显。在挖掘出"人品""艺品"的思政元素基础上,"寓德于教"衍生出"淡泊明志""蒙以养正"等价值观。

从创作实践中挖掘思政元素。艺术创作是一项充满艰辛的脑力劳动,在具体讲解创作技能的环节中,采用"元素化合式"综合相关高超的艺术技能的学习心得,倡导像哲人一样思考、像匠人一样劳作的"哲匠精神",借此思政元素"寓道于教"弘扬"心手合一""知行合一"的价值观,充分发挥实践育人的作用,使"劳作上手、读书养心"的传统成为学生的一种学习生活方式[5]。

从作品鉴赏中挖掘思政元素。艺术鉴赏本身便是一种审美的二度创造和知识整合的过程。"鉴定真伪"是艺术鉴赏中的核心命题,在讲解技法的过程中很自然地引申出"去伪存真""坚持真理"的思政元素[6]。在学习和表现色彩的环节中,采用"画龙点睛式"圈点色彩语言,运用案例式、启发式等"寓教于乐"地进行课程思政教学,通过对比地、辩证地探究色彩作品的变化奥妙,揭示出艺术色彩运用和品鉴的规律,从而挖掘出对立统一的普遍规律,即无论是在自然、社会,还是在思维领域,抑或艺术领域,任何事物内部以及事物之间都包含着矛盾。正是事物矛盾双方的统一与斗争,推动着事物的运动、变化和发展。

表1　《美术鉴赏》课程思政的施策方案

教学单元	专业教学内容	思政教学要点	实施手段
单元一 美术流派与理论基础	角度与视野 理论与法则 传统与现代 图像学与符号学 流行文化与精神分析 艺术思潮与社会功能	眼界决定境界,加强艺术理论学习和提升文化修养。	画龙点睛式 启发式 讨论式
		新时期复合人才的培养。	
		书画同源、书画一律、劳作上手、读书养心。	
单元二 创作实践与鉴赏风格	风格与形式 鉴别与判断 透视与解剖 光影与空间 运动与气氛 线条与精神 色彩与性格	倡导"哲匠精神",以艺术创作实践弘扬社会美育。	专题嵌入式 案例式 互动式 探究式
		对立统一的普遍规律。对比地看、辩证地看,是鉴赏和学习艺术色彩的一种方法。	
		心手合一、知行合一、去伪存真、坚持真理。	

教学单元	专业教学内容	思政教学要点	实施手段
单元三 传统绘画与民族文化	形与神 意与象 气与韵 理与法 道与义	民族的就是世界的。认真学习中国文化,推动中华文化走出去,打造"人类命运共同体"。	元素化合式 专题嵌入式 故事化 情景化 幽默化
		天人合一——中国传统美学观的再认识。	
		人品、艺品、淡泊明志、蒙以养正。	

四、结语

"文变染乎世情,兴废系乎时序。"课程思政的本质是立德,某种程度上课程思政本身就意味着教育结构的变化,即实现知识传授、价值塑造和能力培养的多元统一。在高校思政课创新的新形势下,《美术鉴赏》课程思政通过灵活应用"三寓三式",将思政元素进行巧妙加入课堂教学,形成课程思政与美术教育的立体式形态和渗透式发展,探索艺术课程思政的教学规律,培养学生敏锐的洞察力、强烈的感染力,拓宽其思维与眼界,发展其内心对传统文化艺术的正确认知,形成正确的价值判断,在潜移默化中提升学生的思想理论水平与艺术审美能力,树立其文化自信。

英文摘要:

Teaching design of Ideological and political education in art appreciation course

Cheng Shi-yuan   Teng Yue-min

Shanghai Publishing and Printing College, Shanghai

Abstract: Ideological and political education of art course is an important part of art education in Colleges and universities, which plays an important role in the formation of College Students' core values and the improvement of aesthetic level. This paper takes art appreciation, a professional theoretical foundation course of Shanghai Publishing and Printing College as an example，and designs the ideological and political teaching under the guidance of "Three-implicit and Three-fusional". By excavating the ideological and political elements in the process of curriculum implementation，combining knowledge and skills teaching with value guidance, the three-dimensional form and penetration development of Ideological and political education and art education are formed to promote the ideological and political construction of the art course.

Key words：art appreciation course；Ideological and political education in the curriculum；Three-implicit and Three-fusional；Teaching design.

参考文献：

［1］滕跃民,张玉华,肖纲领. 高职专业"课程思政"的"道法术器"改革［J］. 辽宁高职学报,2018 年第 8 期。

［2］滕跃民,张玉华,马前锋,汪军,孟仁振. 同向同行:知识传授与价值引领同频共振——上海出版印刷高等专科学校"课中课"课程思政改革探析［J］. 中国教育报,2019 年第 11 期。

［3］张廷,杨永杰. "课程思政"背景下高校美术教育教学改革的方向与策略［J］. 美与时代(中)；2019 年第 10 期。

［4］上海版专教研. 学校"德智技融合"的"课中课"人才培养模式初见成效. 2018-01-10.https：//mp.weixin.qq.com/s/6sIaJtmYKmXysjTTDYbWmw

［5］傅慧敏. 中国古代绘画理论解读［M］. 上海人民美术出版社,2012 (01).

［6］闫娟. 高校思想政治理论课教学艺术运用研究［D］. 辽宁师范大学, 2015 年。

第二部分　课程思政领航课程

《二维动画创作项目实训》
精品改革领航课程申报表

一、基本信息

学校名称	上海出版印刷高等专科学校	所在学院	影视艺术系
课程名称	二维动画创作项目实训		
项目负责人	姓 名	职务/职称	手 机
	张 波	副教授	
工作联系人	姓 名	职务/职称	手 机
	张 波	副教授	

二、前期工作基础

2.1 课程介绍

《二维动画创作项目实训》是动画类课程体系中一门极其重要的理论结合实践的核心课程,在影视动画领域有着特殊地位,许多高校都对该课程高度重视,所以我们在这门课程上加大了对该课程的建设力度。与国内其他高职高校院校的国家级精品课程相比,各有千秋,其中在某些方面较为领先。目前该课程在2018年已经被评为上海市精品课程。

2.1.1 课程负责人

本课程负责人张波老师凭借本门课程先后荣获2018年第三届上海高校青年教师教学竞赛特等奖、上海市五一劳动奖章、上海教学能手;2016年"上海市育才奖";2014年荣获首届上海高校青年教师教学竞赛二等奖、上海市教育系统"三八红旗手"称号;第六届全国高职院校青年教师讲课竞赛"金教鞭"金奖等多个教学类大奖,针对本门课程的教学及实践有较多经验及全面的教学设计。2019年张波老师被授予上海市教卫工作党委系统优秀共产党员称号,凭借张老师的觉悟以及踏实的做事风格、丰富的教学经验,他对于整个课程的计划实施和脉络把控上都会有较强优势。

2.1.2 课程教学团队

本课程组建了一支团结协作、结构合理、专兼结合的教学团队,为培养高素质技能型人才提供了师资保证,更为提高学校的整体教学质量和教学水平奠定了坚实的基础。

2.1.3 课程教学内容

本课程的教学内容既保留了传统教学内容,又反映了本学科领域最新研究成果和发展动态的新颖性,既有系统的理论知识,又有反映本专业前沿的实践技能,紧扣岗位技能进行授课,采用了与课程匹配的图文并茂课件,集视频、图像、动画、思维导图、音频、录像等多种手段于一体,符合本专业高职高专课程教学的基本要求,适合高职高专学生学习特征与认知规律。

2.1.4 课程教学方法

本课程教学团队针对不同的教学对象和教学内容,在教学实践和教学改革过程中能够以人为本,因材施教,适时适当采用多种教学手段和技巧,将课程按照学习内容以情景教学的方式,每个情景将理论教学和实践教学相结合,运用多媒体教学、导入视频讲解、现场教学等多种手段,结合教学内容和动画制作流程实践,紧扣岗位技能进行授课,对提高学生职业素养和学习主动性起到积极作用。

在教学模式上我们改变了传统的单一课堂授课模式,由于《二维动画创作项目实训》这门课程是偏重实践的课程,在教学上我们主要以参与项目过程为基础,设立"问题解决法"为主的教学方法,结合理论教学、案例教学、项目实训等众多方法,同时还充分利用现代多媒体教育技术,网络技术等,构成了《二维动画创作项目实训》课程全新的完整教学过程。针对高职院校艺术设计类专业培养目标进行立意设计,结合高职院校学生上课时特点,该课程将课堂教学与实践项目相融合,激发学习兴趣,提高动手实践能力,带动校企合作,积极为学生搭建实训平台。在教学内容上注重理论知识点与实际设计案例相结合,突出理论知识与实际设计的系统性和关联性,并采用项目教学法和任务教学法,每个小单元都配合相应的任务实训练习,既强调学生理论知识的必要性,又注重学生实际设计能力的培养,具有很强的实践性与技能性。教学方法与教学手段多种多样,相互补充,相互促进,课程考核方式多元化。在教学方式上引入"快乐教学"和"课程思政",促进学生愉快地主动地学习,恰到好处地引导正确的人生观,不仅提高学习兴趣还促进了教学质量的提高。

2.1.5　课程采用自编教材

在教材设计上,本课程所使用的教材为负责人主编的十二五规划教材《动画短片创作》,本教材目前已被 30 多所高校使用,有力地推动了专业的人才培养。为了满足高职高专学生的学习要求,本教学团队成员还主编了十本动画类教材,其中动画教材分别为主编《动画运动规律》(学林出版社),主编《原画设计》(学林出版社),主编《动画速写》《动画运动规律》《角色设计》《动画概论》等教材。

2.1.6　信息化教学资源和手段

本课程为有效配合教学,充分利用信息化手段,制作了 10 套近 700 幅 PPT 电子课件、8 大模块、20 组 164 个动画资源、569 个教学辅助视频、9 段教学录像、5 段微技能视频、众多案例资源、实时在线测试试题库等多种资源,这些资源都上传到学校 BB 平台上供学生学习参考,另外本课程还建有手机微课 App,便于学生随时随地学习交流。

为了贯彻上海出版印刷高等专科学校的整体教学理念,融合专科职业学校的教学方式,同时结合影视动画专业课改要求,在现有课时内,课程主要以引导学生自学、老师重点点拨的传授方式为主,在讲课的同时,通过精心的安排和设计来增强学生们的参与感,提高大家独立思考的能力,并树立正确的价值观,为以后的工作打下专业与思想基础。《二维动画创作项目实训》课程针对艺术类学生习惯具象思维等特点,创造性地运用"联觉"这一心理现象,实现寻找想法、画出想法、制作想法三阶段能力提升,让原本抽象的创意变得"看得到,摸得到",激发了学生学习兴趣,拥有了一颗热爱生活的心灵。

在《二维动画创作项目实训》课堂教学中,采用案例式快乐教学方法,让学生发现美;又结合启发式、探究式这两种快乐教学方法,以"寻找生活中的美"为主题,让学生用最常见的手机、相机等录制生活中的动作,以此培养学生善于观察生活、捕捉瞬间动作的能力;运用形象化、故事化快乐教学方法,充分发挥学生的想象力,学会讲故事,潜移默化中掌握声画结合理论;在课堂实践环节,又运用游戏化的快乐教学方法,让学生掌握动画创作的原理。

2.2 前期课程思政践行效果

2.2.1 高职院校课程思政教育在影视类专业中的可行性分析

明确课程思政的教学对象;针对我校的学生来说,思想政治观念比较薄弱,自律能力不足,影视类专业学生作为艺术类学生,自身又具有其特殊性,对文化基础课学习积极性不高。相反,对《二维动画创作项目实训》这种创作型的专业课学习有一定的热情,他们普遍思维活跃,好奇心强,喜欢借助网络等渠道获取各种信息作为影视创作的灵感和素材。在对该专业学生做的问卷调查结果中显示,70%的学生表示创作灵感来源于网络,但在强大的网络信息冲击下,会出现一定的盲目性,缺少正确的自我判断与选择的能力。需要专业老师的正确引导,帮助他们在面对网络舆情或社会热点问题时能够准确辨别。这更能体现高职院校影视类专业实施课程思政教育的必要性。

2.2.2 丰富课程思政的教学方法

课堂教学作为做好高校思想政治工作的主渠道,丰富课堂教学方法是较为有效的途径。随着互联网的迅速发展和普及,在实施课程思政教育过程中,必须改变传统的纯理论课程的讲解,充分利用互联网信息化的优势。网络环境的核心理念是开放共享,对教学平台集成和资源要素进行有机整合,在专业课教学中,将网络技术深入融合,运用网络多媒体课件、网络课程资源库等信息化资源,利用新媒体、自媒体、融媒体等手段,创新启发式、体验式、互动式的教学方法。结合翻转课堂、微课、慕课,实现线上答疑,资源共享等,不断创新课堂教学模式。网络环境下的课程思政教育,摒弃了老师手把手式的教学,取而代之的是专业老师运用生动的课堂组织形式,引导学生充分发挥主观能动性,与老师共同开展主流价值观的学习,最终将所接受到的价值观念自觉运用于实践的过程。《二维动画创作项目实训》课程积极鼓励学生利用网络,吸取和传递影视作品的能量。

2.3 拓展课程思政的教学内容

弘扬爱国主义精神,把爱国主义教育作为永恒主题。一个人对国家的热爱,从来不是抽象的,而是具体而深刻、生动而鲜活的。课程从人才培养宏观目标和课程设置上推进思想政治教育,不断修订专业人才培养方案,深入挖掘各类课程的思想政治教育资源。与教学改革相结合,将专业知识与社会主义核心价值观教育、人文情怀教育相融合,有效开展课程思政教育模式。以我校影视艺术系为例,作为高职院校中的影视类专业,在课程思政教育中开始践行以下几种模式:

组织学生集体课后对经典动画片拉片训练,从选片上把握思政教育基调。结合影视类专业学生需要大量阅片的专业特色,作为专业基础课程之一,来增加学生的阅片量,通过观看各种经过专业老师筛选的高质量经典影片来提升学生对于影视视听元素的感悟。我会为学生制定书单、影单,如《大国崛起》等有意识地选择反映时代新面貌、弘扬社会正能量等方面的作品是践行课程思政的有效途径。

调动课堂教育主渠道,用鲜活的案例激活课堂,并梳理了一批宣扬社会主义核心价值观的影视资源。影视类专业课需要大量影片作为素材,在《二维动画创作项目实训》课上,结合横向项目人民海军建军 70 周年上海基地庆典中的视频作品,通过对人民海军的了解结合课程内容与学生一起欣赏和讨论了"走向深蓝"的意义与前景展望。大家通过影片都真切感受到了中国自信,感受到身为中国人的自豪和光荣,师生携手顺利完成上海基地吉祥物设计、上海基地七十周年庆典中的多种纪念品的设计工作,并且得到部队领导的高度认可。这是一次非常成功的爱国主义教育,体现了价值引领和意识形态教育效果,加强了专业课程的"思政"作用,也高标准地完成了教学任务。

理论与实践充分结合,在作品创作中彰显社会正能量。在影视作品创作实践教学中,引导学生在海量信息中选择有价值的部分,创作正能量的作品。树立学生的奋斗精神,结合课程鼓励学生参赛,本专业学生荣获世界技能大赛全国第二名的好成绩,成为预备选手,也大大提升了学生的自信心。

2.4 显性思政与隐性思政相结合的融会贯通

融——以专业课程教学为基础,融入思政教育内容,习近平总书记在全国高校思想政治工作会议中强调,"好的思想政治工作应该像盐,但不能光吃盐,最好的方式是将盐溶解到各种食物中自然而然吸收"。也就是将思想政治教育潜移默化地融入专业课程中。鉴于影视类专业学生的特殊性,这同时也是网络与教育教学的深度融合。

会——让学生在接受专业知识过程中,同时能领会老师传递的思想政治教育意图,学会知识,学会做人。

贯——将思想政治教育工作贯穿整个教育教学全过程,实现全员育人、全过程育人、全方位育人。在专业课程中贯穿对学生人文情怀、思想境界、道德素养的教育。思想政治教育在专业课程中穿针引线,编织起完整的思想政治教育体系。

通——在课程思政教育模式下,专业课程中时刻浸透着隐性思政的功能。在培育学生的综合素养过程中牢铸理想信念,注重科学思维和职业素养教育等。使学生学习知识更加全面、通透,对事物认识由表及里,由外及内,有更加透彻的领悟,有助于他们透过信息,发现本质。

寓德于教	寓教于乐	寓道于教
● 主题创作 ● 作品内涵	● 原画设计 ● 动画创作	● 分镜头创作 ● 后期剪辑

总的来说,本课程建设立足学生实际情况,发挥专业课程本身的特色,提炼爱国情怀、法治意识、社会责任、文化自信、人文精神等要素,转化成核心价值观教育具体而生动的载体。在课堂教学中将社会主义核心价值观和中华优秀传统文化教育内容融入教学要求,根据学生专业学习的阶梯式成长特征,以及学生遇到社会问题的复杂度,系统设计德育递进教学路径,并固化于教学大纲中,推进思政教育在人才培养全过程中的全覆盖。在课程的教授过程中,注意"入深入细、落小落全、做好做实",注重课堂形式的多样性和话语传播的有效性,避免附加式、标签式的生硬说教,深入分析专业学生的学习需求、心理特征、成长规律和价值取向,坚持因事而化、因时而进、因势而新,悉心点亮学生对专业课程学习的专注度,引发学生的知识共鸣、情感共鸣、价值共鸣。

三、课程建设方案

3.1 课程建设目标与要求

以职业能力为主线,融"思政教学"与"快乐教学"为一体,以提高本专业人才培养质量和社会服务能力为首要目标,以思政元素融入课程大纲为着力点调适教学观,将育人理念融入专业课程整体规划。设置课程的知识传授、能力培养和价值引领目标。对课程开发、教学设计、教学实施、资源建设进行系统设计,在每个课程模块设立课程思政评价点及标准,制订突出职业素养和职业能力培养的专业课程体系和课程标准,构建突出先进性、实效性、前瞻性和持续性的课程思政教学资源库建设体系。通过与课程教学案例与课程建设的结合,将思政教育的隐性和显性功能予以发挥,指导教学设计与学生实训,引导学生产出可以体现和谐正确的社会主义核心价值观的动画作品。

3.2 课程建设总体思路

梳理《二维动画创作项目实训》课程中教学案例与思政的相关性,将思政教育的隐性作用发挥出来。在教学互动中,传递出可持续发展的正确世界观、亲民奉献的正确人生观、向善和谐的正确的社会主义核心价值观等。

建设总体方案

教学单元	专业教学内容	思想教学要点	实施手段
单元一: 前期创作 阶段	剧本创作、角色设计、场景设计、道具设计、分镜头脚本创作等	依据中国传统文化创作动画剧本、利用民族元素创作美术设计	采用启发式、专题嵌入式、课程内容创新化、画龙点睛式、讨论式教学思政化
单元二: 中期制作 阶段	原动画创作、视听语言、景别、动画中的人物表演、固定摄影、运动摄影	与课程内容巧妙结合,融入课程思政,传播正能量,达到润物细无声的效果	元素化合式、启发式、课赛结合、画龙点睛式、教学方法快乐化
单元三: 后期合成 阶段	蒙太奇、镜头剪辑、后期特效、录音配音、成片	促进集体协作,增强学生团队合作精神,并且在创作过程中抓重点起到画龙点睛的作用	探究式、画龙点睛式、元素化合式、教学手段信息化

同时利用影视艺术系建立的微信群、课程群、课程 App 等新媒体路径,将课堂翻转的同时把快乐教学融入,以学生喜闻乐见的电影、动画作品进行课外的拓展与交流,培养学生的思政自觉性,产出可以体现和谐正确的社会主义核心价值观的影视艺术作品。

同时为了贯彻落实习近平总书记的重要讲话精神,按照《纲要》中提出的"课程育人质量提升体系"的要求实施课程思政,着力结合课程构建"思政课程、课程思政、校园空间"三个维度的、相对独立而又以资源互为基础的思想政治教育系统,进行思想政治教育融入影视艺术专业的电视课程教学实践的研究探索。

3.3 教学要点

有效的课堂教育不是说教,而是以学生喜闻乐见的形式为载体,引导他们积极参与,真情体验感受,在感悟中接受教育,在正能量的浸润中成长。影视动画作品具有直观、形象、易接受易传播等特点,它通过强烈的视听效果、叙述引人入胜的故事情节、塑造性格鲜明的人物形象、反映丰富多彩的生活场景等元素,给人以启发教育。制作者要具备驾驭精神层面和艺术、技术层面的综合能力。

课程教学内容的组织安排主要为讲授专业技术和理论知识、指导专业训练和开展模拟实战项目实践三个阶段,总体上围绕二维动画创作的整体流程为中心,并以各个制作环节的特点作为出发点来开展和落实教学实践工作。

3.3.1 讲授软件制作技术和专业理论知识阶段

结合动画专业的学习特点,在讲解各个制作模块的同时将基本的动画理论和设计知识引入到技术教学中,加强学生对于技术与艺术相结合的二维动画制作意识,以此为之后提高灵活运用二维动画的创作能力打下坚实的基础。

3.3.2 指导专业训练和练习操作阶段

帮助学生深入熟悉和掌握二维动画制作技术,及时发现和纠正在具体制作时可能产生的各种技术错误,对于创作过程中出现的问题给予必要的意见和建议。这个阶段在实施过程中还将参考行业的制作标准和生产模式,注重对于学生在剧本设计和创意表现方面的指导。

3.3.3　开展实战项目实践阶段

模拟性的项目实践训练能让学生以制定计划和执行任务的工作方式亲身体验二维动画创作的制作流程和领会制作要点,有助于锻炼专业实践能力和积累实战经验。根据动画行业中分工明确细化的实际情况,在引入模拟实战项目的具体实施过程中,教师在深化指导传授专业技能知识的同时,还将着重培养工作职责观念以及团队合作精神。这些都将为促进学生从一个动画学习者到行业工作者的角色转换起到推动作用。

3.3.4　本课程标准紧跟行业技术应用发展

随着影视动画行业的快速发展,高等职业教育需注重对高技术应用能力的培养,对二维动画制作的流程作了广泛而深入的分析,并把企业的一些真实广告动画、视频剪辑加到课程中来,及时更新、丰富授课内容。这些案例充分体现了本课程与影视特效、数字摄影摄像、三维动画项目实训等其他主干课程内容联动,对学生综合应用能力的培养发挥了良好的作用。

3.3.5　课程标准注重实践应用能力的培养

本课程标准的制定,经高校专家和行业专家集体商讨修改完善而成,非常注重对学生实践动手能力的培养。教学内容以项目为载体,从剧本创作、角色设计、场景设计、分镜头设计、原动画设计、剪辑与特效等整个动画制作流程出发,采用丰富的教学设计和生动的教学手段,使学生深入浅出地理解动画短片制作的整个过程,来强化学生对影视动画创作的认知和实践应用能力。

3.3.6　突出学生主体,尊重个体差异,注重过程评价,促进学生综合素养的发展

本课程面向影视动画专业全体学生,在教学过程中,尊重个体差异,倡导自主学习,启发学生对提出的项目案例进行积极思考、分析和提出自己的解决方案,提高学生的思维能力和操作技能,培养学生的创新精神,使学生养成善于观察、独立分析和解决问题的习惯。本课程在目标设定、教学过程、课程评价和教学资源的开发等方面都突出以学生为主体的思想,注重学生实际操作能力与应用能力的培养。课程实施应成为学生在教师指导下构建知识、提高技能、活跃思维、展现个性和拓宽视野的过程。

3.3.7 改善评价体系,注重过程评价

课程标准建立能激励学生学习兴趣和自主学习能力发展的评价体系。结合学生自身的能力,在不降低教学目标要求的前提下优化考核体系。在评价体系中,摒弃过去那种过分强调考试成绩的做法,建立起"以能力为中心"的考核方式,注重学习过程中的评价。从学生的基本素质、职业岗位能力、分析和解决问题的能力等多方面进行评价,来促进学生多方面的发展。

3.3.8 整合课程资源,改进教学方式,拓展学习渠道

课程在教学过程中,在教师引导下,以具体项目案例为载体,通过分析、实践,使学生自主归纳、总结,以增强学生对二维动画的原理和制作技术的理解。本课程教学内容以任务驱动法为设计思路,以制作过程为导向组织教学,在实现工作过程的同时,培养学生应具备的职业素质,充分调动学生的自主学习积极性和创新能力。同时灵活运用多种教学方法,如引导式教学、激励法、互动法、学生示范、学做合一等方法,促进学生对所学知识的理解和运用,以培养其对动画制作全过程熟练掌握的综合能力。充分利用现代教学手段,不断改进教学方式,通过多媒体、网络、App 微课程(知识点和技能点)、现场视频等组织学生学习鲜活的材料,突出典型案例的剖析,采用互动式教学使学生得到模拟训练,提高他们发现问题、分析问题、解决问题的能力。

如下列举了本课程思政所采用的部分建设方法。

3.4 课程特色——通过"第二课堂"实施思政教学

"第二课堂"是实施思政教学的一大法宝。第二课堂是相对课堂教学而言的。如果说依据教材及教学大纲,在规定的教学时间里进行的课堂教学活动称之为第一课堂的话,那么第二课堂就是指在第一课堂外的时间进行的与第一课堂相关的教学活动。从教学内容上看,它源于教材又不限于教材;它无需考试,但又是素质教育不可缺少的部分。"第二课堂"为思政教学开拓和延展了空间和时间,在"第二课堂"进行思政教学更具实践意义,从形式上看,它生动活泼、丰富多彩。在课堂教学中将引入"第二课堂",让学生参观相关展览、观看电影及演出等,让学生沉浸在艺术氛围的同时,提升艺术素养的同时,力图增强学生的理想信念、道德品质批判意识、民族自豪感,建立文化自信。

3.5 建设目标及内容设计

3.5.1 课程思政教学资源库建设:利用课程案例丰富思政教学资源库。

3.5.2 思政网络渠道建设:以本课程作为切入点,将翻转课堂作为形式,利用新媒体网络,加强思政的网络渠道建设。

3.5.3 主要融合的思政内容

《二维动画创作项目实训》课程实训项目的课程思政设计及学时分配

教学内容		学时 64				
		实验学时	实验类型	实验要求	考核指标	课程思政融入内容
前期策划项目	动画的基础知识	2	创作	必开	风格设计小样	介绍《钟馗》导演,历时10年终于在70岁拍摄完成该影片,鼓励学生做一个追梦人,脚踏实地持之以恒的良好道德品质和人生观
	动画剧本创意技巧	4	创作	必开	剧本	观看《平衡》《钢丝圈的恶作剧》等影片,让学生相互间探讨价值观
	动画短片美术设计	4	创作	必开	角色、场景及道具设计	结合海军项目增加中国自信,感受到身为中国人的自豪和光荣
	动画分镜头创作	4	创作	必开	电子分镜制作	利用影视声画元素,发挥思政功能的显性作用。
中期制作项目	动画短片制作工艺	6	创作	必开	原动画制作	指导学生观察生活中的细节,通过不同情景的比拟,并引导学生树立正确的价值观。
	动画技法	6	创作	必开	原动画制作	中期制作过程中采用头脑风暴来建立彼此之间思政意识的自我觉醒。
后期合成项目	动画短片的剪辑	4	综合	必开	动画短片剪辑	结合思政有关影视案例,发挥思政功能的隐性作用。
	动画短片的制作合成	2	综合	必开	成片成品输出	指导学生输出体现思政的社会主义核心价值观的影视作品。

① 隐性思政矫正功能在影视艺术类课程中的运用研究

　可持续发展的正确世界观

　亲民奉献的正确人生观

　向善和谐的正确的社会主义核心价值观等

② 显性思政修正功能在影视艺术类课程中的运用研究

　自我利益与社会价值的修正

　历史参照与使命价值的修正

　精神价值与激励价值的修正等

在思政规训的实践过程中,我们看到,事实上,隐性思维具有针对显性思维的概括性,同时,隐性思维亦对显性思维提供了潜意识下的思维支撑性,因此,隐性思维更倾向于应用于针对个体的微观的思政理疗与校正方面。隐性思维理疗功能能够透过针对个体的微观磨合达成更趋完美的一体化契合。无论是国家还是人类社会其实都必须经过磨合,才能达到日益完美的契合,这就是一加一不一定等于二,也许可能会等于一,甚至亦有可能等于零的原因所在。同时,在磨合的过程中,国家或社会中的所有的个体都必须在共同利益与社会主义核心价值观上趋同,并且必须在个人利益与国家社会利益出现冲突时做出正确的取舍,这也是中国迈向发达国家的必由之路,同时,无论是否是发达国家,只要国家社会需要维持和谐与凝聚,需要维护安定团结,都需要这样一种十分必要的思政准备。

3.5.4　显性和隐性思政元素设计思路

说明:

(1) 实训设置要注意内容更新,体系设计科学合理;

(2) 实训内容要具体,名称规范;

(3) 学时分配合计数是 2 的整数倍;

(4) 实训类型指综合性或设计性等实训,不安排演示性、验证性的实训。

a. 综合性实训:是指实训内容涉及本课程的综合知识或与本课程相关课程知识的实训。

b. 设计性实训:是指给定实训目的、要求和实训条件,由学生自行设计实训方案并加以实现的实训。

（5）每组人数通常是 3 个人。

4. 预期成果

4.1 形成独立的研究报告。

4.2 汇编本课程融入课程思政内容的教材一本。

4.3 完善课程大纲及授课计划。

4.4 完善网络课程资源库建设。

《影视配乐》课程思政领航课程申报表

一、基本信息

学校名称	上海出版印刷 高等专科学校	所在学院	影视艺术系
课程名称	《影视配乐》		
项目负责人	姓　名	职务/职称	手　机
	王　莹	副教授	
工作联系人	姓　名	职务/职称	手　机
	王　莹	副教授	

二、前期工作基础

（重点介绍课程基本情况，在学科专业领域、课程思政教育教学方面具有的前期基础，取得的成果、成效等）

1. 课程介绍

《影视配乐》是与影视艺术相生相长的艺术课程。它是一门声画艺术，兼具了"音乐"和"影视"的特性。探寻音画之间的关联和意义，能够提升观众对影片的欣赏和审美的情趣，也为影视剧配乐提供了理论支撑。学生要了解、熟悉和掌握这门课的内容，就必须解决音乐的流动性、联觉性与影视艺术的时间性、表现性高度结合等问题。在影视配乐中，如何确定配乐使用的时间点，如何运用音乐使用的路径和方式方法，如何通过音乐提高影视作品的艺术价值，不仅是一个复杂的学习和实践过程，也是该课程教学的核心内容。一部优秀的影视作品，必须具有较高的艺术水准，其中配乐在其中功不可没。该课程正是从艺术的角度出发，管窥电影音乐的特点、功能、作用，了解音乐创作的基础要素、音乐构成、体裁、乐曲类别等，并将有特色的广告音乐、动画音乐融入其中,学生可以循序渐进地深入了解影视音乐的风格特点,初步建立自己的音乐概念构架,为最终驾驭配乐、独立完成高水平的影视艺术作品打下扎实的基础。

2. 前期课程思政践行基础

高校作为"培养社会主义的核心接班人"的主阵地,肩负着"立德树人、培根铸魂"的重任,围绕"培养什么人、怎样培养人、为谁培养人"这一根本问题,不断创新理念,积极开展教育教学改革。课程思政作为教育教学改革的新理念、新举措,目前已经在教育界进行广泛推广和运用。我校的课程思政改革实践取得了丰硕成果,2018 年我校《思政教育融入专业实训课的"课中课"同向同行模式创新与实践》项目获得国家教学成果二等奖。该项目初步

上海出版印刷高等专科学校 2019 年度课程思政试点课程

序号	开课系部	课程负责人	课程名称	类　别
1	出版与传播系	冉彬	出版与传播概论	重点立项
2	影视艺术系	王莹	影视配乐	重点立项
3	影视艺术系	胡悦琳	声音设计	重点立项
4	影视艺术系	谭斯琴	图形图像情景训练	重点立项

学校课程思政交流会上做交流发言

构建了专业课程思政改革的模式和标准。该课程思政改革运用该成果奖的"三寓三式"的教学法,课程内容上坚持显性教育和隐性教育相统一,挖掘专业课程中蕴含的思想政治教育资源,达到育德和育才并重,实现"全员全程全方位育人"的课程建设目标。课程教学中春风化雨、润物无声地融入思政元素,提升了教学的亲和力和教学质量,受到了学生的喜爱。该课程于2019年入选学校思政试点课程重点立项课程。

2.1 增加课堂亲和力和针对性构筑育人新格局

艺术专业学生的特点是形象思维能力活跃,动手实践能力强,但对于逻辑性强、远离自身实际的理论教学内容接受度低。在教学过程中尝试跳出传统教学框架,着重挖掘贴近生活、能触动学生兴趣点的思政教育素材,将思政与课程内容融会贯通。如在配乐"音乐风格"知识点,利用"颜色"作为切入点,音乐的颜色——大调色泽鲜亮,小调灰暗抑郁、绘画的暖色冷色调给人体感上的差异、再结合视频短片的整体画面的风格,最终完成影视配乐。在思政育人上不生搬硬套、挖掘寻找美育和德育、智育的最佳契合点,让课程融入思政元素,受到学生们的欢迎。

2.2 显性教育和隐性教育有机统一,共筑育人一体化

课程思政是高校思想政治教育的理念创新,以专业课程为有效教学载体,在"润物无声"的知识教育、能力培养中融入思想价值引领。现代大学生思想活跃,价值观念多元化倾向明显。特别是学艺术专业学生,对实践性较强的课程感兴趣,而对于课程的理论知识部分相对比较排斥。该课程在教学方法上多运用体验式、互动式的手段与方法,运用图片、音频、视频、动漫等技术手段丰富完善教育表达形式,使教育内容更契合当代学生的思想认知,教育形式更为学生喜闻乐见,真正实现思政教育"汤里放盐再加糖"的寓德于教、寓教于乐,增强教育的时代性和感染力。例如:专题片《厉害了·我的国》原声分享会,通过对该视频音乐运用的讲解,同学们在授课过程中彰显画面和音乐的高度结合,画面张力与音乐张力的高度统一,在大国之路、民族自信上强化思想和价值引领,真正唤醒学生的认同。同学们纷纷表示音乐在影视作品中有着强大的推动力,当音乐响起时一阵肃然起敬的热浪充斥着大家的身心,让他们体会到音乐不仅能加强画面感还能让你激情澎

寓德于教、寓教于乐,《厉害了·我的国》原声分享课

湃,彰显音乐在电视片中地位的重要性。

2.3 云端授课,云上花开

学校开课以来,身处各地的师生在教育部"停课不停学,停课不停教"的号召下,利用各类网络在线教育平台开展在线教育,打响了一场在线教学攻坚战。该课程在教学上积极将"三寓三式""五化五式"教学法用于云端,教学形式上探索出"四云"新模式。"云联结"——利用互联网云端架起了教师和学生的桥梁;"云共享"——教师利用"云课堂"传道,学生通过"云研究","云作品"等形式,完成作业;"云深入"——鼓励学生勇于在多维度的网络世界深入挖掘,大胆尝试,追寻问题本质;"云体验"——网课+直播,教师变主播,没有做不到,只有想不到。"三寓三式","五化五式"教学法在"四云"模式

云上直播玩转"翻转课堂"

的推动下云上"花开"。这种创新不仅提升了教师在线教学活力,优化了教学内容,是实现课程中见思政,以思政塑课程,让课堂成为传播知识和塑造灵魂阵地的强力手段。例如:在课程声音的三大要素知识点,专题嵌入"武汉加油"主题短片系列,浸润式的教学手段极大地增强了学生好奇心和求知欲。

3. 负责人介绍:

本课题负责人为影视系戏剧影视表演专业带头人,主要课程涉及领域《影视配乐》《音乐鉴赏》《晨课》《视唱练耳》《演艺经纪》《影视作品欣赏》等。从教期间多次获得省市级奖项,共发表论文20余篇,论著一本,省市级课题10余项。

4. 课程研究前期基础(近3年)

4.1 论文:

4.1.1 《Department of Film and Television Arts,Shanghai Publishing and Printing College,Shanghai》"Health" ISSN Online:1949-5005 ISSN Print:1949-4998,2019年11月

4.1.2 《影视配乐》课程思政"三寓三式教学法初探"辽宁高职学报 ISSN:1009-7600,2020年

4.1.3 原创歌曲《梦开始的地方》2017年《心声歌刊》

4.2 科研:

4.2.1 2020年《影视系校内专项内涵——广告设计与制作(中美)专业建设》 在研,2020年度

4.2.2 2018年《影视配乐》课程资源库建设,主持在建

4.2.3 2019年《影视配乐》课程思政试点项目,主持在研

4.2.4 2018年《音乐教育培训》项目,主持结题

4.2.5 2017年《钢琴演奏培训》项目,主持结题

4.2.6 2017年《重点专业建设——戏剧影视表演》立项,校级,主持

4.3 获奖:

4.3.1 第六届江西省艺术节钢琴重奏二等奖,中共江西宣传部/江西省文化和旅游厅,省级

4.3.2 中新国际音乐节优秀教师奖,中国新加坡国际音乐节组委会行业

4.4 社会活动：

4.4.1 2017年上海市"双证融通"专业培养方案专家论证会评审专家

4.4.2 2017年中国新加坡国际音乐节评委

4.4.3 2016年第六届江西省艺术节、第四届江西省钢琴艺术节评委

4.4.4 2009年"中俄'语言年'国家级文化项目——情动俄罗斯"中国人唱俄语歌曲大赛，华东赛区评委

三、课程建设方案

（重点介绍课程的教学目标与要求、课程大纲与课程思政教学要点、课程特色以及在课程思政教育教学方面的预期目标和成果等内容）

1. 课程的目的和要求

影视配乐是影视类专业群课程体系中一门重要的理论结合实践的专业必修课，它是伴随着影视艺术生长起来的。因此作为一门特殊的艺术形式，它兼具了"音乐"和"影视"的特性。对于影视配乐而言，要想认识它，读懂它，运用它，就必须解决音乐的流动性、联觉性与影视艺术的时间性、表现性的高度结合。探寻音乐与画面的关联、意义，有助于观众的欣赏和审美，也为影视剧配乐提供了因材施教的理论基础。

在影视配乐过程中，怎样使用音乐，使其能够提高影视作品的艺术价值是我们的首要任务。影视配乐如何发挥其艺术价值，也需要配乐师站在一个较高的视点来对它进行分析。该课程正是从艺术的角度出发，管窥电影音乐的特点、功能、作用；了解音乐创作的基础要素、音乐的构成、体裁、乐曲类别等。并将有特色的广告音乐、动画音乐融入其中，为学生最终能驾驭作品的配乐能力打下坚实的基础。学生可以循序渐进式地深入了解影视音乐的风格特点，并初步建立自己的音乐概念构架，为今后独立完成高水平的影视艺术作品做准备。

1.1 **课程建设目标**

《影视配乐》力求深入浅出地将音乐基础知识，音乐欣赏与分析、影视与音乐的关系有机结合，为同学们在新时代媒体作品的音乐配乐部分，提供实用的指导。

该课程涵盖的课程知识点包括:影视音乐的特点与作用、音乐基础知识、原创音乐写作、纪录片配乐、广告配乐、电影配乐等。课程技能点包括:音乐基础技能点(学会运用节奏、和声、调式等分析音乐作品)、原创音乐写作(创作 8—16 小节的原创音乐,或者短小的歌曲,结合中国古代诗词,弘扬中国文化)、通过学习,掌握不同类型的影视音乐配乐能力。以点带面,重点突出,把重点放在配乐旋律风格的把控上,将"音乐动机""节奏""和声"这几个点与视频的主题、情节发展快慢、画面感相结合,教学内容既覆盖了面,又突出了点,做到了点与面的完美融合。音乐感觉的养成是"春风化雨,润物无声"的,对于没有任何音乐基础的同学们,这门课程的宗旨是打开他们的耳朵,加深他们认识音乐、理解音乐的能力,开动他们判断选择音乐的主观性、提升他们的乐音感性素质、提高在画面中选择音乐的准确性。课程通过问题导入式的教学模式,将影视音乐的各个知识点覆盖,在学生对音乐旋律、节奏、和声有了全方位的认识后,最终目标是学生能够运用所学知识,恰到好处地为其影视作品配出相应的旋律。

2. 课程思政要点及建设总体方案

《影视配乐》建设总体方案

教学单元	专业教学内容	思政教学要点	实施手段
第一部分 影视音乐起源	影视音乐的起源、默片、有声、发展、进步	音乐、音响源于生活、影视源于不断进取、探究的创新精神	画龙点睛式＋探究式
第二部分 音乐的基础知识	声音、力度、节奏、和声、旋律	不同的音乐风格强调了不同的音乐元素,音乐要素也有辩证逻辑关系	启发式、教学方法快乐化
第三部分 音乐短旋律写作	中国古诗词歌曲创作	音乐创作和古诗词创作都是有规律可循,任何事物都有规可循,要善于运用规律。善于分析与研究	元素化合式＋探究式
第四部分 电影音乐欣赏	中西方影视音乐解析	传递影视作品中体现的"大无畏精神""奋斗精神"	画龙点睛式＋元素化合式
第五部分 短视频配乐	3—5 分钟视频制作、配乐要求合理、有特色、有重点、有含义	结合中国的节气、风俗、人文精神,传递文化自信	化合式＋探究式

3.《影视配乐》课程思政建设路径和特色

3.1 基于"画龙点睛式"的教学方式

在"三式"中,"画龙点睛式"的教学方式是最为常用的,音乐在影视作品中的"点睛"作用无处不在。通过《影视配乐》课堂上一系列的观影活动,同学们会发现音乐在这个镜头当中就是一个"点睛"的作用。教师也会让学生尝试做一些实验,比如同一个镜头下有音乐和没有音乐时的情感体验,让他们切实地感受到音乐在影视作品中的重要性。优质的影视配乐作品不仅能提升影片的画面感,更能通过传递正能量、弘扬主旋律,从而震撼、洗涤人们的心灵,使观众发现音乐的本质。通常在表现影视作品的"大无畏精神、和奋斗精神"时,会使用一些特殊的乐器、音响,或者一些特殊的处理方式,如交响乐、管乐、人声、合唱等形式,这都具有"点睛"的效果。中国古诗词蕴含的是中华民族文化的精髓,可以激发爱国主义精神。在《影视配乐》课程的关于短旋律和歌曲创作的教学中,教师将唐诗宋词引入课程教学,将具有中国特色的"鱼咬尾""起承转合"的民族音乐创作方法与唐诗宋词紧密相结合。这里是把音乐创作教学视为"龙",进一步点出诗词教学中爱国主义精神的"睛"。老师在课堂上讲授民族音乐创作方法,同时引导学生吟唱唐诗宋词,既达到了短旋律和歌曲创作教学的要求,又让学生在活跃的课堂气氛感受到了灿烂的古诗词魅力,弘扬了中国优秀传统文化,从而凸显了"点睛"之笔。

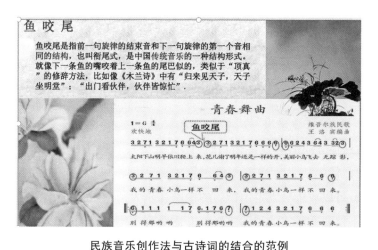

民族音乐创作法与古诗词的结合的范例

3.2 具有浸润作用的"专题嵌入式"教学方式

《影视配乐》课程教学中有相当多的实践环节,教师在教学过程中有意培养学生的爱国主义精神,将具体的鲜活的传统文化因子注入学习内容,将红色文化、社会热点、校园文化、民族振兴、理想信念等专题以"专题嵌入"方式融入教学之中。爱国主义是中华儿女最朴实的情感,在课程中例如:在授课进程中会遇到中国传统节日"端午节",老师会布置一个 3—5 分钟介绍端午节的短视频音乐配乐作业,作业要求学生运用中国民族调式,使用古筝、二胡、琵琶等乐器来完成。学生既要考虑旋律大小调的音色给予的画面差异,又要考虑乐器的选择。二胡音色醇厚、有着忧郁的气质,可以用于屈原投江(端午节的由来)?龙舟大赛(端午节的习俗)欢快热闹的场面选择琵琶还是古筝?从而在启发学生自主思考、培养发散性思维、激发学生的学习兴趣和热情的同时,促使学生"浸润"在节庆的大环境中,体验感受中国优秀传统文化的博大精深,进一步激发爱国主义精神。

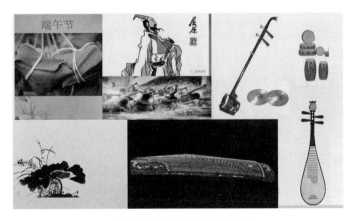

中国传统文化"嵌入式"教学

3.3 基于"洋为中用"的"元素化合式"教学方式

作为媒体介质的影视传播,在体感度上更具直接性和实效性。宽泛的网络、电视、传媒信息传递着不同国家的音乐创作风格和时尚走向。所谓"他山之石可以攻玉",以走出国门的中国音乐大师谭盾为例,他能得到世界的认可,不仅要有坚定的爱国主义信念还要有永不停息的奋斗精神,他特有的"中国元素",兼容并蓄西方音乐的精华,使其创作的音乐作品享誉世界。

在国外立足他的影视音乐作品《武侠三部曲》(电影《英雄》《卧虎藏龙》《夜宴》)完美地阐释了他对中西方音乐的领悟,他把中国的禅意、鼓文化、民族民间乐器的灵活融入了西方的交响乐中,与西方交响乐的各种音乐元素进行恰如其分的"化合",形成了独具匠心的音乐风格。他的音乐不仅是中国武侠哲意与视听艺术的完美结合,更为世界舞台贡献了丰富的中国人文精神和传统哲理。学生通过该章节的学习,不但知晓了西方的音乐语言,了解了本民族的音乐特点,弘扬了本民族历史悠久的音乐文化,在不知不觉中增强了学生的文化自信,另一方面,让学生知晓奋斗精神在人生道路上的重要性,只有历经磨难、百折不挠,任何困难和障碍最终会成为你成长的历史见证。

3.4　无处不在的"快乐教学"方法

寓教于乐就是采用"快乐教学"方法,如"启发式""互动式""案例式"等。老师在课堂引入"角色互换",由学生当老师,做部分专题案例分析,增强学生的主动性和获得感。同时在角色互换过程中植入"德"的教育,"师者。人之模范也"三尺讲台系国运,一颗丹心,一生秉烛铸民魂。

教学方式上,采用"竞赛式"教学,将比赛方式引入课堂,以赛促练,通过比赛激发学生的学习兴趣和探究能力。还可以请学生在课堂上展示自己的作品,师生共同现场评分,既可以潜移默化地植入思政元素活跃课堂教学气氛,又进一步加深了知识点理解,提高教学质量。

4. 预期成果

4.1　发表课程思政论文一篇。

4.2　完善课程大纲及授课计划,完成《影视配乐》校级资源库建设。

4.3　学校思政课题《影视配乐》思政课程试点项目结项。

4.4　典型案例总结报告。

《电视栏目编导》课程思政领航课程申报表

一、基本信息

学校名称	上海出版印刷 高等专科学校	所在学院	影视艺术系
课程名称	电视栏目编导		
项目负责人	姓　名	职务/职称	手　机
	孙蔚青	助教	
工作联系人	姓　名	职务/职称	手　机
	孙蔚青	助教	

二、前期工作基础

（重点介绍课程基本情况，在学科专业领域、课程思政教育教学方面具有的前期基础，取得的成果、成效等）

1. 课程基本情况

《电视栏目编导》是影视编导、广播影视节目制作等专业的必修核心课程，课程属性为 B 类。本课程将系统地介绍从事电视栏目编导工作的人员应具备的基础知识与技能，讲授广播电视中各种节目形态的基本特征和创作规律，力求理论性与应用性并重，素质教育和能力训练兼顾，努力培养学生对广播电视栏目及影视作品进行综合评价和分析的能力，形成较先进的广播电视思维方式，引导学生关注当代广播电视节目的发展动态，使学生全方位、多视角地了解广播电视节目编导的职能、作用，树立正确的广播电视节目编导理念。通过本课程系统的理论学习与实践训练，使学生熟练掌握电视栏目制作的流程，将理论知识与具体案例分析和实践操作相结合，帮助其能在影视制作部门从事编导的相关工作，通过讲解与实践操作训练使学生达到编导岗位的职业技能要求,使学生同时掌握采、编、播等编导技巧,为学生深入学习影视创作和走上工作岗位打下坚实的基础。本课程是在影视策划与营销、影视导演基础、编剧基础课程学习之后开设的一门重要的专业核心课程,其知识点贯穿整个专业课程体系,内容涉及电视栏目编导的职业特征与素质要求、电视栏目编导与文案策划的技巧、分镜头脚本创作与撰写以及栏目剪辑及制作等各个方面,对整个专业知识的学习和核心技能的掌握起着重要支撑作用。

2. 前期相关研究成果

在编导、导演、编剧创作方面有丰富的实践经验:曾参与创作由虹口区教育党工委、虹口区教育局、上海教育发展基金会联合主办的大型原创红色舞台剧《黎明之前》《天下之利》;参与高校更名大学宣传片拍摄编剧、导演。

科研成果:

1. 上海出版印刷高等专科学校 2017 年度《编剧基础》课程教学资源库建设;

2. 上海出版印刷高等专科学校教改项目《创新创业教育融入课堂教学的应用研究——以影视类课程编剧基础为例》;

3. 上海出版印刷高等专科学校课程思政改革项目《影视导演基础》建设课程;

4. 横向科研项目"传统文化　上海品格"宣传片编剧、导演。

获奖类:

1. 上海市校园戏剧文本孵化中心优秀剧本奖;

2. 上海市第四届"互联网+"大学生创新创业大赛上海赛区优秀指导老师(红色影像创作);

3. 上海高校实践育人创新创业基地联盟"启影"第三届大学生电影节优秀指导老师(电视栏目片);

4. 上海高校实践育人创新创业基地联盟"启影"第二届大学生电影节优秀指导老师(微电影、剧本创作);

5. 获得"启盈杯"微课大赛一等奖。

3. 课程思政取得的成果、成效

红色影视作品作为一门视听性的综合艺术,同其他类别的影视作品一样,是传播民族色彩和感情的审美认知、丰富人们精神文化生活的重要载体。作为一种特殊的电影类别,用艺术的手段将革命历史事实予以呈现。通过《电视栏目编导》课程的教授与学习,课题组教师让学生在寓教于乐的氛围中探索红色精神的内涵,引导学生在电视节目的创作过程中能够做到就地取材,激发学生对于祖国优秀传统文化的自信心与自豪感。

成效一:学生在日常的影视自由创作中开始有意识地关注中国的传统文化的发掘,例如传统古诗词、红色革命老区文化、改革开放四十周年的发

展变迁以及红色戏剧作品,根据中国优秀的传统文化去进行电视节目的选题创作,荣获全国互联网＋大赛上海赛区铜奖。

成效二:指导学生创作的红色老区题材的影像短片项目荣获第四届中国"互联网＋"大学生创新创业大赛上海赛区铜奖,2018 年暑期带领学生赴革命老区延安进行创作采风与调研,学生在深入革命老区的过程中,深受红色文化的熏陶与感染,通过这种方式,把爱国主义具体化,培养广大青年的爱国情、强国志、报国行,真正实现全员、全程、全方位育人,此结合课程项目荣获校 2018 暑期社会实践优秀项目以及优秀指导教师。

三、课程建设方案

(重点介绍课程的教学目标与要求、课程大纲与课程思政教学要点、课程特色以及在课程思政教育教学方面的预期目标和成果等内容)

1. 课程的教学目标与要求

以职业能力为主线,以提高本专业人才培养质量和社会服务能力为首要目标,对课程开发、教学设计、教学实施、资源建设进行系统设计,制订突出职业素养和职业能力培养的专业课程体系和课程标准,构建突出先进性、实效性、前瞻性和持续性的课程教学资源库建设体系。

本课程是为电视栏目编导的艺术创作和实际操作打下扎实的理论基础,培养学生观察、分析、统筹兼顾、合理协调各个创作部门之间既矛盾又统一的相关问题,以至解决影视剧艺术作品制作过程中所有环节的关键要点。

本课程的教学目标就是专职培养适应现代文化节奏,同时又热爱中华民族传统文化、热爱影视传播手段并具备一定文化素养和动手能力以及能够吃苦耐劳的学生成为影视制作及文化活动的执行编导。

本课程的学习者应具备一定的中外文化底蕴、生活常识和历史常识,拥有一定的文学艺术修养,具有独立思考的能力和空间的艺术想象力,并具备相应的写作能力。

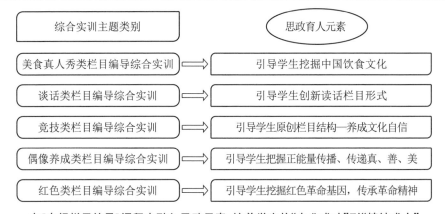

综合实训主题类别	思政育人元素
美食真人秀类栏目编导综合实训 ⟹	引导学生挖掘中国饮食文化
谈话类栏目编导综合实训 ⟹	引导学生创新读话栏目形式
竞技类栏目编导综合实训 ⟹	引导学生原创栏目结构—养成文化自信
偶像养成类栏目编导综合实训 ⟹	引导学生把握正能量传播、传递真、善、美
红色类栏目编导综合实训 ⟹	引导学生挖掘红色革命基因，传承革命精神

在《电视栏目编导》课程中融入思政元素，培养学生从"专业成才"到"精神成人"

2. 课程大纲与课程思政教学要点

项目名称	工作任务		课程思政	教学方法和手段
电视栏目创作	1-1　理论讲解	1. 中国电视行业发展史 2. 中国优秀纪录片观摩	爱国主义教育 文化自信 诚信守法 团队合作 创新意识	1. 课前要求学生收集相关案例，观看教学视频，课上教师筛选国内电视节目案例，培养爱国主义精神，学生分组讨论，上台讲解，互问互答，课后完成PPT制作。 2. 通过选题设计选出最优方案，推选出组长，组建学习小组，每组4—5人。
	1-2　拍摄前期准备	选题创作、脚本创作、勘景	爱岗敬业 文化元素 吃苦耐劳 团队合作	1. 观看教学视频，了解拍摄的内容和要点。分组进导演和设计师的角色转换，学习沟通。 2. 进行电视节目片的选题策划与脚本创作，选题中引导学生挖掘中国优秀文化。
	1-3　镜头设计准备	机位图、拍摄方案	认真负责 团队合作 创新意识	1. 分组讨论，根据前期的资料收集和分析，进行拍摄设计与中期的拍摄。
	1-4　后期剪辑	后期剪辑	认真负责 创新意识 团队合作	1. 通过案例讲解，师生交流，分组合作，要求每组成员在规定时间内完成工作任务，进行后期剪辑包装。

3. 课程思政建设方法

教育产生的积极作用影视作品有丰富的表演形式,是生动的艺术。作为一种媒介、思想的传播载体,影视作品应用到教育体系是完全可行的,并且会对大学生的思想政治教育产生积极的影响。通过《电视栏目编导》这门课程的讲授与教学,认真挖掘课程中教学案例的与思政的相关性,将思政教育的隐性作用发挥出来。在教学互动中,对于学生的思想偏差予以矫正或修正。传递出可持续发展的正确世界观、亲民奉献的正确人生观、向善和谐的正确的社会主义核心价值观等。同时利用我系建立的微信群、课程群、课程 App 等新媒体路径,将课堂翻转的同时把快乐教学融入,以学生喜闻乐见的影视作品(如《建国大业》《大国崛起》等)进行课外的拓展与交流,培养学生的思政自觉性,产出可以体现和谐正确的核心价值观的电视作品。如下列举了本课程思政所采用的部分方法。

① 调查分析的方法

调查分析的方法是本次研究的基础,我将会《电视栏目编导》的教学案例予以梳理,选取具有调查特性的样本,选取其在课程设计中可以作为思政浸染载体的教学材料并予以分析。

② 案例法

通过影视艺术作品的真实案例,将思政的隐性和显性作用予以衔接。观察学生在接受信息传递的动态和反馈。

指导学生挖掘革命老师优秀的文化案例进行影视创作

③ 经验总结法

将影视艺术类素材中思政所体现的社会主义核心价值观予以总结输出,并指导学生进行影视创作。

4. 预期目标和成果

当前,"大众创业,万众创新"已经成为时代强音,如何在课程中引入创新创业教育也是这门课程一直思索的。因而《电视栏目编导》这门课程在学校影视艺术系的平台上,形成教学、生产和创业孵化于一体,坚持"专业学习"+"项目工作室"+"创业孵化"相结合的人才培养模式,以课程为依托,全面提升学生的综合素养。针对在各类实习实践、大赛中涌现出来的具备创新、创业能力的学生,与教师共同对接上海盘石广告文化传播有限公司等相关企业,成立"创意编导工作室",共同创作、孵化优秀作品;同时,在课程教学中,我也积极融入思政育人元素,引导学生挖掘红色文化与传统历史元素,创作更具深度、直抵人心的电视栏目,增强大众的民族自豪感与文化自信。高职类应当充分发挥现代化、信息化的教学手段,遵循"以岗位需求为导向,以学生为课堂的中心,将课堂三分之二还给学生"的新的市场需求和教学改革思路,因而在这门课的教授过程中,我也充分运用了多种现代化的教学手段来提升课堂的教学效果。

课程思政化是人才培养中不可或缺的环节,课程思政化不能把思政内容的要求强加给学生,不是生搬硬套,需要在授课过程中有机融入思政元素,做到润物无声,在潜移默化中影响着学生,具体的方法就是三寓三式,三寓即寓道于教、寓德于教、寓教于乐;三式即画龙点睛式、专题嵌入式、元素化合式。《电视栏目编导》课程讲授中,将与学生开展丰富多彩的"选题会"的方式,鼓励大家头脑风暴的同时加强团队合作,通过沙盘推演、模拟采访以及情景再现的方式寓教于乐;除此之外,上海是中国共产党的诞生地,也是中国革命红色基因的发源地。上海红色文化内涵丰富,"红色源头"特点鲜明。课程也会充分运用上海作为红色革命发源地的优势,鼓励学生就地取材,挖掘具有文化底蕴的专题报道,让课程在实践创作的过程中也加强爱国主义精神的熏陶。

(1)坚持改革创新。积极开展课程思政教学改革试点工作。引导教师将思想政治教育工作融入各类课程教学,推进现代教育技术在课程教学过程及教学资源建设中的应用,促进信息技术与教育教学的深度融合,形成以学生为主体、教师为主导的教育系统结构性变革,教学方法和手段的改革要为课程思政目标服务,努力实现思政元素全面融入人才培养全过程。

(2)坚持分类指导。突出前瞻性、可行性和协同性要求,注重统筹思政理论课、通识教育课、素质拓展课和专业课的育人作用。明确各类课程思政教学改革思路、内容和方法,分类分步有序推进工作。

(3)坚持积极弘扬爱国主义精神。爱国主义是中华民族的优良传统和民族精神的核心内容,是我们屹立于世界民族之林的动力源泉。爱国主义是扎根中国青年内心的文化基因,是激励中国青年参与创造的精神动力。在本课程的讲授与指导创作中,积极把握中国青年的思想发展脉搏,引导学生用中国故事、用地域文明、用身边榜样,进行取材与创作,增强青年的幸福感、获得感,激发他们的使命意识和责任担当。

(4)坚持理想信念及道德品质的塑造。本课程在讲授上,坚持电视栏目编导基本技能讲解和节目创作实践相融合的方式,并会引入建党建国的方针策略以及社会时事等传播事件进行"专题嵌入",将"思政案例"引入到理论和实践教学,"寓道于教、寓德于教"引导大学生更好地关注国家时事融入创作,进一步提升当代大学生的民族自信心与自豪感。

(5)坚持奋斗精神的融入。结合影视编导专业的特点,把吃苦耐劳、严谨求真的职业精神结合进现有的教学大纲之中,以此激励学生的学习热情。把社会主义核心价值观融入相应的设计案例之中,达到教书育人的目的。通过具体的知识点讲授和设计案例,让学生明白什么是职业素养,如何建立职业素养。这些具体目标的实现将通过结合知识点与实际设计案例有机融入课程。

(6)本课程采用理论结合实践的授课方式,在将社会主义核心价值观、职业精神和职业素养融合进教学大纲之后,在课件制作和教案设计上,直观形象地有机结合上述内容,合理调整教学内容,充实教学效果,起到教书育人的作用。

(7)本课程已完成教学资源库建设,实现了课堂教学、网络自学和课后答疑的多平台学习途径。在课堂教学中,通过演出案例有机结合社会主义核心价值观、职业精神和职业素养的相关内容;在网络教学平台,设置专题讨论单元,让同学们进行深入思考;利用课后答疑时间,引导学生建立正确的价值观、人生观。

《图形图像情景训练》课程思政领航课程申报表

一、基本信息

学校名称	上海出版印刷高等专科学校	所在学院	影视艺术系
课程名称	图形图像情景训练		
项目负责人	姓　名	职务/职称	手　机
	谭斯琴	教研室主任/助教	
工作联系人	姓　名	职务/职称	手　机
	谭斯琴	教研室主任/助教	

二、前期工作基础

1. 课程介绍

《图形图像情景训练》课程是面向广告设计与制作(影视广告)、广告设计与制作(中美合作)专业开设的重要专业技能课。该课程在专业课程体系中处于核心地位。通过本课程的教学逐步探索了"课程思政"理念的践行,我们认识到,加强高校思想政治教育工作,必须从高等教育"育人"本质要求出发,将专业课程与思政有机结合,在这门课中主要是使学生对图形图像视觉艺术设计制作流程有个最基本的了解;同时应用多种教学手段,通过对Photoshop 和 Illustrator 这两款软件的深入学习和综合运用使学生掌握图形图像设计在广告设计、视觉传达设计、数字媒体艺术、影视制作等各个领域中的运用,使学生能够在掌握软件功能和制作技巧的基础上,启发设计灵感,开拓设计思路,提高设计能力,着力将思政教育贯穿于专业教学的全过程,深入发掘课程的思想政治理论教育资源,专业课程与思政教育融合做到春风化雨、润物无声。

2. 项目负责人介绍

现任上海出版印刷高等专科学校影视艺术系影视广告教研室主任。主讲图形图像情景训练、广告案例设计、数字图像处理、图形制作、平面图形图像、策展艺术等专业课程。在视觉艺术及策展行业有较为丰富的从业经验，积极推动 2019"美丽中国——庆祝新中国成立 70 周年"视觉艺术展，开设这门课程的目的就是以主题性创作作为教学展开，以"专业＋思政＋主题"的特色模式进行教学探索，既"活化"思政教育，又拓展艺术创作，达到艺术教育的文化属性，坚定理想信念、端正价值理念、从而提升学生的文化自觉和文化担当，坚定文化自信。

3. 主持的教学研究课题

1)《平面广告案例设计》课程，参与建设影视广告专业（学科）建设项目，2017

2)《双证融通》项目课程《平面图形图像处理》课程建设，2018

3) 课程创新创业教学实践创业实践，2018.11

4)《校企协同育人模式下创业人才培养探究》，2018.8

5) 创新创业教育内容融入"图形图像情景训练"专业课程教学模式，2018.11

在国内外公开发行的刊物上发表的教学研究论文及教材：

[1] analysis on the digital media technologies in film and television. moscow state university of printing arts. 2016.1

[2] 创业教育视线下人工智能课程建设及其发展研究.创新创业理论研究与实践.2018.12

4. 教材建设

• 全国高职高专教育"十三五"规划教材《Photoshop Cs6 图形图像处理项目化教程》，第二副主编，东南大学出版社。

• 教材:《创业理论与实践教程》，中国铁道出版社，2018 年 4 月，第二主编

5. 获得的教学表彰/奖励

1) 2017.5,国大学生广告艺术节学院奖秋季赛佳作奖指导老师,中国广

告协会中国大学生广告艺术节学院奖组委会

2）2017.7,第十五届中国大学生广告艺术节学院奖春季赛佳作指导老师,中国广告协会中国大学生广告艺术节学院奖组委会

3）2017.5,上海高校实践育人创新创业基地联盟"启影"第二届大学生电影节优秀指导老师,上海高校实践育人创新创业基地联盟

4）2018.7,美国印刷大奖班尼金奖指导教师　美国印刷工业协会主办

5）2018.3,哈萨克斯坦《广告与生活》大学生短文国际大赛,优秀指导老师　哈萨克斯坦阿拉木图印刷学院

6）2018.6,上海高校实践育人创新创业基地联盟"启影"第三届大学生电影节优秀指导老师　上海高校实践育人创新创业基地联盟

7）2018.7,第十六届中国大学生广告艺术节学院奖春季赛　中国广告协会中国大学生广告艺术节学院奖组委会

8）2018.7,第六届上海高职高专大学生创业计划大赛暨第四届互联网＋大学生创业大赛(上海赛区)选拔赛,优秀指导老师　上海市高校创业指导站

9）2019.1,第十六届中国大学生广告艺术节学院奖秋季赛佳作指导老师中国广告协会　中国大学生广告艺术节学院奖组委会

10）2019.7,2019 中国"互联网＋"创新创业大赛上海市铜奖。

11）2019.9,全国高校数字艺术设计大赛三等奖。

近五年来承担的技术开发或技术服务(培训)项目及效果

1）《道茶》App——外观及数据库架构部分负责人

2）《FUN 艺术书店基础要素 VI 设计》负责人

3）《Imovie 多媒体动漫设计》负责人

4）2017.12,上海高校实践育人创新创业基地联盟主办"美丽中国——我心中的十九大"视觉艺术展策展人。

5）2018.7,上海高校实践育人创新创业基地联盟主办"美丽中国——纪念改革开放 40 周年"视觉艺术展策展人。

6）2018.11,上海市学生实践育人创意市集策展人。

7）2019.4，上海市教育委员会主办"惊涛骇浪铸海魂、薪火传承追梦人"——庆祝人民海军成立 70 周年摄影展联合策展人。

8）2017，Contemporanea-Tagliacozzo 国际当代艺术作品展中方策展。

此外，以培育践行社会主义核心价值观为主线，以提升道德素质和厚植爱国情怀为落脚点，深化思想政治教育，申报 2021"美丽中国——迎接建党百年"视觉艺术展，通过开展以"专业＋思政＋主题"搭建实践平台，以真实案例探索课程思政的教学模式支持"上海文化"建设，迎接建党百年。

5. 课程思政取得的成果、成效

带领学生参观调研红色主题艺术展览，通过结合当下时政热点导入红色主题，把弘扬传统文化，爱国主义、理想信念、道德品质、知识见识、综合素养等加入教学设计当中。提供实践实习的机会让学生深入研究运用。例如：启影大学生电影节——我和我的祖国，美丽中国——庆祝新中国成立 70 周年，上海市学生实践育人创意市集等实践项目，"惊涛骇浪铸海魂、薪火传承追梦人"——庆祝人民海军成立 70 周年摄影展取得，大学生创意市集，互联网＋项目，疫情期间抗疫招贴等。（如下图）

美丽中国——纪念改革开放 40 周年视觉艺术展的视觉设计

结合课程带领学生共同参与设计上海高校实践育人
创新创业基地联盟"启影"大学生电影节主题 LOGO 及影像集设计

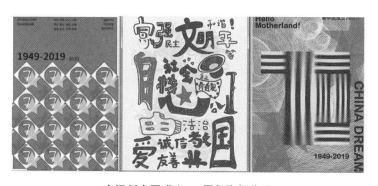

庆祝新中国成立 70 周年海报作品

"惊涛骇浪铸海魂、薪火传承追梦人"——庆祝人民海军成立 70 周年摄影展项目

2018 上海大学生创意创业市集项目

有关传统茶文化字体设计

青年理想信念题材海报设计

爱国主义项目题材

三、课程建设方案

1. 建设目标

习近平总书记主持召开学校思想政治理论课教师座谈会并发表重要讲话。思想政治理论课与艺术专业课程相结合，按照习近平总书记的要求积极探索有特色的思政课育人模式显得更为重要。以职业能力为主线，以提高本专业人才培养质量和社会服务能力为首要目标，对课程开发、教学设计、教学实施、制订突出职业素养和职业能力培养的专业课程体系和课程标准，构建突出先进性、实效性、前瞻性和持续性地融入课程思政的一门课程。

将《图形图像情景训练》与思想政治教育的融合，梳理融合理路，从教学原则、机制构建探索融合的教学策略。发挥艺术教育资源的德育作用，激发提升学生审美和文化原创力，加强思政教育实效性。通过挖掘课程中的思想政治教育元素，发挥专业课程的隐性育人功能，使思想政治理论教育与专业教育协调同步、相得益彰，真正实现在课堂教学主渠道中全方位、全过程、全员立体化育人。

2. 课程思政教育内容融入专业课程教学模式及特色

在《图形图像情景训练》课程体系中融入课程思政教育，以专业教学改革方式来加强思政教育实效性。理论课程均配备实训实习课程，或直接采用教学做一体化课程，为岗位职业发展规律突出培养行业人才。

本项目建设将思想引导和价值观塑造融入每一堂课程教学内容，使学生的专业课程学习变得实实在在，真实可见，寓创新情境化教学改革，教学做一体，课程教学过程中引入了大量实践动手的教学内容。基于《图形图像情景训练》课程的实践性强，涵盖面广、发挥艺术教育资源的德育作用。课程内容设计坚持政治性和学理性相统一、价值性和知识性相统一，以思想政治理论视角坚持马克思主义指导地位，实现艺术融入思想政治理论课教育教学。紧紧围绕培养学生的对社会政治经济文化的深入了解和剖析，对传统艺术的传承和发展。让学生对《图形图像情景训练》专业课程在了解和把握的同时，为学生深刻解读相关的社会经济政治背景、人物品格等，为专业提供宽厚的理论基础和深度。根据平面广告设计职业特征、行业规范进行能力模块化设计,把融入课堂思政模拟红色主题项目实训模块内容纳入了教学,专业课程和思政课同向同行的协同效应,丰富学生的知识面,激发提升学生审美和文化原创力,增强思政教育实效性。

抗"疫"宣传海报　致敬最"美"护士抗"疫"宣传海报

3. 课程建设的内容

内容是课程建设的核心通过本课程的教学,主要是使学生对平面广告设计的制作流程有个最基本的了解;同时通过专题教学、优秀作品展示、多媒体课件等向学生介绍课程内容,带领学生参观调研红色主题艺术展览,通过结合当下时政热点导入红色主题,把爱国主义、理想信念、道德品质、知识见识、综合素养等加入教学设计当中。模拟广告设计公司结合红色主题项目情景融合专业课程以加深学生对平面广告设计的认识和兴趣,同时提供实践实习的机会让学生深入研究运用。例如启影大学生电影节——我和我的祖国,美丽中国——庆祝新中国成立 70 周年,上海市学生实践育人创意市集等实践项目。

1. 融"思政教学"与"快乐教学"为一体的课程体系。

2. 形成2—3个"思政教学"实践项目及典型案例。

3. 课程思政优秀作品系列。

4. 课程精品改革领航可行性研究与分析:

第一模块 课程介绍	第二模块 图形图像软件 应用	第三模块 平面广告设计的 制作流程	第四模块 融入课堂思政	第五模块 融入课堂思政模 拟主题项目实训
课程概述	Photoshop软件 学习	设计基础	专题案例教学(抗 疫主题、爱国主 义、美丽中国等)	项目解读
行业标准	Illustrator软件 学习	版式设计、色彩 训练	SWOT分析方法	形成方案
行业动态	综合运用	字体设计、图形 训练	广告策划案的 撰写	项目完成

课程设计模块:

教学单元	专业教学内容	思政教学要点	实施手段
模块一 课程介绍	图形图像软件应用 (Photoshop软件学习 Illustrator软件学习)	灵感来源于实践,锲而 不舍、金石可镂、工匠 精神	案例分析式、 联系看待事物
模块二 设计基础	平面构成三要素 设计概述 平面设计基础知识	整体与局部、主张用联 系的、全面的、发展的 观点看问题。	元素化合、设 计生态学、情 景化教学
模块三 方案形成	创意图形训练 色彩训练	形而上学的根本观点是 否认矛盾,孤立地、片面 地、静止地看问题。	展课结合、相 互关联
模块四 平面广告设计 的制作流程	字体设计 创意字体设计	创新思维、辩证思维、 多学科的复合、树立正 确三观、践行社会主义 核心价值观	画龙点睛
模块五 专题案例教学	版式设计 综合编排	实践检验真理唯一标 准、爱国情怀、集体主 义、使命与担当	专题嵌入＋展 课结合＋案例 实践

(1)融入课堂思政,从实践育人、红色育人、协同育人、案例教学,增强教学实效性需要教师不断提高水平,加强对教育教学的研究,想方设法调动学生的积极性。以"三寓三式"为切入点,在教学实施过程中采用专题项目驱

动式,依据学生对不同行业、不同类别主体的探究兴趣分成若干个项目工作组,通过模拟红色主题、抗疫题材、爱国题材等方案的情景,完成调研、案例分析、展示成果、分享经验一系列任务,有效锻炼学生自主学习、积极参与、团队协作等能力。

(2)创造"五化五式",快乐教学,人人成才理念,以快乐教学为出发点进行教学课程设计,在课程中增加与学生的互动与学生的代入感。加强线上云课堂的氛围调节,使学生在愉悦的环境中吸收知识点。通过线上观展红色艺术主题、线上互动讨论、开放课堂参与启影大学生电影节——我和我的祖国,美丽中国——庆祝新中国成立70周年,上海市学生实践育人创意市集等实践项目,不仅让学生勤于学习,还要乐于学习,自觉主动地学习而非被动学习。用艺术来活化思想政治理论课课堂,实现思政课堂教育的创新性、人文性、高效性。

(3)"疫"云平台,课内课外。"停课不停教、停课不停学"搭建疫情防控期间云课堂,课内课外交互第二课堂活动与线上宣传指导疫情期间相关设计比赛、结合专业核心技能与抗疫实战设计作品,进一步提升学生的专业能力,提升在线授课效果。

(4)教学手段创新,云课堂、公众号第二课堂、整合资源搭建平台,与行业协会、联盟合作,合作企业有保障。解决了以往设计专业校外合作单位单一、项目无保障的难题,为学生创业的可持续性打下基础。

线上、线下,课内课外教学

（5）展课结合,沉浸式情景教学,以培育践行社会主义核心价值观为主线,以提升道德素质和厚植爱国情怀为落脚点,展课结合旨在引导学生在身体力行的参与过程中感受艺术文化的魅力、深刻领会"不忘初心、牢记使命"主题教育的重大意义,接受思想上深刻的洗礼、感受艺术美的熏陶,传递积极正能量。

课程项目化教学,紧紧围绕立德树人的根本任务,挖掘"美丽中国视觉艺术展"项目化教学的思政元素,积极践行社会主义核心价值观,引导学生提升人文素养,培养良好学风,结合教学的专业成果展示,以《图形图像情景训练》专业课程为载体,展示教学中生灵动的创作理念和积极向上的精神风貌。教学作品弘扬贯彻以爱国主义为核心的民族精神和以改革创新为核心的时代精神,不断提高自身认识,用作品来探求和诠释艺术价值和社会价值,是艺术教育打通思政教育的一次生动融合。

《专题片创作课程》思政领航课程申报表

一、基本信息

学校名称	上海出版印刷 高等专科学校		所在学院	影视艺术系
课程名称	专题片创作			
项目负责人	姓　名	职务/职称		手　机
	李　灿	讲师		
工作联系人	姓　名	职务/职称		手　机
	李　灿	讲师		

二、前期工作基础

（重点介绍课程基本情况，在学科专业领域、课程思政教育教学方面具有的前期基础，取得的成果、成效等）

1. 课程介绍

《专题片创作》是影像档案技术专业核心课程，在学科建设中占有很重要的地位。本课程也是我校课程思政的试点课程，并与2019年3月完成课程建设。《专题片创作》课程以培养合格优秀的新闻采编人员为目的。根据影视艺术系具体特色，以新闻专题传媒为主要内容，具体包括：新闻专题片采访的主体、过程、技巧及各种专题片策划的写作。学生通过学习，达到具有从事新闻专题片工作的基本水平。

我校"课中课"同向同行课程思政深入推广的背景下，《专题片创作》课程不断融入了"三元三寓三式"（以下简称"三寓三式"）的教学手段和特点。将思想价值引领贯穿于课程标准、课程内容、教学设计、教学评价等主要教学环节。无论是在第一课堂还是在网络为主情境下的第二课堂，都注重"道、法、术、器"的综合运用,从而达到了以隐性的思政手段发挥了显性的思政作用的目的。

《专题片创作》这样的艺术类课程,就是要以思想政治课为圆心,专业课为半径,辐射出课程思政同心圆。课程思政是对传统课程教学模式的创新,在专业课授课过程中加强价值观渗透,使学生产生共鸣。实现专业课程"知识传授"与"价值引领"作用相统一,形成共振效果,产生蝴蝶效应。

课程思政改革意义重要深远,是意识形态的攻坚战和保卫战,也是一项功在千秋、利在当代的教改工程,对我们的学风建设和人才培养成败具有决定性的作用。最大限度发挥课堂教学的育人主渠道作用,是提升高校思想政治教育实效的关键抓手。结合我校思政课程改革趋势,《专题片创作》课程在设计中主动把握住意识形态,强化思想政治教育功能,不断践行"守好一段渠,种好责任田"的责任。

2. 前期课程思政践行效果

2.1　《专题片创作》课程思政开展的前期背景

首先,本课程是在我校"课中课"课程思政教学模式的成果指引下进行探索和实践的。2018年我校《思政教育融入专业实训课的"课中课"同向同行模式创新与实践》项目获得国家教学成果二等奖。该项目初步构建了专业课程思政改革的模式和标准。以"全员育人、全方位育人、全过程育人"为格局,把"立德树人"作为教育的根本任务,推动各类课程与思想政治理论课同向同行,形成协同效应的一种综合教育理念。我校创新性地将德育元素融入技能培养环节,使思政教育与专业实训目标互融,打通了显性技能培养和隐性素养培育相互促进的通道。并在此基础上,该成果凝练并打造成了基于"寓道于教、寓德于教、寓教于乐",具有"画龙点睛式、专题嵌入式、元素化合式"初步实施标准的职业教育"同向同行"的上海版专范例,成为全国高校"课程思政"改革成功的先行者和探索者。

2.2　《专题片创作》的课程思政推广的可行性分析

针对我校的部分艺术类学生来说,思想政治观念比较薄弱,自律能力不足,自身又具有其特殊性,对文化基础课学习积极性不高。相反,对《专题片创作》这种创作型的专业课学习有一定的热情,他们普遍思维活跃,好奇心强,喜欢借助网络等渠道获取各种信息作为影视创作的灵感和素材。在对该专业学生做的问卷调查结果中显示,75％的学生表示创作灵感来源于网络,但在强大的网络信息冲击下,会出现一定的盲目性,缺少正确的自我判断与选择的能力。需要专业老师的正确引导,帮助他们在面对网络舆情或社会热点问题时能够准确辨别。这更能体现高职院校影视类专业在实施课程思政教育中的必要性。课堂教学作为做好高校思想政治工作的主渠道,丰富课堂教学方法是较为有效的途径。随着互联网的迅速发展和普及,在实施课程思政教育过程中,必须改变传统的纯理论课程的讲解,充分利用互联网信息化的优势。网络环境的核心理念是开放共享,对教学平台集成和资源要素进行有机整合,在专业课教学中,将网络技术深入融合,运用网络多媒体课件、网络课程资源库等信息化资源,利用新媒体、自媒体、融媒体等手段,创新启发式、体验式、互动式、探究式的教学方法。结合翻转课堂、微课、慕课,实现线上答疑,资源共享等,不断创新课堂教学模式。网络环境下的课程思政教育,摒弃了老师手把手式的教学,取而代之的是专业老师运用生动的课堂组织形式,引导学生充分发挥主观能动性,与老师共同开展主流价值观的学习,最终将所接受的价值观念自觉运用于实践的过程。《专题片创作》课程积极鼓励学生利用网络,汲取和传递影视作品的能量。

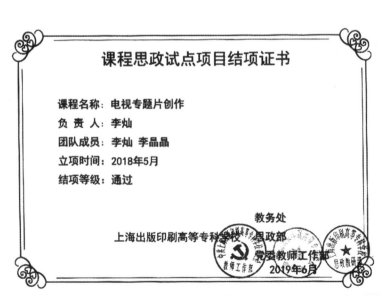

最后,本课程负责人李灿在课程建设和课程思政方面积极探索,近年积累了一定的经验,也取得了一定的成绩。该课程是我校 2018 年课程思政试点,本课程在前期实践中,积极与校内项目、校企项目结合,为课程的"课程思政"实践项目奠定了基础。2019 年伊始,以《专题片创作》课程为基础,先后产生了多项社会公益服务,如为杨浦工会的拍摄的"爱心妈咪"小屋项目,为上海市视障人群制作的无障碍文娱作品《山河故人》都是课程思政的有力践行。

2.3　《专题片创作》课程思政的教学场景

从人才培养宏观目标和课程设置上推进思想政治教育,不断修订专业人才培养方案,深入挖掘各类课程的思想政治教育资源。与教学改革相结合,将专业知识与社会主义核心价值观教育、人文情怀教育相融合,有效利用"三寓""三式""三元"等思政教学手段。以我校影视艺术系为例,作为高职院校中的影视类专业,在课程思政教育中开始践行以下几种具体应用教学场景:

组织学生集体课后观影,从选片上把握思政教育基调。结合影视类专业学生需要大量阅片的专业特色,作为专业基础课程之一,来增加学生的阅片量,通过观看各种经过专业老师筛选的高质量经典影片来提升学生对于影视视听元素的感悟。我会为学生制定"观影菜单",如《我在故宫修文物》《大国崛起》等有意识地选择反映时代新面貌、弘扬社会正能量等方面的作品是践行课程思政的有效途径。

调动课堂教育主渠道,用鲜活的案例激活课堂,并梳理了一批宣扬社会主义核心价值观的影视资源。影视类专业课需要大量影片作为素材,在《专题片创作》课上中我选择的一段影像实例《领航》:该片是新华社在党的十九大开幕前推出的短视频系列片,回顾了十八大以来党中央领导的各项改革,经济社会发展取得的重大成就,展望以习近平同志为核心的党中央引领"中国号"巨轮前行,谱写未来发展新篇章。影片无论从拍摄、剪辑、音乐等各方面都非常值得作为视听语言讲解素材。同时,大家通过影片都真切感受到了中国自信,感受到身为中国人的自豪和光荣。这体现了价值引领和意识形态教育效果,加强了专业课程的"思政"作用。

例如,在"新冠"肺炎的疫情背景下,《专题片创作》课程中就加入了以医护人员参与抗疫的纪实影像作为教学分析案例,在讲解专业知识的同时,润物细无声地展示这场战疫中所体现的社会主义制度优势、传播体现社会主义核心价值观的大爱精神。

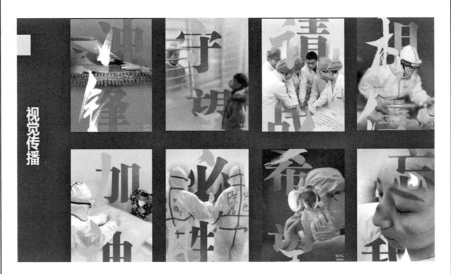

图为《专题片创作》中加入了"新冠疫情"为背景的纪实类影像元素的讲解

理论与实践充分结合,在作品创作中彰显社会正能量。在影视作品创作实践教学中,引导学生在海量信息中选择有价值的部分,创作正能量的作品。《专题片创作》结合课程鼓励学生参赛,将一部反映走失儿童的主题影片进行解读,同时价值观引领上帮助学生更好地完成改编,该片获得了大学生启影电影节的二等奖。

2.4 《专题片创作》中显性思政与隐性思政相结合的融会贯通

融——以专业课程教学为基础,融入思政教育内容,习近平总书记在全国高校思想政治工作会议中强调,"好的思想政治工作应该像盐,但不能光吃盐,最好的方式是将盐溶解到各种食物中自然而然吸收"。也就是将思想政治教育潜移默化地融入专业课程中。鉴于影视类专业学生的特殊性,这同时也是网络与教育教学的深度融合。

会——让学生在接受专业知识过程中,同时能领会老师传递的思想政治教育意图,学会知识,学会做人。

贯——将思想政治教育工作贯穿整个教育教学全过程,实现全员育人、全过程育人、全方位育人。在专业课程中贯穿对学生人文情怀、思想境界、道德素养的教育。思想政治教育在专业课程中穿针引线,编织起完整的思想政治教育体系。

通——在课程思政教育模式下,专业课程中时刻浸透着隐性思政的功能。在培育学生的综合素养过程中牢铸理想信念,注重科学思维和职业素养教育等。使学生学习知识更加全面、通透,对事物认识由表及里,由外及内,有更加透彻的领悟,有助于他们透过信息,发现本质。

三、课程建设方案

(重点介绍课程的教学目标与要求、课程大纲与课程思政教学要点、课程特色以及在课程思政教育教学方面的预期目标和成果等内容)

1. 课程建设目标与要求

在《专题片创作》课程建设中,需将"课中课"理论用于专科课课程思政建设中,将思政要素有机地融合在一起,达到润物无声的效果。在课程方案设计和课程建设中,因地制宜、有选择地结合"课中课"中"三寓三式"(寓道于教、寓德于教、寓教于乐;画龙点睛式、专题嵌入式、元素化合式)和"五化五式"(情景化、形象化、故事化、游戏化、幽默化;启发式、互动式、讨论式、探究式、案例式)提出的要求,进行专业课课程思政的方案实施。

2. 课程建设总体思路

2.1　专题片＋"专题嵌入式",建立课内模块化课程思政实施路径在我校"课中课"同向同行课程思政深入推广的背景下,《专题片创作》课程不断融入了"三元三寓三式"(以下简称"三寓三式")的教学手段和特点。将思想价值引领贯穿于课程标准、课程内容、教学设计、教学评价等主要教学环节。

专题片教学就是主题先行的创作模式,都是由在流程化的制作下进行的模块化课程,其中对于专题嵌入式的课程思政嫁接会最为有效。

2.2　基于"道法术器"思路来实施课程思政,重点研究课外网络第二课堂的创新课程思政教学方法和手段。

《专题片创作》这样的艺术类课程,就是要以思想政治课为圆心,专业课为半径,辐射出课程思政同心圆。基于本人已经建立的课程资源库以及其他网络教学平台,本课程将结合"道法术器"的课程思政的实施手段对传统课程教学模式重新赋能,在专业课授课过程中加强价值观渗透,使学生产生共鸣。同时也要凸显网络第二课堂中专业课程"知识传授"与"价值引领"作用相统一,形成共振效果,产生蝴蝶效应。

3. 建设内容及设计

3.1　根据学情,确定"课中课"的整体元素设计

本课程在教学实践过程中,秉持我校"课中课"课程思政理论的指导,探索"三寓三式"在课程设计、实践教学过程中的具体运用,试图"润物细无声"地引导学生在完成课程学习的同时,塑造正确的价值观、人生观,并将课程思政的元素框架设计出来。

3.2　建立专题片＋专题嵌入式的路径

在坚持基本技能讲解和实践的基础上,引入宏观国家专题片进行案例分析与解读,将"思政案例"引入到理论和实践教学,"寓道于教、寓德于教"引导大学生更好地关注国家时事,"专题嵌入式"地设计实践练习,用专业技能记录大事件中小人物的力量与勇敢。

3.3　利用"道法术器"的架构凸显课外网络第二课堂的课程思政效果

根据"道法术器",从专业课角度出发,针对专题片创作在每一个专题中的思想政治要素进行逻辑架构。拟将结合校企合作项目,以微视频或微内容生产为抓手,培养我校学生用专业技能服务社会文化传播、讲好中国故事、记录中国伟大历程。探索将思政道德、人文素养、职业操守一体化的艺术类实践教学模式。对于网络第二课堂,利用学生喜闻乐见的形式在力求"实践教学、快乐教学"。

表 1　课程教学内容与思政教学要点

课程内容	专业教学内容	课程思政设计元素	实施手段
模块一 专题片的概述和发展	专题片的概念 专题片的特性 专题片的发展阶段	专题片中的社会主义核心价值观体现：诚信、友善、平等、自由。创作灵感来源于实践，锲而不舍、金石可镂。	画龙点睛式＋案例教学法
模块二 专题片采写	专题片的采写结构 专题片的采访准备 专题片的现场采访	整体与局部辩证关系，兼顾局部的同时，要树立整体意识和大局观念。	"画龙点睛式"＋"元素化合"教学方式
模块三 专题片的解说词	解说词的结构 解说词的风格 解说词的语态	把握事情发展规律，做事要循序渐进。并引导学生树立正确的价值观。在遇到采写困难时，要有"工匠"精神。	"讨论式""探究式"教学方法
模块四 专题片的拍摄制作	拍摄与人物 拍摄与画面 拍摄与音乐音响 拍摄与后期制作	前期准备中课堂中的头脑风暴来建立之间思政意识的自我觉醒。具有循序渐进的自律性。融入讲好中国故事的决心。	"嵌入式"教学＋"元素化合"教学方式

4. 课程特色

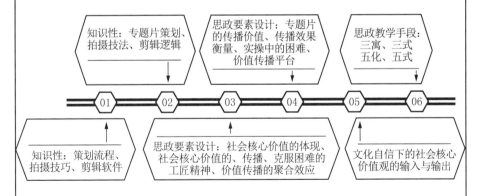

4.1　建立专题片＋专题嵌入式的路径

在坚持基本技能讲解和实践的基础上，引入宏观国家专题片进行案例分析与解读，将"思政案例"引入到理论和实践教学，"寓道于教、寓德于教"引导大学生更好地关注国家时事，"专题嵌入式"地设计实践练习，用专业技能记录大事件中小人物的力量与勇敢。例如:例如在纪实拍摄专题中元素中,可以将医护人员参与新冠疫情的纪实类图片作为教学分析案例,在讲解专业知识的同时,利用故事化的手段,寓德于教,以润物细无声的方式向学生展示这场战疫中所体现的社会主义制度优势、传播体现社会主义核心价值观的大爱精神。

4.2 利用"道法术器"的架构凸显网络第二课堂的课程思政效果,根据"道法术器",从专业课角度出发,针对专题片创作在每一个专题中的思想政治要素进行逻辑架构。拟将结合校企合作项目,以微视频或微内容生产为抓手,培养我校学生用专业技能服务社会文化传播、讲好中国故事、记录中国伟大历程。探索将思政道德、人文素养、职业操守一体化的艺术类实践教学模式。对于网络第二课堂,利用学生喜闻乐见的形式力求"实践教学、快乐教学"。

丰富课程思政的教学方法:课堂教学作为做好高校思想政治工作的主渠道,丰富课堂教学方法是较为有效的途径。随着互联网的迅速发展和普及,在实施课程思政教育过程中,必须改变传统的纯理论课程的讲解,充分利用互联网信息化的优势。网络环境的核心理念是开放共享,对教学平台集成和资源要素进行有机整合,在专业课教学中,将网络技术深入融合,运用网络多媒体课件、网络课程资源库等信息化资源,利用新媒体、自媒体、融媒体等手段,创新启发式、体验式、互动式的教学方法。结合翻转课堂、微课、慕课,实现线上答疑,资源共享等,不断创新课堂教学模式。利用"道、法、术、器"的架构从专业课角度出发,在《专题片创作》的每一个专题里,结合原有的知识点、技能点,提出专业思政的建设路径提出对策,实现手段的融合实施。

5. 预期成果

完成《专题片创作》课程思政建设完整方案一套;力争在我系一流专业建设的总体框架下,成为思政领航课程,力争成为课程思政的精品课程。同时完成主题的科研论文一篇。

6. 文献参考

① 滕跃民,张玉华,肖纲领.高职专业"课程思政"的"道法术器"改革[J].

辽宁高职学报,2018(08).

　　② 滕跃民,张玉华,马前锋,汪军,孟仁振.同向同行:知识传播与价值引领同频共振——上海出版印刷高等专科学校"课中课"课程思政改革探析.中国教育报,2019(6).

　　③ 韩锋,滕跃民.创新创业教育协同支持体系研究——基于上海高职高专院校学生创新创业倾向的影响因素分析[J].北京印刷学院学报,2019(02).

　　④ 侍旭.高校思政教育也应有"供给侧改革"思维[N].光明日报,2016-03-16.

　　⑤ 上海版专教研.上海版专首次举行课程思政教研论坛,2019-12-10.https://mp.weixin.qq.com/s/AS0UNwLtTUaYuExmNxR3gw.

　　⑥ 滕跃民,张玉华,肖纲领.高职专业"课程思政"的"道法术器"改革[J].辽宁高职学报,2018(08).

　　⑦ 上海版专教研.学校"德智技融合"的"课中课"人才模式初见成效.2018-01-10. https://mp.weixin.qq.com/s/AS0UNwLtTUaTTDYmNxR3gw.

　　⑧ 上海版专教研.我校课程思政改革又获新成果 2018-4-2. https://mp.weixin.qq.com/s/AS0UNwWOE NT9AYmNx.

《艺术色彩》课程思政领航课程申报表

一、基本信息

学校名称	上海出版印刷高等专科学校	所在学院		影视艺术系
课程名称	艺术色彩			
项目负责人	姓　名	职务/职称		手　机
	耿　燃	助教		
工作联系人	姓　名	职务/职称		手　机
	耿　燃	助教		

二、前期工作基础

本课程已在本校内成功申报 2019 年度课程思政建设,现已完成此项目,涵盖教学大纲、授课计划、课程教案、PPT 课件、一堂精彩课的课堂设计、优秀学生作品照片等教学资料。

本课程已在本校内成功申报专项 2020 年度校级资源库建设,正在进行图片资源库建设、微课视频拍摄筹备。

三、课程建设方案

(重点介绍课程的教学目标与要求、课程大纲与课程思政教学要点、课程特色以及在课程思政教育教学方面的预期目标和成果等内容)

1. 课程介绍

艺术色彩课程作为基础公共课程,重点是训练学生思维的灵活性、敏锐的感受力。以及手段的丰富性和广泛的审美性。熟练运用写生色彩的基本规律,掌握选用媒介的基本特性,通过写生,提高感受生活色彩的敏感性,通过对固有色、环境色、光源色的分析与表现,提高对写生色彩系统的认识。在此基础上提高对色彩的高度概括和主观表达的能力。捕捉对现实世界感兴趣的物象的能力,为进一步的创造打下良好基础。

2. 课程建设目标

坚持以技能教育为核心,以提高艺术素养、贯彻全国高校思想政治工作会议精神为主线,以专业理论为支撑,构建工学结合的教学体系,培养和锻炼专业技能为重点的教学理念。

以职业能力为主线,以提高学生的动手能力为首要目标,结合高校思想政治理论,对课程开发、教学设计、教学实施、资源建设进行系统设计,建设突出职业素养和职业能力培养的专业课程体系和课程标准,构建突出思政先锋性、先进性、实效性、前瞻性和持续性的课程教学体系。

发挥教师言传身教的作用,在课程方案设计和课程建设中,融入寓道于教、寓德于教、寓教于乐;融入快乐教学的"五化五式",按照要求设计教学。育德育行,打造"德智技并全"的全面型人才。

3. 建设思路与方案

融入思政主题,拓展新时代视野,以职业能力为主线,以提高学生的动手能力为首要目标,结合高校思想政治理论,对教学进行系统设计,建设突出职业素养和职业能力培养的专业课程体系和课程标准,构建突出思政先锋性、先进性、实效性、前瞻性和持续性的课程教学体系。艺术联系思政,引导学生创作一批具备艺术审美,融合主旋律的美术作品,在学习技法的同时紧跟时代,培养高素质人才。

1. 组织交流学习,在演讲中嵌入思政专题,提升课程思政项目建设的质量与水平

组织宣讲会宣传学习新时代思政体系、思想,开阔学生的思想视野,进一步明确课程思政改革的思路和方向。召开有外校专家教授参与的教学研讨会,做到互通有无,博采众长。

2. 凝练课程特色,打造具有一定影响力的特色课程

组织相关美术教师对试点课程建设的经验进行批评和建议,定期召开交

流会议互相学习经验,进一步提炼课程特色,丰富成果形式,带领学生创作不同媒介、不同技法的作品。逐步由点及面,带动我校课程思政改革走上新的高度。

3. 创新教学形式,加入快乐教学法,寓教于乐,确保学生在课程中真正学进,真正受益

在改革过程中努力以学生为中心,加强对课程思政改革成效的了解跟踪,积极推进教学手段的更新,通过灵活丰富的教学方法和教学形式,并探索提高考核形式的灵活性,引导学生树立和强化对社会主义核心价值观的认同。

教学单元	专业教学内容	思政教学要点	实施手段
第一章 艺术色彩概论	色彩原理、影视作品案例分析、色彩工具准备和课程考核说明	结合视频案例分析艺术色彩在影视专业中的重要性,启发学生思维	"画龙点睛式","启发式",寓道于教
第二章 艺术色彩的单色写生训练	色彩工具的一般使用方法、色彩的观察、姿势及运笔,理解颜色深浅与表现体积的关系	介绍绘画工具使用,作画示范讲解,形象地给学生指导方向,循序渐进,把握观察物体的方法	"元素化合式",寓道于教,形象化
第三章 思政主题艺术参观	参观美术展、名家经验交流会、课后反思	以绘画大师,名家讲座为内容,激发学生创作热情,发扬"工匠"精神	"专题嵌入式",寓教于乐,寓德于教,案例式
第四章 风景临摹写生	如何构图、透视线、色彩与色调、空间表现与意境营造	外出写生,融入自然,分组观察事物变化规律,探究光线对物体形态的影响,尝试在纸上表现出来	快乐教学,寓教于乐,"探究式"
第五章 人物临摹写生	艺术展经验交流、展览优秀作品临摹、大量小构图练习	分组讨论研究,自定主题进行创作,可以辅以名家作品临摹学习,若有适宜的主题展览安排去现场临摹	"讨论式",情景化,案例式
第六章 大作业创作	人像结构的理解、色彩色调的把握、形态神态的塑造	锲而不舍,金石可镂,将一学期的成果以大作业的形式展现,将所学知识整合变换,学以致用	"专题嵌入式","元素化合式"

4. 建设内容

1) 拓展教学内容

以学生就业为导向,筑牢学生的色彩的基本素养并促进构成艺术技巧与理论知识的完整性、全面性、连贯性和实用化。本课程建设将在原课程的基础上更加注重丰富讲义、充实教材、完善教学方法。

2) 丰富教学资源

以国内外优秀的绘画作品为例,进行色彩的剖析并在此基础上不断完善的教学案例库,便于学生查阅、学习与参考。同时对于选用的经典案例配以详细的文字讲解,便于学生的理解;整理以往几届学生的优秀作业作为范例,增强学生学习信心,有效调动学生学习的积极性;增加更多优秀学习网站的链接,拓宽学生的眼界,引导学生积极思考,提高自主学习效果。

3) 组织学生思政、教师思政交流学习

定期举办宣讲会,宣传学习新时代思政体系、思想,开阔学生的思想视野,进一步明确课程思政改革的思路和方向。同时教师也应学习贯彻思政思想,并在课程中加入思政主题,引导学生创作一系列主题性作品。

4) 强化学生个人能力

鼓励学生积极参与国内外艺术类比赛,增长见闻,与各界选手良性竞争,从而发展自身的艺术修养,增强绘画技能。观览主旋律艺术展,拓展新时代思想和艺术知识,与时俱进;强调思政建设,寓道于教,潜移默化地影响学生,鼓励其积极学习,课下也能主动探究社会主义核心价值观,将学到的理论知识转化为行动,从而不断增强自己的专业技能。

5) 教学内容互通

在课程中安排主旋律主题艺术展参观,参观中要求学生认真听讲解,做笔记,拍照记录,在之后的课程里安排对喜爱绘画作品的展示演讲,之后对作品进行临摹练习,使学生向优秀绘画大师学习,既在色彩专业技能上获得提升,又加深了对思政主题的理解。

5. 课程设计

第一章 艺术色彩概论

一、色彩原理

二、影视作品案例分析

三、色彩工具准备和课程考核说明

第二章　艺术色彩的单色写生训练

一、色彩工具的一般使用方法

二、色彩的观察、姿势及运笔

三、理解颜色深浅与表现体积的关系

第三章　思政主题艺术展参观

一、参观美术展

二、名家经验交流会

三、课后反思

第四章　风景临摹写生

一、如何构图、透视线

二、色彩与色调

三、空间表现与意境营造

第五章　人物临摹写生

一、艺术展经验交流

二、展览优秀作品临摹

三、大量小构图练习

第六章　大作业创作

一、人像结构的理解

课程教学内容的设计及学时分配表

课程内容	讲课	实训	小计
第一章:艺术色彩概论	2	2	
第二章:艺术色彩的单色写生训练	2	2	
第三章:思政主题艺术展参观		6	
第四章:风景临摹写生	1	5	
第五章:人物临摹写生	1	5	
第六章:大作业创作		6	
合计	6	26	32

二、色彩色调的把握

三、形态神态的塑造

6. 教学模式的设计与创新

1）带领学生参观美术馆,观览主旋律艺术展,拓展新时代思想和艺术知识,与时俱进,达到思政建设中爱国主义情怀培养的目的。运用"专题嵌入式"教学,将红色文化、家国情怀通过观展搭配艺术鉴赏的形式渗透入学生的思想中。在艺术的熏陶中,增强理想信念。

2）鼓励学生参加国际性、全国性大型比赛,在作品中融入思政元素,宣传新时代思想,发扬"工匠精神",在了解艺术史论的基础上,手上功夫通过锻炼更精更细,知识面更加宽广,可以达到丰富阅历、锻炼美术绘画能力的目的,使学生的综合素养得到提升。

3）使用项目教学法,引入快乐教学。注重师生互动,营造活跃良好的课堂气氛。活用游戏化、幽默化的教学手段启发学生,多互动,多讨论,让学生自己探究出学习方法。在户外写生的教学过程中,引导学生自己思考,自我创新。通过观看老师的示范和提示,分小组进行讨论和实践,将大自然中随处可见的动物、植物抽象化,或者拆分结构进行重组,从而获得新的事物,学习到全新的表现手法。

4）精心准备案例项目,导入课程思政元素,举办宣讲会,引导学生进行思政主题作品创作。充分利用现代化教学手段,如多媒体教学、VR教学等提高教学效果。

5）绘画是需要投入大量精力和时间的一项技能,鼓励学生向理想的目标奋斗,磨炼其耐性,锻炼其奋斗精神。

7. 课程各部分内容的重点、难点和深广度

重点:正确的色彩观察方法、色彩的表现能力和创作与思政主题的融合。

难点:构图取景的自主安排,带有创造性的后期意境处理。

深广度:熟练掌握艺术色彩的一般表现手法,理解色彩语言在影视艺术中的运用,配合巧妙加入新时期的思政元素,了解艺术的主要流派和相互的关系。

《摄影基础》课程思政领航课程申报表

一、基本信息

学校名称	上海出版印刷 高等专科学校	所在学院		影视艺术系
课程名称	摄影基础			
项目负责人	姓　名	职务/职称		手　机
	李艾霞	讲师		
工作联系人	姓　名	职务/职称		手　机
	李艾霞	讲师		

二、前期工作基础

1. 课程基本情况

"摄影基础"是影视艺术系专业群课程体系中一门重要的理论结合实践的核心基础必修课程。前修课程是设计素描、艺术鉴赏,后修课程是数字图像处理、影视广告包装、影视后期特效制作等。摄影专业可从事的领域包括数字影像拍摄(人像、产品、建筑、人文纪实等)、数字影像后期合成制作、影视项目策划与管理、影视灯光和布景搭建等。摄影职业的知识与技能随专业变化,包括高水准传统与数码的前期拍摄和后期制作,适用于 4A 广告公司(平面广告)、时尚杂志(商业产品与人像拍摄等)、新闻传播行业(新闻纪实图片),外资高端影棚等、能在竞争非常激烈和时代发展环境中工作。本课程实际运用性很强,其在影视艺术专业的各个学科发挥着重要作用。

2. 前期相关研究成果

摄影艺术类展览(部分):"Youth Pictorial Expression",Frankfuter Newue Press,法兰克福,德国.2015

"不像前言的前言"，丽水摄影节，丽水，中国.2015

"Ripples"，无人画廊，鹿特丹，荷兰. 2015

Valid Foto Gallery，巴塞罗那，西班牙.2014

芬兰大使馆，北京，中国 & 芬兰. 2014

"Logos"，2014 希腊摄影节，"Logos"，摄影博物馆，塞萨洛尼基，希腊.2014

"Art in the dark"，无人画廊，开普敦，南非.2014

"Shanghai DangDai"，无人画廊，阿姆斯特丹，荷兰.2014

"Place"，摄影艺术空间，北京，中国.2013

无人画廊，阿姆斯特丹艺术博览会，阿姆斯特丹，荷兰.2013

"Copenhagen Fall Exhibition"，无人画廊，哥本哈根，丹麦.2013

"Aixia Li，Hwanhee Kim，Ji Hyun Kwon"，TAIK Persons Gallery，柏林，德国.2013

"Shanghai DangDai"，无人画廊，上海 & 阿姆斯特丹，中国.2013

"Who is the owner of the house"，今日美术馆，北京，中国.2010

"BA graduation"，2010 毕业展览，中央美术学院，北京，中国.2010

"Play house"，CAFA 摄影工作室，北京，中国.2010

"Short Movies"，Academiegalerie，马赛，法国.2009

奖项：

红点概念设计奖，2019

班尼奖金奖，2018—2019

Prince Claus Foundation，荷兰，2015

LensCulture Emerging Talents 2014，LensCulture，2014

铜奖，2010 青年艺术家，今日美术馆，北京，中国，2010

爱玲珑摄影艺术基金，爱玲珑基金会，瑞士，2010

中央美术学院二等奖学金，中央美术学院，北京，中国，2009

马爹利艺术基金，马爹利，法国，2008

3. 课程思政取得的成果、成效

所谓课程思政，就是在大学专业课（非思政课）教学中，融入思想观念、政治观点、道德规范等思想政治教育。根据课程的特点,将中国特色社会主义和中国梦宣传教育、理想信念教育、中华优秀传统文化教育、中华优秀传统美德、职业文化、工匠精神、革命传统教育、国防教育、劳动教育等融入专业课教学中,引导学生树立正确的世界观、人生观和价值观,坚定社会主义和共产主义信念,坚定拥护中国共产党的领导,坚定不移走中国特色社会主义道路,坚定中国特色社会主义道路自信、理论自信、制度自信、文化自信,增强使命担当,矢志不渝听党话、跟党走,争做社会主义合格建设者和可靠接班人。

课程思政是立德树人和教师职责的必然要求。古人云"师者,所以传道授业解惑也",传道是第一位的,立德树人是教育的根本任务。在专业课教学中不能没有"德"育,不能没有思想政治的内容。在课程中融入思政,也是高校专业课教师的天职。教书育人是教师的基本职责。讲授课程是教书;思想政治教育才体现育人;课程是教人求"真"、求"美",那么思政就是教人求"善";课程思政,实现了教书与育人的统一、教人"真、善、美"的统一、"传道、授业、解惑"的统一,是教学的"灵魂"。课程中无思政,只教书不育人,就不是一个合格的教师。广大高校专业课教师要提高课程思政意识,积极主动地投入课程思政教育教学改革之中。

课程思政既不能生搬硬套,也不能牵强附会。课程思政不是简单、直接地把思政课的部分内容搬到专业课教学中,而是"因势利导、顺势而为"地自然融入。课程与思政,不是物理相加,而是化学反应。课程里有"思政内容",学生不感觉到唐突;课程里有"思政味",学生却无被"说教感",因情感共鸣,而学生自然而然地接受,起到"润物无声"、潜移默化的效果。"以学生为本"是高职教育的立足点,如何培养既具有过硬的专业职业技能,又具备较高的道德修养、人格品质、职业道德的"人"是亟待解决的关键问题。因材施教也是教育中的难点,高职艺术设计专业学生自有其特点:他们的文化课成绩相对较差、对思想政治问题不太关心,自由散漫,不太喜欢在条条框框内做事,自我意识较强;比较重视专业课程,喜欢专业实践课程,动手能力较强,不喜欢枯燥乏味的理论课,思政课程找不到感兴趣的内容,这有可能使学生产生缺乏职业道德感,责任意识不强,就业适应能力差等问题。同时,他们更倾向于感性认知,对专业课程的学习兴趣较浓,创新能力较强,能将自身的情感通过实践操作展现在灯光设计作品中,注重情感表达。因此,以高职艺术设计专业课程教学为基础,融入思想政治教育内容,将知识传授和价值引领有机结合起来,在传授专业知识和专业技能的同时,引导学生建立正确的目标和价值观获得了双赢的成果。

三、课程建设方案

(重点介绍课程的教学目标与要求、课程大纲与课程思政教学要点、课程特色以及在课程思政教育教学方面的预期目标和成果等内容)

1. 课程的教学目标与要求

以职业能力为主线,以提高本专业人才培养质量和社会服务能力为首要目标,对课程开发、教学设计、教学实施、资源建设进行系统设计,制订突出职业素养和职业能力培养的专业课程体系和课程标准,构建突出先进性、实效性、前瞻性和持续性的课程教学资源库建设体系。

内容是课程建设的核心,本课程建设范围触及现代数字传媒的核心。在高技术条件下,内容的采集、编辑、制作与传播呈现出编码数字化、展示多媒体化、传播网络化的特征。建设并集成课程的数字化教材,教学课件,课程教学情境卡,实验指导书,实习任务书,参考文献目录,常用网站链接,习题库,试题库,网上测试及网上辅导,课堂教学、学生实训、教学环境条件图片等。将本课程建成高水平的网络课程,具备在校学生和社会学习者网上自主学习的功能。

课程思政既不能生搬硬套,也不能牵强附会。课程思政不是简单、直接地把思政课的部分内容搬到专业课教学中,而是"因势利导、顺势而为"地自然融入。课程与思政,不是物理相加,而是化学反应。课程里有"思政内容",学生不感觉到唐突;课程里有"思政味",学生却无被"说教感",因情感共鸣,而学生自然而然地接受,起到"润物无声"、潜移默化的效果。

课程思政需要高校教师深入调查研究,准确把握学生思想动态,从学生所思所想、社会热点、国际国内形势、现实问题、专业问题等导入思政内容,精雕细琢,做细做实,固定式的素材与即兴式的素材结合,"天边"的案例与"身边"的故事并举,趣味性与时效性并重,视频、图片、文字、讲授多种方式"渗透",课程与思政无缝衔接、巧妙融合,既要丰富课堂内容,又要活跃课堂气氛、提高育人质量。

2. 课程大纲与课程思政教学要点

项目名称	工作任务		课程思政	教学方法和手段
摄影史与主题拍摄	1-1 理论讲解	1. 摄影史 2. 摄影与新闻的关系	爱国主义教育 诚信守法 团队合作 创新意识	1. 课前要求学生收集相关案例,观看教学视频,课上教师筛选国内优秀新闻摄影案例,培养爱国主义精神,学生分组讨论,上台讲解,互问互答,课后完成PPT制作。 2. 观看反面案例视频,讲解知识,进行诚信教育。 3. 通过课题设计选出最优方案,推选出组长,组建学习小组,每组3—4人。
	1-2 方案前期准备	1. 拍摄方案 2. 补光图 3. 收集资料	爱岗敬业 吃苦耐劳 团队合作	1. 观看教学视频,了解拍摄的内容和要点。分组进行导演和设计师的角色转换,学习沟通。 2. 课前观看视频,课上教师实操,分组进行剧场测量,完成布光平面图绘制,尺寸不能有遗漏或出错,并仔细复查。
	1-3 方案初步设计	1. PPT方案展示 2. 实际拍摄	认真负责 团队合作 创新意识	分组讨论,根据前期的资料收集和分析,进行拍摄设计。
	1-4 方案深化设计	后期修图	认真负责 创新意识 团队合作	通过案例讲解,师生交流,分组合作,要求每组成员在规定时间内完成工作任务,进行互评,推选出最优的三组创新性方案,课后学生进行方案修改

3. 课程思政建设方法

1. 增强课程育人功能

根据不同学科性质特点,把握好所要挖掘拓展的重点。课程要突出体现马克思主义中国化的最新理论成果,重视价值引导和优秀传统文化的传承,引导学生自觉弘扬和践行社会主义核心价值观,不断增强"四个自信"。自然科学类通识课程要突出培育科学精神、探索创新精神,注重把辩证唯物主义、历史唯物主义贯穿渗透到专业课教学中,引导学生增强人与自然环境和谐共生意识,明确人类共同发展进步的历史担当。人文艺术类通识课程要突出培育高尚的文化素养、健康的审美情趣、乐观的生活态度,注重把爱国主义、民族情怀贯穿渗透到课程教学中,帮助学生树立起文化自觉和文化自信。体育类课程要主动与德育相融合,改革体育教学模式,引导学生养成运动习惯,掌握运动技能,发展健全人格,弘扬体育精神。

2. 发挥专业课程育人作用

在专业课教学过程中,重点培育学生求真务实、实践创新、精益求精的精神,培养学生踏实严谨、吃苦耐劳、追求卓越等优秀品质,使学生成长为心系社会并有时代担当的技术型人才。将价值导向与知识传授相融合,明确课程思政教学目标,在知识传授、能力培养中,弘扬社会主义核心价值观,传播爱党、爱国、积极向上的正能量,培养科学精神。将思想价值引领贯穿于教学计划、课程标准、课程内容、教学评价等主要教学环节。

3. 开发具有德育元素的特色课程

根据学校办学定位和学科优势,组织知名教授、教学骨干、科研骨干开展具有学科特色的系列讲座,宣传我国现代工业体系建设、科学技术发展、城市规划、基础设施建设、交通工程规划和建设以及对外承建的项目等方面成果,使广大学生坚定"四个自信",激发爱国主义情怀和民族自豪感。结合学校"徽文化与徽派建筑"方面研究优势,组织开展徽文化等中华优秀传统文化讲座,激发学生传承民族文化、弘扬民族精神的历史责任与担当。

4. 预期目标和成果

坚持顶层设计。根据学校课程思政教学改革工作总体目标,遵循思想政治工作规律、教书育人规律和学生成长规律,进一步提高全体教师对课程思政工作认识,提高教师将思想政治教育融入各类课程教学能力,明确课程育人目标、优化教学方案、健全评价体系,实现红专并进。

坚持改革创新。积极开展课程思政教学改革试点工作。引导教师将思想政治教育工作融入各类课程教学,推进现代教育技术在课程教学过程及教学资源建设中的应用,促进信息技术与教育教学的深度融合,形成以学生为主体、教师为主导的教育系统结构性变革,教学方法和手段的改革要为课程思政目标服务,努力实现思政元素全面融入人才培养全过程。

坚持分类指导。突出前瞻性、可行性和协同性要求,注重统筹思政理论课、通识教育课、素质拓展课和专业课的育人作用。明确各类课程思政教学改革思路、内容和方法,分类分步有序推进工作。

(1)结合摄影专业的特点,把吃苦耐劳、严谨求真的职业精神结合进现有的教学大纲之中,以此激励学生的学习热情。把社会主义核心价值观融入相应的设计案例之中,达到教书育人的目的。通过具体的知识点讲授和设计案例,让学生明白什么是职业素养,如何建立职业素养。这些具体目标的实现将通过结合知识点与实际设计案例有机融入课程中。

(2)本课程采用理论结合实践的授课方式,在将社会主义核心价值观、职业精神和职业素养融合进教学大纲之后,在课件制作和教案设计上,直观形象地有机结合上述内容,合理调整教学内容,充实教学效果,起到教书育人的作用。

(3)本课程已完成教学资源库建设,实现了课堂教学、网络自学和课后答疑的多平台学习途径。在课堂教学中,通过演出案例有机结合社会主义核心价值观、职业精神和职业素养的相关内容;在网络教学平台,设置专题讨论单元,让同学们进行深入思考;利用课后答疑时间,引导学生建立正确的价值观、人生观。

(4)摄影基础课程,是影视艺术系专业必修课程,对于后期动态图像的理解非常重要,也是融入职业精神和职业素养的最合适的知识点。在课程建设的过程中,结合一些演出实例,从不同的角度介绍社会主义核心价值观,最后将这些典型案例进行总结,形成经验,在教学研讨中和其他教师进行交流,相互学习。

《影视特效后期制作》课程思政领航课程申报表

一、基本信息

学校名称	上海出版印刷高等专科学校	所在学院	影视艺术系
课程名称	影视特效后期制作		
项目负责人	姓 名	职务/职称	手 机
	肖 澎	高级工程师	
工作联系人	姓 名	职务/职称	手 机
	肖 澎	高级工程师	

二、前期工作基础

（重点介绍课程基本情况，在学科专业领域、课程思政教育教学方面具有的前期基础，取得的成果、成效等）

1. 课程基本情况

"课程思政"是实现"把思想政治工作贯穿教育教学全过程"的必然选择，也是高校落实立德树人根本任务的必由之路。"课程思政"的建设效果取决于作为建设主体的高校教师之素质，这自然离不开卓有成效的高校教师思政工作。然而，当前高校教师思政工作面临着从思想认识、制度保障到基本内容、技术支持等方面的现实困境。要通过体制机制、基本内容和方式方法等方面的创新，推动形成高校教师思政工作新局面，这既是高校思政工作的重要组成部分，也是"课程思政"建设的现实要求。本课程是影视艺术系主干专业课程，在第三个学期授课。该课程提供了具有创造性的自由度和控制，可为电影、视频资料、多媒体和 Web 资源设计复杂的动态图形和视觉效果。After Effects 把计算机技术的交互性和可视化的真实感结合起来，它与 Adobe Photoshop、Illustrator 及 Premiere 紧密集成,从而提供了一套出色的动态媒体工作流程。

2. 前期相关研究成果

近三年共发表论文五篇,其中,全国中文核心期刊论文两篇,EI 核心期刊论文一篇,主编十三五规划教材一本,参编三本;将行业技能大赛引进课堂,把赛事标准作为课程作业要求,鼓励学生参赛,以赛代练,有效提高学生作品质量,个人作品频繁获奖。

科研成果:

论文《中国电影跨国传播的想象景观与新体验》在《电影文学》期刊发表,提出了电影的多地互动模式,为全球化浪潮下中国电影的发展创造了有利条件。

论文《文学审美对影视艺术作品的潜意识驱策研究》在《电影评介》期刊发表,提出了影视艺术中文学的创作必须围绕艺术系加以建构的观点,文学文本的各种进阶技巧与影视艺术手段,是一种生命体验与人性探索基于审美回归的一种契合。

论文《An efficient massive data retrieval algorithm based on modified Top-k query》被 EI 录用,本文主要研究在影视拍摄中海量视频数据检索问题,在影视后期数据管理和检索中具有重要意义。

教材:主编教材《微电影实战技巧》一本,本教材为全国广播影视类专业高等院校"十三五"规划系列教材。

横向科研项目 16.6 万元。

2015 年 8 月至 2015 年 9 月完成《长城干红葡萄酒》——商业广告片制作(99-E4-0501-15-022,2.2 万元),课题来源锐和影视数码科技发展(上海)有限公司,目前已结题。

2015 年 10 月至 2015 年 11 月完成宣传片——《千灯之路》制作(E4-0501-15-038,1 万元),课题来源上海胧爱文化传播有限公司,已结题。

2016 年 8 月至 2016 年 11 月完成宣传片——《东篱》制作(E4-0501-16-034,3 万元),课题来源上海海岸线文化发展有限公司,已结题。

2017 年 6 月至 2017 年 7 月完成多媒体宣传广告(户外电子屏 6 万元,

市内触摸屏4万元)(10万元),课题来源上海国创网络科技有限公司,已结题。

获奖类:

指导学生编写的剧本作品《鼎鼎大名》,参加由中国广告协会、中国大学生广告艺术节学院奖组委会、广告人杂志社主办的第13届中国大学生广告艺术节学院奖秋季赛中,荣获"第13届中国大学生广告艺术节学院奖秋季赛"观池原创影视新锐大奖。

指导学生创作的广告片《腾讯视频》,参加由中国广告协会、中国大学生广告艺术节学院奖组委会、广告人杂志社主办的第14届中国大学生广告艺术节学院奖春季赛中,荣获"第14届中国大学生广告艺术节学院奖春季赛"优秀作品奖。

指导学生拍摄制作的微电影《盲点》,参加由上海高校实践育人创新创业基地联盟主办的电影节获得最佳创意奖。

指导学生拍摄制作的微电影《同桌的你》,参加由上海高校实践育人创新创业基地联盟主办的电影节获得最佳导演二等奖。

参加由全国新闻出版职业教育教学指导委员会主办的教学竞赛中,荣获"新闻出版行指委教学成果奖"二等奖。

在上海校园文化新锐艺术人才作品大赛中,个人影视宣传片作品《东篱》荣获"上海市校园文化传承创新发展计划、上海校园文化新锐艺术人才作品大赛"优秀教师作品奖。

参加由上海高校实践育人创新创业基地联盟主办的电影节,凭借纪录片《千灯之路》荣获"上海高校实践育人创新创业基地联盟"教师组最佳纪录片奖。

3. 课程思政取得的成果、成效

红色影视作品作为一门视听性的综合艺术,同其他类别的影视作品一样,是传播民族色彩和感情的审美认知、丰富人们精神文化生活的重要载体。作为一种特殊的电影类别,用艺术的手段将革命历史事实予以呈现。通过《影视特效后期制作》课程的教授与学习,课题组教师让学生在寓教于乐的氛围中探索红色精神的内涵。

成效一:党建引领,以中欧儿童绘本国际创新艺术工作室的跨界与创新为依托,落实立德树人根本任务,不断提高人才培养质量。

成效二:解放思想,跨界融合,通过"非遗大师训练营",加强中外合作交流,在"一带一路"国家讲好中国故事,重建文化自信。

成效三:发挥学生党员作用,以点带面,用实际行动践行党员先进性,发挥党员先锋模范作用。

成效四:以促进就业和产业需求为导向,加强实践育人,全面推进学生就业。

成效五:以上海市互联网＋创业大赛铜奖——"红色影像志"创新创业团队为依托,做好"口述历史,传承红色文化"的社会服务功能。

成效六:以"美丽中国——纪念改革开放40周年""我心中的十九大"视觉艺术展和建党100周年为主题,进行内容创作。

三、课程建设方案

(重点介绍课程的教学目标与要求、课程大纲与课程思政教学要点、课程特色以及在课程思政教育教学方面的预期目标和成果等内容)

1. 课程的教学目标与要求

本课程的目标是使学生通过本课程的学习,掌握 After Effect 基于帧的视频设计途径。掌握实现高质量子像素定位的程序,通过它能够实现高度平滑的运动。了解蓝屏融合功能,特殊效果的创造功能和 Cinpak 压缩,使学生具备高素质的劳动者和高级专门人才所必需的影视后期制作的基本知识和影视后期合成的基本技能,基本形成解决实际问题的能力,为进一步学习专业知识和实际操作打下基础,并注意渗透美学教育,逐步培养学生的审美能力,强化理科学生的感性思维方式。

本课程属于专业课程,在其教学内容上,应充分体现以学生为主体、教师为主导的理念,在保证理论教学的基础上,加强实践性教学环节,充分利用课堂实习来强化专业技能的训练。

本课程根据国家或行业职业标准应达到的专业和职业资格的认证内容,围绕技术平台课程模块及各专业方向课程模块,考虑教学内容与职业资格证书培训内容的融合。以学习、实践、实习循序渐进落实能力培养的方式设计实践教学体系,实现人才培养模式上结合这一应有的职业教育特色。

构建工作过程系统化课程体系同加强实验实训条件建设相结合,针对职业岗位要求,整合专业课程,确定课程包含的核心能力。

最后以思政教育、素质教育和职业能力培养为主线,编写教学方案、制定专业教学计划和评价考核标准。在锻炼学生团队协作意识的同时,对于短片中其他制作环节的内容和技术特点有全面的认识,培养学生动画创意设计和制作的专业技术能力和职业素质。

2. 课程大纲与课程思政教学要点

项目名称	工作任务	课程思政	教学方法和手段	
影视动画特效后期制作	1-1 剧本编创	1. 以迎建党 100 周年为背景,选题不限 2. 剧本创作、脚本创作、勘景	党史教育 诚信守法 红色元素	1. 分组教学 2. ppt 讲授 3. 影片观看 4. 讨论交流 5. 在做中学、在学中做 6. 以实践性操作训练为主 7. 用问题讨论来巩固知识点
	1-2 素材采集整理	1. 网络收集素材 2. 现场拍摄	团队合作 创新意识爱岗敬业 吃苦耐劳 团队合作	1. 分组教学 2. ppt 讲授 3. 影片观看 4. 讨论交流 5. 在做中学、在学中做 6. 以实践性操作训练为主 7. 用问题讨论来巩固知识点
	1-3 分镜头脚本设计	分镜头脚本	认真负责 团队合作 创新意识	1. 分组教学 2. ppt 讲授 3. 影片观看 4. 讨论交流 5. 在做中学、在学中做 6. 以实践性操作训练为主 7. 用问题讨论来巩固知识点
	1-4 动画创作	后期剪辑	认真负责 创新意识 团队合作	1. 分组教学 2. ppt 讲授 3. 影片观看 4. 讨论交流 5. 在做中学、在学中做 6. 以实践性操作训练为主 7. 用问题讨论来巩固知识点

3. 课程思政建设方法

1. 根据项目任务完成的过程,安排以红色文化为内容背景的教学任务

本课程在整个教学过程中,始终贯穿以红色文化为内容背景,以完成工作任务为目标的教学,以训练要求为中心,所有教学内容的安排对应于完成工作任务的过程。在一个课程时段内,平衡安排学生熟练掌握广告影视制作和影视短片包装设计和制作的专业技能。

2. 推崇快乐学习模式,采用生产性实训的形式组织教学内容

借鉴企业生产管理的模式组织教学,让学生在情景化的专业环境中学习训练;将企业真题项目引入教学之中,根据完成项目任务的流程设计教学过程和方式。把影视制作企业或设计公司生产的设计、操作、质量和完成时间方面的基本要求转化为教学要求,严格以企业的影视产品品质作为考核学生作业的标准。

在工学紧密结合的前提下,师生均以团队的形式担任不同的角色,教师和学生一起制订工作计划。教师既是职业岗位理论知识的传授者,又是项目任务的分配者、工作团队的组织者、工作质量的把关者、工作流程和工艺技术的辅导者;学生既是技能学习者,又是工作计划制订的参与者,也是生产岗位的实习者。采用项目任务引领的教学方式和教学组织形式。

3. 校企协同,全员全方位全过程育人

会同知名企业(上海电视台生活时尚频道)联合制作影视项目,把真实的影视特效制作过程用于教学和训练。改变以往学校教学的强调学科的完整性,用虚拟的、单项能力训练为主的教学行为。让企业参与我们的教学,能培养学生的实际开发制作能力。我们校企合作研发的教学模式能够从根本上解决学生实训的技术问题和通用问题,并且能够辅导学生真正制作真题项目。大大提高了教学的效能,保障了新教学模式的实施。

4. 教学内容组织形式上的创新方法

本课程采用项目任务引领的案例化的教学内容组织形式,将"思政教育目标""职业岗位认知""影视特效制作技术标准""影视特效制作训练过程"等教学内容设计为一个个小案例,通过生动的案例分析和设计制作过程辅导,帮助学生掌握专业技能,这一形式便于组织教学实训的安排,更适合于当

前高职学生的学习特点。教育产生的积极作用影视作品有丰富的表演形式,是生动的艺术。作为一种媒介、思想的传播载体,影视作品应用到教育体系是完全可行的,并且会对大学生的思想政治教育产生积极的影响。

通过《影视特效后期制作》这门课程的讲授与教学,认真挖掘课程中教学案例的与思政的相关性,将思政教育的隐性作用发挥出来。在教学互动中,对于学生的思想偏差予以矫正或修正。传递出可持续发展的正确世界观、亲民奉献的正确人生观、向善和谐的正确的社会主义核心价值观等。同时利用我系建立的微信群、课程群、课程 App 等新媒体路径,将课堂翻转的同时把快乐教学融入,培养学生的思政自觉性,产出可以体现和谐正确的社会主义核心价值观的电视作品。如下列举了本课程思政所采用的部分方法。

4. 预期目标和成果

（一）革新教育模式

《影视特效后期制作》该课程与课程思政相结合,会大大提高学生的学习兴趣,使大多数的大学生思政教育效果达到理想状态。而"课程思政"与本课程的结合的提出与实施,有利于高校思政教育在传统思政课程教育的基础上,将思政教育内容与元素融合进影视艺术专业教学,促使思政教育在大学生学习与生活中做到全面普及,革新高校思政教育模式。"课程思政"强调全员育人、全学科育人与全过程育人,在"课程思政"这种新型教育模式的实施过程中,高校不同专业的教师、辅导员都会在自身教育过程中重视思政教育,通过思政教育与自身教学工作的有机融合,促进学生全方面发展自身思想政治素养,满足高校思政教育的革新发展需求。

（二）体现协同效应

本课程的建设与实践"课程思政",有利于高校教育的协同效应得到充分体现。教育领域的协同效应指学校教育通过两种以上教育方式的协作联合教育,最大化地发挥教育作用,增强高校教育效果。因此,《影视特效后期制作》实施"课程思政",有利于思政教育与专业教育在实践教育活动中,基于双方目标、功能与结构的相似性,共享教育资源、实践平台与教育理论,从而有效降低教育成本,提升教育协同作用的质量。

（三）解决育人问题

专业课中融入"课程思政"，能够有效解决高校现阶段的育人问题。"课程思政"需要高校在全部课程教育的教学过程贯穿思政教育，要求高校所有课程结合思政教育承担自身育人任务，而其中的全体教师也需要通过充分实施思政教育，对自身育人职责进行承担。"课程思政"对高校教书育人功能的强调，可以使高校各个学科的教师革新自身教育理念与方式，重视课堂教学过程中的道德价值观念教学与思政理论知识传播，优化课程教学内容，使学生对这种融合性的教育内容产生学习兴趣，解决学生学习热情不足的问题。同时，"课程思政"可以通过不同教育之间的有机联合，优化课程体系，使学校各个学科教育均能同时设置专业课、思政课与综合素质课程等，借助这些课程的彼此融合与渗透，提升高校教育整体质量，解决传统高校教育课程设置单一、各学科教育联系不紧密的问题，促进高校教育大学生效果得到有效增强。

《音乐鉴赏》课程思政领航课程申报表

一、基本信息

学校名称	上海出版印刷高等专科学校	所在学院		影视艺术系
课程名称	音乐鉴赏			
项目负责人	姓　名	职务/职称		手　机
	王　莹	专业带头人/副教授		
工作联系人	姓　名	职务/职称		手　机
	王　莹	专业带头人/副教授		

二、前期工作基础

1. 课程介绍

音乐承载着历史,是时间风雨浇铸的精神建筑,是岁月光阴荏苒的时代印痕,是历史积淀深厚的文化烙印,是民族精神、伦理秩序和道德规范的深刻表达。通过对音乐艺术理论的讲解、带领学生鉴赏古今中外音乐艺术作品,参加音乐艺术活动,进而使学生了解、吸纳中外优秀音乐艺术成果,理解并尊重多元文化,树立正确的审美观念,培养形象思维、创新精神和实践能力,提高感受美、表现美、鉴赏美、创造美的能力。

本课程是面向大学生的一门通识类艺术美育课程。本课程涉及钢琴、声乐、民族器乐与民族民间音乐等多方面内容,包括五个部分:1.认识音乐;2.外国艺术流派;3.影视欣赏;4.中外名曲欣赏;5.舞蹈艺术。课程将沿着历史的脉络穿越东西方的文化时空,带领学生领略中外经典音乐名作,体验不同的音乐风格与丰富的音乐文化;通过对中外音乐艺术作品相关图片、音响、音像资料的欣赏,以及对代表人物、音乐特征、所处历史环境、文化背景的理论讲解,引导学生对音乐作品进行赏析。开拓学生的音乐视野,培养学生良好的艺术审美观,并进一步提高学生感受美、表现美、鉴赏美、创造美的能力。

2. 前期课程思政践行基础

高校作为"培养社会主义的核心接班人"的主阵地,肩负着"立德树人、培根铸魂"的重任,围绕"培养什么人、怎样培养人、为谁培养人"这一根本问题,不断创新理念,积极开展教育教学改革。课程思政作为教育教学改革的新理念、新举措,目前已经在教育界进行广泛推广和运用。我校的课程思政改革实践取得了丰硕成果,2018 年我校《思政教育融入专业实训课的"课中课"同向同行模式创新与实践》项目获得国家教学成果二等奖。该项目初步构建了专业课程思政改革的模式和标准。该课程思政改革运用该成果奖的"三寓三式"的教学法,课程内容上坚持显性教育和隐性教育相统一,挖掘专业课程中蕴含的思想政治教育资源,达到育德和育才并重,实现"全员全程全方位育人"的课程建设目标。课程教学中春风化雨、润物无声地融入思政元素,提升了教学的亲和力和教学质量,受到了学生的喜爱。该课程是第一批参加学校思政课程的试点课程。

参加学校的艺术鉴赏课程思政会议

课程思政案例《黄河》协奏曲

- 音乐课程在思政素质教育中的必要性

音乐是人类思想的灵魂深处的静思与涟漪,音乐是实施素质教育的有效途径,高校音乐课程教育在促进高校的思想素质教育方面可发挥重要作用。公共音乐课程教育作为高校必选课程,通过音乐课程教育与学习,提高大学生的综合素质和道德修养;在音乐欣赏和音乐学习过程中,培养大学生良好的思维能力和创造能力。音乐可以缓解人们的心情,好的音乐能引人入胜地去实现精神的洗礼和道德的渲染。我们应在公共音乐的课程学习引导下,将音乐教育作为教学育人的重要手段,形成完整的音乐教育与思政素质教育一体的教学体系,融合道德素质教学模式,促进社会主义精神文明建设发展。高校的公共音乐课程教育是整个大学素质教育的重要组成部分,应通过音乐学习,结合思政素质教育,使当代大学生成为高素质具有创新型的人才。

- 构建音乐德育模式的可行性

音乐德育模式的构建,能够拓展音乐艺术教育的内涵。普通高校的音乐艺术教育是音乐院校专业音乐教育的有益补充,可以扩大音乐艺术教育的受众面,使更多的学生都能接受到音乐艺术的熏陶,是普通高校实施美育的重要手段之一。在音乐艺术教育中,运用音乐德育模式,挖掘凝练音乐中的德育成分,并将其与音乐艺术巧妙地结合起来,引导学生发现美、认识美、创造美,激发起学生对美的热爱与追求,让学生在接受音乐艺术教育的同时,道德、情操、精神得到升华。而且,音乐德育模式的构建,将德育内容融入音乐艺术教育中,会使得音乐艺术教育的效果更深刻有力、更富哲理性,也避免了普通高校音乐艺术教育的"专业化",解决普通高校音乐艺术教育中内涵与功能的窄化问题,进一步拓展音乐艺术教育的内涵。苏联著名的音乐教育家苏霍姆林斯基说:"在语言已经穷尽的地方,音乐才开始它起作用的领域",也就是说,音乐对客观事物的表述具有超语言性,音乐能够表达人们无法用言语表达的东西。而音乐的这种特殊表现功能,来源于音乐所用的结构与材料的非语义性特征。因此,利用音乐的这种非语义性特征,将其与德育结合在一起,构建音乐德育模式,可以帮助人们把语义性与非语义性结合起来、把理性思维和非理性思维统一起来,表述人们无法用语言或行为表达或表现的东西。

- 构建音乐德育模式的新策略、新方法

深化"三寓三式""五化五式"课程思政模式融入课程内容,充分提炼专业课程中蕴含的价值引领和家国情怀,并将其渗透于教学目标、教学内容、教学方法、教学资源之中,从而转化为社会主义核心价值观具体化、生动化的有效教学载体,内化于心、外化于行,提升专业课教师的育德意识和育德能力,在"润物细无声"的知识传授中实现理想信念层面的精神指引。开展快乐教学,在"汤里放盐"的基础上"加糖",从而达到提升课堂教学的效果。

- "线上云端"谱出音乐教育新篇章

依托网络学习空间和在线课程平台,利用各类优质教学资源,方实施远程教学,方寸屏幕拉近师生的心灵距离,学生对这种全新的教学模式表现出了极大的热情,正式上课前 20 分钟就进入"课堂"签到。上课期间,教师通过提问、答题、发弹幕、聊假期生活等手段与学生进行互动,教师同时在网上布置作业、批改作业、组织答疑,让线上课堂生动又活泼、有序又有趣。

3. 负责人介绍

本课题负责人为影视系戏剧影视表演专业带头人,主要课程涉及领域《影视配乐》《音乐鉴赏》《晨课》《视唱练耳》《演艺经纪》《影视作品欣赏》等。从教期间多次获得省市级奖项,共发表论文 20 余篇,论著一本,省市级课题 10 余项。

4. 课程研究前期基础(近 3 年)

论文：

《Department of Film and Television Arts，Shanghai Publishing and Printing College，Shanghai》"Health" ISSN Online：1949-5005 ISSN Print：1949-4998，2019 年 11 月

《影视配乐》课程思政"三寓三式教学法初探"辽宁高职学报 ISSN：1009-7600，2020 年

原创歌曲《梦开始的地方》，2017 年，《心声歌刊》

科研：

2020 年《影视系校内专项内涵——广告设计与制作(中美)专业建设》

2018 年《影视配乐》课程资源库建设，主持在建

2019 年《影视配乐》课程思政，试点项目，主持在研

2018 年《音乐教育培训》项目，主持结题

2017 年《钢琴演奏培训》项目，主持结题

2017 年《重点专业建设——戏剧影视表演》立项，校级，主持

获奖：

第六届江西省艺术节钢琴重奏二等奖，中共江西宣传部/江西省文化和旅游厅省级

中新国际音乐节优秀教师奖，中国新加坡国际音乐节组委会行业

社会活动：

2017 年，上海市"双证融通"专业培养方案专家论证会评审专家

2017 年，中国新加坡国际音乐节评委

2016 年，第六届江西省艺术节 第四届江西省钢琴艺术节评委

三、课程建设方案

(重点介绍课程的教学目标与要求、课程大纲与课程思政教学要点、课程特色以及在课程思政教育教学方面的预期目标和成果等内容)

一、课程建设目的与要求

1. 授课目的：掌握创造音乐生活的五项基本能力

1.1 入乐：掌握进入音乐生活的基本知识和能力；

1.2 用乐:掌握在私人空间与公共空间使用音乐的知识和能力;

1.3 评乐:掌握评论音乐的基本能力,了解音乐三大类型(传统音乐、艺术音乐、流行音乐)及其风格流派;能从乐内、乐外等方面对音乐进行批评,掌握音乐批评的基本原理与环节;

1.4 配乐:掌握给视频或其他材料配乐的基本知识和能力;

1.5 作乐:掌握音乐活动创意、演唱、演奏与创作音乐等基本能力。

2.教学目标

2.1 通过体悟、聆听与认知三种方法,能主动创造自己的音乐生活;

2.2 在具体音乐生活场景中体验音乐,了解和掌握音乐的基本要素:音色、节奏、旋律、和声、主题、陈述结构、曲式结构等;在认识三大类型音乐——传统音乐、艺术音乐和流行音乐的前提下了解和掌握基本的音乐风格与流派的常识;

2.3 在入乐、用乐、评乐、配乐、作乐等实践活动中感受经典音乐作品的魅力,对音乐艺术的思想、情感、格调等更高层次的精神内涵有所领悟,启发艺术创新思维陶冶性情。

二、课程建设方案

《音乐鉴赏》建设总体方案

教学单元	专业教学内容	思政教学要点	实施手段
第一部分 认识音乐	音乐的起源、默片、有声、发展、进步	音乐、音响源于生活、影视源于不断进取、探究的创新精神	画龙点睛式＋探究式
第二部分 外国艺术流派	巴洛克、古典、浪漫、民族主义、现代	不同的音乐风格强调了不同的音乐元素,音乐要素也有辩证逻辑关系	启发式、教学方法快乐化
第三部分 影视音乐欣赏	谭盾影视三部曲、约翰·威廉姆斯、久石让	"中国元素"为核心,兼容并蓄西方音乐的精华	元素化合式＋探究式
第四部分 中外名曲欣赏	肖邦、斯梅塔那、华彦钧、中国经典古曲、中国经典民族音乐	传递民族的"大无畏精神"、"奋斗精神"	画龙点睛式＋元素化合式
第五部分 舞蹈艺术	古典芭蕾、民族舞蹈、中国芭蕾	结合各国的风俗、人文精神、传递世界舞蹈文化,增强民族自信	化合式＋探究式

三、《音乐鉴赏》课程思政建设路径和特色

3.1　基于"探究式"的教学方式

在民族音乐欣赏章节,用气势雄伟,结构庞大的《十面埋伏》,朴实动人、催人泪下的《塞上曲》,格调细腻而高雅的《夕阳箫鼓》提升学生的民族自信的同时,加入"探究式"元素,从音乐结构、节奏、韵律,音乐功能、织体、审美来引导学生了解音乐的内在因素和内在因素造成的音乐风格的特点和规律。

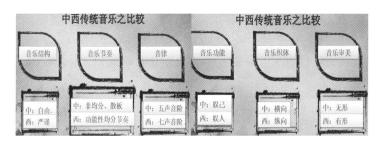

3.2　基于"元素化合式"教学法的运用

"元素化合式"是指将知识点、技能点与思政元素进行化合,产生"合而为一"的育人效果。"三式"的目的就是避免"生搬硬套",达到自然生成的境界。如在全校平台课《音乐鉴赏》关于"民族音乐"的教学中,把西洋音乐与乐器、我国的民族音乐与乐器、爱国主义等元素有机地化合在一起,用西洋乐器演奏中国音乐,大大激发了学生爱国主义情怀,产生了显著效果。

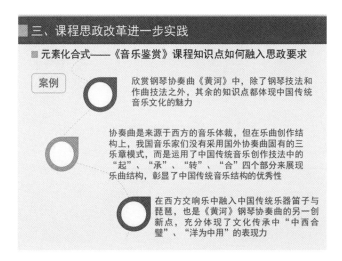

打造一门有"高度"和"温度"的专业课思政讲座引用案例

3.3 无处不在的"快乐教学"方法

寓教于乐就是采用"快乐教学"方法,如"启发式""互动式""案例式"等。老师在课堂引入"角色互换",由学生当老师,做部分专题案例分析,增强学生的主动性和获得感。同时采用"竞赛式"教学,将比赛方式引入课堂,以赛促练,通过比赛激发学生的学习兴趣和探究能力。还可以请学生在课堂上展示自己的作品,师生共同现场评分,既可以潜移默化地植入思政元素活跃课堂教学气氛,又进一步加深了知识点理解,提高教学质量。例如:让班级的少数民族同学以专题的形式,介绍自己本民族的音乐和舞蹈,同学们在"角色互换"中不但锻炼了能力,也活跃了课堂气氛,增强了学习动力和效果。

19级新疆维吾尔族的同学在课堂展示民族舞蹈和讲解维吾尔族音乐

藏族同学在给同学们介绍藏族音乐舞蹈形式

友谊第一,比赛第二,以"歌"交流,欢乐无穷

四、预期成果

4.1 完善教学大纲

用音乐的语言,把社会主义核心价值观融入课程案例之中,达到教书育人的目的。

4.2 改革课程教案

在将社会主义核心价值观、职业精神和职业素养融合进教学大纲之后,在课件制作和教案设计上,直观形象地有机结合上述内容,合理调整教学内容,充实教学效果,起到教书育人的作用。

4.3 创新教学方法

把纯理论课加入歌唱、展示等实践手段,增添课程的趣味性和参与度,以美养心,知行合一,培育审美人格。

第三部分 党史进课程典型案例

对话红色影视经典，厚植思政育人奋进力量

——《影视导演基础》思政教学案例

张　波

一、教学背景

《影视导演基础》课程是为学校影视编导、广播影视节目制作等专业学生未来从事影视导演的艺术创作和实际操作打下扎实的专业基础课程，培养学生观察、分析、统筹兼顾、合理协调各个创作部门之间的连贯与统一，从而解决影视剧艺术作品制作过程中所有环节的关键要点。党的十八大提出把立德树人作为教育的根本任务，党的十九大报告又进一步强调全面贯彻党的教育方针，落实立德树人根本任务。课程思政旨在挖掘各类课程蕴含的思政元素来建立有机的课程体系，从而形成全员、全方位、全过程的思想政治教育育人体系，全面实现立德树人根本任务。影视艺术系影视导演类课程积极将党史教育引入课堂，结合课程思政以"小切口"讲"大变迁"，不断提升育人成效。

二、教学设计

《影视导演基础》经过了多届学生的讲授，逐步成熟完备。

在课程建设的过程中，积极探索多元维度的"快乐教学"。鼓励专业间的融合创作。充分融汇影视编导、广播影视节目制作、表演等专业学生，打破专业间的壁垒，将建设课程——《影视导演基础》与《编剧基础》《剧本创作》《台词基础》等课程进行全方位的融会贯通，鼓励学生自定选题以单独项目组的形式进行创作，教师进行全流程指导。课堂内外的专业拓展。除了课堂内的专业学习外，选取红色经典影视创作进行交流与探讨，鼓励学生出走校园到红色革命教育基地进行参观学习，为后续学生进行影视导演创作提供知识供给。

通过《影视导演基础》这门课程的讲授与教学,认真挖掘课程中教学案例的与思政的相关性,将思政教育的隐性作用发挥出来。在教学互动中,对于学生的思想偏差予以矫正或修正。传递出可持续发展的正确世界观、亲民奉献的正确人生观、向善和谐的正确的核心价值观等。同时鼓励学生建立的微信群、课程群、课程 App 等新媒体路径,将课堂翻转的同时把快乐教学融入,以学生喜闻乐见的影视作品(如《建国大业》《大国崛起》等)进行课外的拓展与交流,培养学生的思政自觉性,产出可以体现和谐正确的核心价值观的影视作品。

除此之外,根据导演基础课程特点来展开具体教学,在为学生掌握熟练的导演技巧的同时,也为今后从事的影视专业方向引导良好的艺术审美追求和创新思维模式。以具体导演创作实例剖析和训练为主,辅以理论充实,致力于学生能够在短期内提高写作技巧、影视分析、景别、镜头、画面构图、长镜头与蒙太奇、影视布光等导演创作能力。继续引进国际先进的参考教材基础上精心编制习题集、加强课程试题库的建设等。不断建设和完善课程教学大纲,设计编写课程教案,开发多媒体课件等教学课件。构建新媒体移动学习平台,建设导演基础学习新媒体公众号,便于学生访问使用以及在线及时的互动交流。

三、教学成效

通过《影视导演基础》类课程的教授与学习,积极将党史以及思政元素融入课堂,让学生在寓教于乐的氛围中探索珍贵的红色精神的内涵。课程团队教师带领学生们在日常的影视自由创作中,有意识地关注中国的传统文化的发掘;课程团队教师们指导学生创作的红色老区题材的影像短片项目荣获第四届中国"互联网+"大学生创新创业大赛上海赛区铜奖,荣获校 2018 暑期社会实践优秀项目以及优秀指导教师;2019 年聚焦红色革命历史的 VR 项目荣获第五届中国"互联网+"大学生创新创业大赛上海赛区铜奖;2020 年指导学生项目在第六届中国"互联网+"大学生创新创业大赛"青年红色筑梦之旅"赛道获得上海赛区金奖(见下图)。

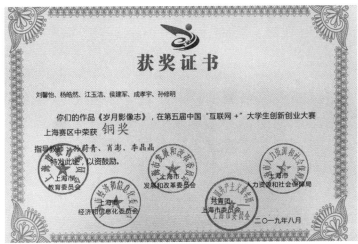

大赛现场及获奖证书

四、教学反思

　　整体而言,《影视导演基础》课程的考核遵循"过程化、真实化、多元化"的原则,由教学任务的考核(基础知识考查)、项目训练的考核(重要技能点考查)以及综合训练的考核(全方位能力考查)三个部分组成,每一个部分的考核指标中都非常注重学生学习态度、职业养成,强化能力的训练与培养,弱化纯理论知识的简单记忆。在强化课程考核的同时,我们还会非常注重及时跟进教学反馈,结合学生学习后的反馈,校企合作单位的反馈、课程团队的反馈以及教学督导的反馈,四位一体,全面真实地掌握学生的学习情况,为后续教学方法的改进和教学效果的提高奠定基础。在未来的授课中,将会从以下几个方面进行改进与提升:会更加注重在专业教育中灵活运用革命精神的思想引领作用,通过教育引导和实践活动传承与践行革命精神,加深学生对革命文化精神内涵的深刻理解;要以党的理论创新史来把握马克思主义中国化的历程、以我们党的自身建设史来增强大学生的理想信念;要讲好党的自身建设历史,在百年奋斗史上,我们党形成了加强自身建设的丰富经验,在充分运用好丰富的影视文化资源的背景下,讲好中国共产党人的革命精神,用好用活革命文化资源,提高思政课建设水平。

除此之外,课程建设团队还将通过积极引导学生在导演创作中关注传统文化、优秀的红色文化,进一步加强德育教育,充分发挥影视艺术在"立德树人"中的独特价值,弘扬红色经典文化,讴歌新时代,让当代青年学生通过影视作品亲近党的历史、民族的历史,让红色基因鲜活起来,加强当代青年人对于红色经典文化的认同感与自信心。

自强不息的民族赞歌

——音乐鉴赏《黄河大合唱》课程思政案例设计

王　莹

一、教学背景

2018 年 9 月，习近平总书记在全国教育大会上的讲话中指出，"教育是民族振兴、社会进步的重要基石"，教师是人类灵魂的工程师，是人类文明的传承者，承载着传播知识、传播思想、传播真理，塑造灵魂、塑造生命、塑造新人的时代重任"。2020 年 12 月上海市印发了《关于推进上海高校课程思政教育教学改革的实施意见》，本课程顺应文件要求，立足研究制定《音乐鉴赏》课程的思政规划和实施方案，修订完善已有课件教案，将课程思政的要求体现到教学组织架构和具体实践体系中。

近几年我校的课程思政改革实践取得了丰硕成果，2017 年上海高职唯一课程思政教学成果特等奖，2018 年我校《思政教育融入专业实训课的"课中课"同向同行模式创新与实践》项目获得国家教学成果二等奖，其核心内容是"三寓三式"融合育人模式，该项目初步构建了学校专业课程思政改革的模式和标准。该课程作为该课题的子项目，运用该成果奖的"三寓三式"的教学法，课程内容上坚持显性教育和隐性教育相统一，挖掘专业课程中蕴含的思想政治教育资源，达到育德和育才并重，实现"全员全程全方位育人"的课程建设目标。课程教学中春风化雨、润物无声地融入思政元素，提升了教学的亲和力和教学质量，受到了学生的喜爱。

二、教学设计

1. 知识导入法

① 通过欣赏歌曲，引入课程主题，阐述中国抗日战争史，激发学生的爱国主义情操；

② 音乐基础知识导入：通过聆听、分析、对比、演唱主题旋律等方式，引导学生感受音乐要素，理解音乐内容，熟悉主题旋律；

③ 纯音乐与歌曲的差异性导入：通过聆听《保卫黄河》的合唱曲版与钢琴协奏曲版，感受相同的音乐旋律在不同方式演绎下呈现画面的差异性。

2. 思政元素

《黄河大合唱》诞生于延安时期，诞生于中华民族最艰苦的抗战相持阶段。它歌颂了中华民族誓死保卫国家不惜一切与日本侵略者抗争的伟大精神，用歌声证明了中华民族是打不垮的民族。黄河大合唱形象地表现了中国人民在抗日战争中的伟大力量，它反映的不是一条河的声音，也不是一个人的声音，而是全民族的怒吼，更是一个时代的号角。《保卫黄河》是《黄河大合唱》的第七乐章，是这部音乐史诗中影响最大、人们最熟悉的作品。该乐章贯穿着"保卫黄河，保卫华北，保卫全中国"的主题思想。通过学习激励学生不忘国耻，为实现中华民族伟大复兴而努力学习。

3. 教学策略与融入方法

① 先入为主，确立主题。

《保卫黄河》主题片段欣赏。教师弹奏保卫黄河音乐主题，通过聆听主题片段，引导学生感受音乐要素，吸引学生注意力，引导学生思考音乐的力度，节奏、情绪特点，由此引出本堂课的课题《保卫黄河》。

② 故事背景，娓娓道来。

结合中国共产党党史，介绍中国现代音乐史上的史诗性作品《黄河大合唱》的创作背景，融入"延安精神"。正是因为有"延安精神"，我们党才能够在极端困难的条件下不退缩、不低头，团结广大人民群众，以自力更生、艰苦奋斗的精神战胜困难，赢得光明。学生通过对音乐作品赏析，感受到老一辈音乐家对祖国的热爱和对中国革命必胜的信念。

③ 发挥主观能动性，让音乐形象化。

先聆听钢琴协奏曲《保卫黄河》，请同学们发挥想象力，将听到的纯音乐转化成画面、转化成故事；再结合合唱版的《保卫黄河》，分析两个版本在音乐表现上有何不同，有何相同。两个版本最大的不同处在于音乐的艺术形式，一个是无语言的，一个是有歌词描述，虽然旋律相同，但每个学生在没有歌曲辅助的情况下，主观上对音乐画面的感知和选择是不一样的，主观能动性在此刻起到了非常大的作用。

④ 唱响红歌，激发爱国热情。将学生分为两个小组，以轮唱的形式演唱《保卫黄河》，这个环节学生不仅了解轮唱及轮奏的特点，更是极大地激发了学生的课堂参与度，增强学生的主动性和获得感，激发了学生浓浓的爱国之情。

图 1　学生在课堂中表演小组唱

三、教学成效

1. 初步构建德育新模式：音乐对客观事物的表述具有超语言性，音乐能够表达人们无法用言语表达的东西，因此，利用音乐的这种非语义性特征，在音乐艺术教育中，运用音乐德育模式初见成效。课程挖掘凝练音乐中的德育成分，引导学生发现美、认识美、创造美，激发起学生对美的热爱与追求，让学生在接受音乐艺术教育的同时道德、情操、精神得到升华。课程在教学过程中还深化并推进学校的"三寓三式""五化五式"课程思政模式，充分提炼课程内容中蕴含的价值引领和家国情怀，并将其渗透于教学目标、教学内容、教学方法、教学资源之中，从而转化为社会主义核心价值观具体化、生动化的有效教学载体，内化于心，使得音乐艺术教育的效果更深刻有力、更富哲理性。

2. 开拓教学改革新策略、新方法：改变音乐鉴赏课程教学中老师讲学生赏的单一化教学模式，进行翻转课堂"角色互换"，增强学生的主动性和获得感。赏红歌改为唱红歌，将唱响红歌融入课堂教学内容，教学改革受到了学生的喜爱,课程思政收到良好的效果。

图 2　学生在课堂咏唱红歌

图 3　学生在课堂即兴表演舞蹈

3. 疫情期间,线上云端谱出音乐教育新篇章:依托网络学习空间和在线课程平台,利用各类优质教学资源,实施远程教学,方寸屏幕拉近师生的心灵距离,学生对这种全新的教学模式表现出了极大的热情。上课期间,教师通过提问、答题、发弹幕与学生进行互动,教师同时在网上布置作业、批改作业、组织答疑,让线上课堂生动又活泼、有序又有趣,教学成效显著。

四、教学反思

1. 思政融合应注重方式方法。强行将一些思政教育的内容嫁接到学科教学中,牵强附会,容易造成思政元素与学科知识"两张皮",效果会适得其反。设计教学时,相关思政理论吃不透、拿不准时,要研究学习相关书籍,一定要做到严谨贴切,不能模棱两可或以讹传讹。一堂课、一个教学环节到底融入多少思政元素合适?并非越多越好,运用恰当、适量,在紧要处起到画龙点睛的作用,才能达到理想的效果。融合方式应贵在自然,重在严谨,妙在点睛。

2. 践行课程思政理念,教师要先行。以集体备课、集体讨论等方式,把党史教育融入课程章节当中,教师要有意识地找到二者有机融合的教学方式方法。为此,教学团队进行了一系列有针对性的改革。挖掘优秀教学案例,完善现有课程教学大纲,在课程内容、教学组织、教学方法、实践教学等环节将课程思政元素融入学习任务中。鼓励教师探索课程思政多元化教学方法,依托在线课程建设网络平台,采用专题式、案例式等多种教学方法,潜移默化地将课程思政教学目标融于教学设计中。对于成效好、反响佳的典型教学案例,及时发掘和总结推广,为提升课程育人效果提供借鉴。

3. 加强教师培训,让任课教师加强党史理论学习。只有提高教师对课程思政的理解和认识,才能够在具体教学中做到学科知识性与育人性并重。积极鼓励团队教师参与课程思政相关教研活动,把课程思政理念落实到课堂教学中,变成教师日常教学的自觉行为,而不是仅仅做出一两堂展示课、示范课,另外,还需要通过建立科学合理的评价机制进行激励和引导,鼓励教师投入更多时间和精力研究课程思政。

五、案例总结

课程思政,不是"课程"加"思政",而是要实现"课程"与"思政"有机融合,变"加法"为"乘法"。授课教师自觉与知识传授与价值引领相结合原则,将党史教育体系与音乐知识教育体系相贯通,提高思政元素的融入量。从横向(时间线)与纵向(内容线)双向设计课堂内容,达到逻辑自洽和内涵的延展。作为一名高校老师,有责任让学生在学习过程中主动愉快地接受思政教育,让自己的课程既有"高度"又有"温度"。课程思政是首弘扬社会主义核心价值观的赞歌,也是人才培养的永恒旋律,我们专业老师要不断地自觉咏唱,这也是我们当代教师的使命和责任。

《二维动画创作项目实训》党史教学案例

陈思婕

一、教学背景

今年是建党 100 周年,回望"雄关漫道真如铁"的过去,瞭望"长风破浪会有时"的未来,党史学习教育是牢记初心使命、坚定理想信念、推进党的自我革命的必然要求。开展党史学习教育,是牢记初心使命的必然要求。在二维动画的课堂创作中,党史的融入是最好的教科书,《二维动画创作项目实训》是动画类课程体系中一门极其重要的理论结合实践的核心课程,目前该课程在 2018 年已经被评为上海市精品课程。本课程教学团队针对不同的教学对象和教学内容,在教学实践和教学改革过程中能够以人为本,因材施教,适时适当采用多种教学手段和技巧,将课程按照学习内容以情景教学的方式,每个情景将理论教学和实践教学相结合,运用多媒体教学、导入视频讲解、现场教学等多种手段,结合教学内容和动画制作流程实践,加入党史学习内容,紧扣岗位技能进行授课,对提高学生职业素养和学习主动性起到积极作用,同时培养了学生们的综合素质,树立正确的人生观,价值观。

二、教学设计

1. 思政元素

把党史融入课堂,在教学中融入党史案例,例如:中共一大,红船精神。1921年 7 月底,中国共产党第一次全国代表大会因法租界巡捕的袭扰,由上海转移到嘉兴南湖一艘画舫上继续举行并顺利闭幕,庄严宣告了中国共产党的诞生。这艘画舫因而获得了一个永载中国革命史册的名字——红船,成为中国革命源头的象征。中共一大形成的"红船精神"同井冈山精神、长征精神、延安精神、西柏坡精神等一道,伴随中国革命的光辉历程,共同构成我们党在前进道路上战胜各种困难和风险、不断夺取新胜利的强大精神力量和宝贵精神财富。

2. 教学策略与融入方式

（1）明确教学内容和知识点要求

首先掌握基础的动画剧本创作要求，明确剧本创作的理论和方法，培养动画剧本创作能力。认识动画特性、动画种类、动画功能，掌握动画剧本基本创作原理，方法和技巧。

（2）党史教学案例的引入

本次教学采用专题嵌入式，观摩影片《建党伟业》（如图 1）中共一大"红船精神"部分内容，让学生们了解历史事件，并将历史事件作为主题和创作灵感，嵌入动画剧本创作中。

图 1

（3）案例分析和制作要点分析

通过实际案例分析（如图 2），这个案例用 mg 动画的方式向观众介绍了从南湖起航的红船精神。

图 2

通过学习分析案例，让学生们对动画制作和内容有一个概念，使学生目标更加明确，并且可以参考一些有价值的创作方式结合自己的想法进行创作。

（4）创作实践

让学生们根据动画剧本创作。

图3　学生创作作品草图

3. 教学过程

从人才培养宏观目标和课程设置上推进思想政治教育,不断修订专业人才培养方案,深入挖掘各类课程的思想政治教育资源。与教学改革相结合,将专业知识与社会主义核心价值观教育、人文情怀教育相融合,有效开展课程思政教育模式。二维动画创作项目实训作为高职院校中的影视类专业,在课程思政教育中开始践行以下几种模式:

调动课堂教育主渠道,用鲜活的案例激活课堂,用真实的党史案例和动画创作结合,引导学生在学中做,做中学,例如"红船精神"主题创作,在《二维动画创作项目实训》课堂中结合中国共产党第一次全国代表大会因法租界巡捕的袭扰,由上海转移到嘉兴南湖一艘画舫上继续举行并顺利闭幕的历史事件,提炼中国革命源头的象征——红船为主题,制作关于中共一大以及红船精神的二维动画。让同学们在完成作品的同时了解到党史的内涵,学习"红船精神"同井冈山精神、长征精神、延安精神、西柏坡精神等,了解认识中国革命的光辉历程,我们党在前进道路上战胜各种困难和风险、不断夺取新胜利的强大精神力量和宝贵精神财富。

理论与实践充分结合,在作品创作中了解中国共产党简史,彰显社会正能量。在影视作品创作实践教学中,引导学生在海量信息中选择有价值的部分,创作正能量的作品。

三、教学成效

理论与实践充分结合,在创作过程中让学生更加深入地了解党史,读懂党史,运用辩证思维思考问题,激发学生的实践热情和爱国热情,亲身体会中国共产党建立不易,革命先辈百折不挠,不安于现状,不畏艰险、艰苦奋斗,鼓舞学生坚定共产主义理想和中国特色社会主义信念。

1. 激发学生们的创作热情

在剧本创作阶段,是二维动画的重要组成部分。以往的教学主要以学生自主创作为主,总会让学生感到缺少灵感和想法,缺乏创新意识,所以让学生以共产党史中的历史事件为基础改编,激发了学生们的创作热情并且明确了学生的创作目标。通过对历史事件的学习和探究,潜移默化地将革命精神入脑入心,激发学生学习党史的热情,从而热爱这门课程,同时树立正确的社会主义核心价值观。

2. 发扬学生们的革命精神

"红船精神"是鞭策学生坚定理想信念,脚踏实地,不怕艰难、坚韧不拔,勇于创新,不断进步的革命精神。让学生无论是在学习还是在今后的工作中,都不忘初心、牢记使命,不断推进建设中国特色社会主义的伟大事业。

四、教学反思

通过将党史内容"红船精神"引入本节课程实践教学中,通过综合运用知识关联,案例介绍,教师引导等多种融入方法,将开天辟地、敢为人先的首创精神;坚定理想、百折不挠的奋斗精神;立党为公、忠诚为民的奉献精神学习融入技能教学中,通过实践创作理论与实践充分结合,让学生在今后的人生中,面对新挑战、新机遇和新形势、新任务,坚持和发扬"红船精神",有敢于突破前人的勇气和智慧,自觉克服安于现状、不思进取的思想观念,坚持用创新的理论成果武装头脑,用创新的思想观念谋划工作,紧紧扭住发展不放松,与时俱进,开拓创新,不断推进建设中国特色社会主义的伟大事业。

寓史于课　润物无声

——《融合媒介实务》课程思政案例

朱晓妹

为深入贯彻落实习近平总书记关于教育的重要论述和全国教育大会精神，贯彻落实中共中央办公厅、国务院办公厅《关于深化新时代学校思想政治理论课改革创新的若干意见》，把思想政治教育贯穿人才培养体系，全面推进高校课程思政建设，发挥好每门课程的育人作用，提高高校人才培养质量，2020年6月，教育部印发了《高等学校课程思政建设指导纲要》。《纲要》要求，所有高校、所有课程及所有教师都必须参与到课程育人和课程思政改革当中，要紧紧抓住课程建设"主战场"，把党史学习教育有机融入专业课、创新创业教育课等课程中。

2020—2021学年第二学期，影视艺术系影视编导专业19级开设的《融合媒介实务》课程是在新闻采编实务等课程基础上对影视编导职业技能培养的深化。课程聚焦飞速发展的信息科技所带来的信息传播的全新格局，深入理解融媒新闻发展现状、问题及趋势。了解融合媒体时代，信息传播及媒体社会价值的全新格局。课程为影视编导专业的专业必修课，每周4学时，共64学时，4学分。

一、课程教学大纲设置：寓党史思政于课

《融合媒介实务》课程的基本要求是通过课程设置，将价值塑造、知识传授和能力培养三者融为一体，并在此基础上，全面推进课程思政建设，融史于课，寓价值观引导于知识传授和能力培养之中，帮助学生塑造正确的世界观、人生观、价值观。具体来说：

一是在综合理论体系上，要求学生通过课程学习，掌握媒介融合的概念、历史演变、特性、操作技巧、产业运营流程和产业发展前景等，尤其是融媒体概

念提出和历史的沿革发展,本身就与我党对传媒业的改革路径一路相随;

二是在实践技能掌握上,要求学生通过课程学习,能独立完成简单的融媒体运营:包括主题策划、融媒体表现形式运用、融媒体渠道的规划和融媒体数据挖掘分析等。其中,党领导下的主流媒体是融媒体运营和创新的主体,是很生动的教学案例;

三是人才综合素质培养上,要求学生通过课程学习,深刻体会习近平总书记的各种思维方法,并将各种思维方法结合到融媒体的运营中来,培养学生具备融媒体人系统化、灵活化、创新型的思维模式,树立严谨的工作态度和团队协作能力,培养融媒体工作者良好职业道德和社会责任。

二、课程计划设计:循序渐进润物无声

课程计划的教学设计是教师依据教育教学原理、教学艺术原理,为了达到教学目标,根据学生认知结构,对教学过程、教学内容、教学组织形式、教学方法和需要使用的教学手段进行的策略选择和规划过程。《高等学校课程思政建设指导纲要》中指出,党史入课程,课程思政的任务,是要解决"专业教育和思政教育'两张皮'问题。"要深入挖掘"课程和教学方式中蕴含的思想政治教育资源,让学生通过学习,掌握事物发展规律,通晓天下道理,丰富学识,增长见识,塑造品格"。这也是《融合媒介实务》课程在教学设计中需要解决的问题。

以问题为导向,结合《融合媒介实务》课程实际,本课程以"学习者为中心",寓思政于课程,于无声处塑品格为目标,贯彻影视艺术系的整体教学理念,融合专科职业学校特殊的教学方式,同时结合编导专业课程改革要求,在现有课时内,课程主要以引导学生自学、老师重点点拨的传授方式为主,在讲课的同时,通过精心的安排和设计来增强学生们的参与感,提高学生独立思考的能力。为此,课程倡导小组学习和验证式、工具利用式以及创作实践式等各种实验学习的方式,帮助学生提升媒介素养和技能,将课程学习从专业学习上升到研究能力培养和职业生涯规划上,成为能够快速适应和积极利用新媒体的专业化和复合型人才。

在课程计划设计的具体做法上,运用了"知识教授式""分享交流式""实践体验式"三"式"方法,三式层层递进,全方位融合。其中:

163

"知识教授式"是基础,通过融思政于融合媒介系统知识的讲授,寓道于课;

"分享交流式"是理论联系实际的深化,通过"引进来""案例分享"等方式,将生动鲜活的案例带入课堂,通过案例分享、业界专家现身说法等方式,潜移默化中,培养学生爱党、爱国、爱社会主义、爱人民、爱集体的品质,提高学生政治站位,增强学生"四个自信",进一步明确使命担当,给予学生政治认同感、家国情怀感,在提高文化素养的同时,培养道德修养,深化理想信念;

"实践体验式"是技能实训提升,通过主流媒体运营模式的模仿,自己做媒体,体会党领导下主流媒体的在融媒体发展历史进程筚路蓝缕砥砺前行的改革精神,在现实运用中的披荆斩棘、勇往直前的创新精神,从而深化职业理想和职业道德教育。教育引导学生深刻理解并自觉实践融媒体行业的职业精神和职业规范,增强职业责任感,培养遵纪守法、爱岗敬业、无私奉献、诚实守信、公道办事、开拓创新的职业品格和行为习惯。

三、案例列举

1. 知识教授,寓道于课

在 2019 年第 6 期的《求是》杂志上,习近平总书记发表了《加快推动媒体融合发展构建全媒体传播格局》的主题文章,这里面提到"这是主流媒体的历史机遇……全媒体不断发展,出现了全程媒体、全息媒体、全员媒体、全效媒体,信息无处不在、无所不及、无人不用,导致舆论生态、媒体格局、传播方式发生深刻变化,新闻舆论工作面临新的挑战。"这是融媒体概念中,最全面和最贴合融媒体改革发展的一个概念,这个概念,用"四全"(全程媒体、全息媒体、全员媒体、全效媒体)和"三无"(信息无处不在、无所不及、无人不用)高度凝练、精准地将融媒体的表现和传播特征概括描绘得淋漓尽致。

课程从这个概念入手,结合新华网、人民网等客户端媒体内容表现形式,给学生教授融媒体的概念、生态系统和融媒体思维模式,将思政教育自然融入课程内容中。

2. 案例分享,深入认同

内容不自然和衔接不自然是"课程思政"在教学实践中的碰到的两个棘手的问题。思政和课程"两张皮",为思政而思政,衔接生硬是经常遇到的问题。

为解决这个问题,本课程试图将政史案例融入知识要点中,尽量不着痕迹,于无声处达到知识、思想、情感的深入认同。

融媒体策划是《融合媒介实务》课程中的重要模块,是指对融媒体的前期设计和规划,主要包括对选题、报道角度、呈现形式、传播方式等要素的统筹谋划。融媒体策划的基本思路是"人无我有,人有我优,人优我特,人特我专",其分别对应的策划理念是独家性、创新性、独特性、专业性。其中,媒体融合时代的策划,其核心命题是实现双重对接——内容与形式的对接、信息与流量的对接。只有通过大量的鲜活实际的案例,才能讲述清楚这一系列知识要点。在讲述信息与流量对接的知识要点时,课程引用了人民日报官网的案例。

2017 年八一建军节期间,人民日报官网为庆祝建军 90 周年,改变了传统的信息传播形式,制作了 H5 新闻《快看呐! 这是我的军装照》,该新闻内容具有较强的消费性、趣味性、可移植性,在当时达到了页面总浏览量(PV)超过 2 亿,独立访客(UV)累计 3832 万的效果。课程通过讲述这个案例,让同学亲手操作,亲身体会案例,在深化理解知识要点的同时,感受党的主流媒体在融媒体改革创新中的作为,感受在融媒体时代,传统新闻内容的多种表达方式和叙事手法。

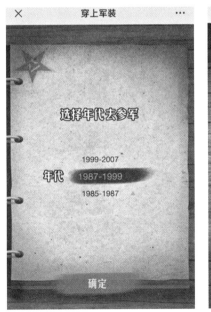

H5 新闻《快看呐! 这是我的军装照》

四、教学反思：被动思政到主动思政的求索

在党史入课程的思政主题教学中，第一个需要解决的问题是内容和衔接的自然问题，在这个问题上，课程通过"知识教授式""分享交流式""实践体验式"等方式，融思政元素于课程，循序渐进，润物无声，可以有路径可循。但是还有一个问题亟待解决，就是变被动接受到主动接纳，并内化成个人素养的一部分的问题。

老师通过不管是通过知识讲授，还是实践指导，能做到的是单向的传播，即我"传"你"受"。但是，要把理念深植入心，是一个从同化到顺应再到内化，是一个从量变到质变的过程，也是一个从被动接受到主动消化，从而再传播的过程。这个过程，教师如何引领、如何指导，将是下一阶段课程反思改进的问题。

对话红色经典　致敬峥嵘百年

——党史教育融入电视栏目编导课程思政育人案例

孙蔚青

一直以来,中国共产党的历史都是一部丰富生动的教科书,用个性鲜亮的课程内容给学生以思想启迪,用层次丰富的课程板块与历史对话,从而激活和传承红色基因,从党的精神谱系中汲取营养、汲取智慧、汲取力量,继而结合党史学习教育内容,从党的百年历史中追根溯源,打造有内容、有温度的课堂,形成课程思政建设的实践创新成果,是影视编导类课程不断追求与探索的。

一、教学背景

教育的根本任务在于立德树人,高校各个学科都要担负起立德树人的重要使命。党的十八大提出把立德树人作为教育的根本任务,党的十九大报告又进一步强调全面贯彻党的教育方针,落实立德树人根本任务,可见立德树人是高校的立身之本,是高校工作的中心环节,是高校加强和改进思想政治工作的核心目标。而课程思政旨在挖掘各类课程蕴含的思政元素来建立有机的课程体系,从而形成全员、全方位、全过程的思想政治教育育人体系,全面实现立德树人根本任务。今年恰逢中国共产党百年华诞,将党史教育引入课堂,结合课程思政以"小切口"讲"大变迁",不断提升育人成效。

《电视栏目编导》课程通常以理论＋实践相结合的方式进行授课,通过本课程系统的理论学习与实践训练,使学生熟练掌握电视栏目制作的流程,将理论知识与具体案例分析和实践操作相结合,帮助其能在影视制作部门从事编导的相关工作,通过讲解与实践操作训练,使学生达到编导岗位的职业技能要求,使学生同时掌握采、编、播等编导技巧,为学生深入学习影视创作和走上工作岗位打下坚实的基础。

167

二、教学设计

(一) 思政元素

一直以来,红色文化的发掘是影视艺术创作领域常盛不衰的一个主题。红色文化是由中国共产党领导中国人民在革命、建设、改革进程中创造的以马克思主义中国化为核心的、蕴含丰富的革命精神和厚重的历史文化内涵的先进文化,其在中国革命和建设的各个时期都发挥了难以估量的作用。

《电视栏目编导》课程秉持优秀影视艺术的价值观引领作用,以"专题嵌入式"等手段的运用,注重把红色基因中积极向上的精神力量以鲜活、多元的方式传递给青年学生。课程教授中注重从中国共产党诞生地上海的本土经典革命历史故事、红色革命老区、"红船精神"故事等方面入手,引导学生挖掘以艺术形式呈现出多维视角的表达与弘扬。

(二) 教学策略与融入方式

1. 实地拍摄实践　感受革命历史

在进行课程"专题栏目"创作环节,曾带领学生走进革命老区延安,进行红色基因的挖掘与探索,拍摄"岁月影像志"系列节目短片,"零距离"感受延安老区的革命历史。

《电视栏目编导》课程走进革命老区·人物采访

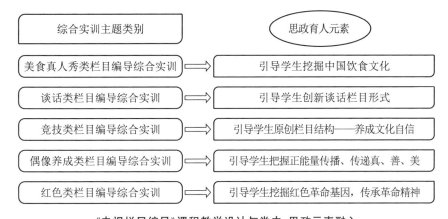

《电视栏目编导》课程教学设计与党史、思政元素融入

2. 专题案例制作　赓续红色基因

1921 年 7 月,正在上海召开的中共一大因遭到上海法租界巡捕袭扰,紧急转移到浙江嘉兴南湖一条小船上继续进行。那一天,代表们用 7 个小时讨论通过了中共第一个纲领和第一份决议,选举产生了中国共产党第一届中央局,在红船上完成了大会全部议程。一叶红船,见证了中国历史上开天辟地的大事变,成为中国革命源头的象征。从此,中国共产党引领革命的航船,劈波斩浪。

在《电视栏目编导》的营销策划阶段,秉持寓教于道的理念,积极引导学生以 H5 动画创作的形式,学习"红船精神"的历史内涵和价值意义。

学生通过制作 H5 学习"红船精神"

3. 对话经典作品　致敬百年征程

中国电影作为学习党史最生动、最形象、最感人的视听教材,始终是中国革命和建设的见证者、参与者、记录者、推动者和传播者,在《电视栏目编导》课程中,通过"跟着电影学党史"板块,为学生们打造党史学习教育平台,让红色电影成为党史学习教育的生动教材,引导学生学史明理、学史增信、学史崇德、学史力行,从红色影片中汲取精神力量,以昂扬姿态奋力开启全面建设社会主义现代化国家新征程。

学生观看红色革命电影以及小组路演学习

（三）教学过程

课程的建设目标是充分发挥红色文化在影视编导创作领域的独特作用，在专职培养适应现代文化时代发展具备影视编导业务能力的同时，又能够关注、观照中华民族传统文化，尤其是红色文化的发掘与创作，能够以崭新的形式编剧、创作、呈现红色经典作品，讲好中国故事，传播红色文化精神，具备一定文化素养和动手能力以及能够吃苦耐劳的学生，因而在教学的过程中，一是积极借鉴隐性教育的理念、原则和方法，在《电视栏目编导》专业课程的教学中以"潜移默化""润物无声"的方式，将习近平新时代中国特色社会主义思想和社会主义核心价值观融入课程内容中，从而在不经意中达到思政教育的目的；二是通过优秀的影视作品帮助学生坚定理想信念和爱国主义情怀，注意把个人命运与国家命运相联系，把个人理想融入民族梦想，从而让思政教育在专业教育中自然生发；三是注重时政与社会文化的关联，结合课程内容分析社会热点，将社会文化与信息传播塑造社会共同体的公共职能贯穿在课堂中，阐明它们在国家政治、经济、社会文化的稳定和进步中发挥的重大意义，提升同学们的政治意识和专业认同，激发人文与传播学子的公民素养和专业使命感；四是积极引导学生发现生活中的真、善、美，弘扬中华优秀的传统文化，用艺术创作的方式传播社会正能量，鼓励学生用最平易的方式将这个时代普通人对真善美的追求和艺术手法的创新有机结合在一起。

三、教学成效

通过《电视栏目编导》课程的教授与学习，积极将党史以及思政元素融入课堂，让学生在寓教于乐的氛围中探索珍贵的红色精神的内涵。

效果一：学生在日常的影视自由创作中开始有意识地关注中国的传统文化的发掘，例如中国传统古诗词、红色革命老区文化以及红色戏剧作品；

效果二：指导学生创作的红色老区题材的影像短片项目荣获第四届中国"互联网＋"大学生创新创业大赛上海赛区铜奖，2018年暑期带领学生赴革命老区延安进行创作采风与调研，荣获校2018暑期社会实践优秀项目以及优秀指导教师；2019年聚焦红色革命历史的VR项目荣获第五届中国"互联网＋"大学生创新创业大赛上海赛区铜奖；2020年指导学生项目在第六届中国"互联网＋"大学生创新创业大赛"青年红色筑梦之旅"赛道获得上海赛区金奖（见下图）。

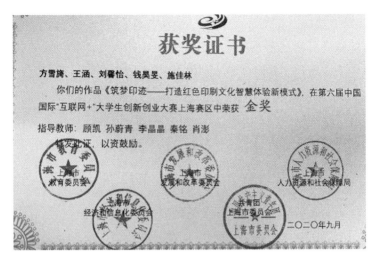

获奖证书

四、教学反思

在未来的授课中,将会从以下几个方面进行改进与提升:会更加注重在专业教育中灵活运用革命精神的思想引领作用,通过教育引导和实践活动传承与践行革命精神,加深学生对革命文化精神内涵的深刻理解;要以党的理论创新史来把握马克思主义中国化的历程、以我们党的自身建设史来增强大学生的理想信念;要讲好党的自身建设历史,在百年奋斗史上,我们党形成了加强自身建设的丰富经验,在充分运用好丰富的影视文化资源的背景下,讲好中国共产党人的革命精神,用好用活革命文化资源,提高思政课建设水平。

电影艺术课程思政案例

——电影《八佰》解读

冯和平

一、教学目的

观电影回顾 100 的光辉事迹,激发共产党员的先锋模范作用

二、教学背景

建党百年之际,为深入贯彻落实习近平总书记关于教育的重要论述,特别是在学校思想政治理论课教师座谈会上的重要讲话精神,坚持不懈地用习近平新时代中国特色社会主义思想铸魂育人。电影以自我陈述的方式采访老一辈对"入党""党员"等的理解,将爱国主义等思政元素融入其中,向观众展现一代又一代人坚守入党初心,为祖国的繁荣富强接续奋斗,以此来激励广大青年要勇挑重担,在奋斗中释放青春激情、追逐青春理想,努力成为担当民族复兴大任的时代新人。

《中国共产党章程》第一章第六条规定:"预备党员必须面向党旗进行入党宣誓。誓词如下:我志愿加入中国共产党,拥护党的纲领,遵守党的章程,履行党员义务,执行党的决定,严守党的纪律,保守党的秘密,对党忠诚,积极工作,为共产主义奋斗终身,随时准备为党和人民牺牲一切,永不叛党。"中国共产党成立后,在党的一大和二大上,分别通过了《中国共产党纲领》和《中国共产党章程》。《纲领》和《章程》都对党员的言行提出了较为明确的要求,并在以后召开的党的代表大会上,对党章不断进行了修改,从而对党员的要求做了进一步的完善。红军时代,入党誓词已经比较规范,抗日战争时期、解放战争时期、建国初期入党誓词几经修改。1982 年 9 月召开的党的十二大首次把入党誓词作为一条写进了党章。把入党誓词写进党章,这是中国共产党历史上的第一次。党的十三大、十四大、十五大、十六大通过的党章都重申了这一条。

三、教学设计

结合电影按章节重温党章

（一）入党誓词

1. 了解中国共产党各时期的入党誓词。

2. 中国共产党的入党誓词共分为 5 个时期——红军时期：严守秘密，服从纪律，牺牲个人，阶级斗争，努力革命，永不叛党。抗日战争时期：我志愿加入中国共产党，坚持执行党的纪律，不怕困难，不怕牺牲，为共产主义事业奋斗到底。解放战争时期：我志愿加入中国共产党，作如下宣誓：一、终身为共产主义事业奋斗。二、党的利益高于一切。三、遵守党的纪律。四、不怕困难，永远为党工作。五、要做群众的模范。六、要保守党的秘密。七、对党有信心。八、百折不挠永不叛党。新中国成立初期：我志愿加入中国共产党，承认党纲党章，执行党的决议，遵守党的纪律，保守党的秘密，随时准备牺牲个人的一切，为全人类彻底解放奋斗终身。十二大以后：我志愿加入中国共产党，拥护党的纲领，遵守党的章程，履行党员义务，执行党的决定，严守党的纪律，保守党的秘密，对党忠诚，积极工作，为共产主义奋斗终身，随时准备为党和人民牺牲一切，永不叛党。

（二）党章重温学习

党章是衡量党的发展程度的一个重要标尺，一个党从幼稚逐渐走向成熟，鲜明地体现在党章的修改和完善上，只有成熟的党才能制定成熟的党章。

四、思政元素

电影取材 1937 年淞沪会战期间，讲述了史称"八百壮士"的中国国民革命军，第三战区 88 师 524 团的一个加强营固守苏州河畔的四行仓库阻击日军的故事。"太好哭了"是很多人观影后的真实感受。彼时，中国军队均已撤离上海，88 师死守上海四行仓库，成为淞沪会战的最后一役。留守到最后关头的"八佰壮士"，有只会种地的农民，心心念念想着家乡的晚稻快要收了，有不过十来岁的少年，怀着满心好奇"就想看一眼上海长什么样"，还有在国与家之间

四行仓库现照

忍痛割舍的军官。他们原本都是有血有热的普通人，面对战火纷飞，同胞转眼即逝，有的更多的是恐惧、悲痛。因为民族大义、因为国破山河、因为身上流淌的中国血液，他们组成一支末日孤军，从此丈夫许国，一往无前。身前是信誓旦旦扬言3小时内拿下四行仓库的日军，身后是歌舞升平处处温柔乡的上海租界，一方地狱一方天堂，他们曾是生活里的小人物，亦是如今的民族大英雄。

五、教学策略与融入方式

《八佰》从某种角度深层次揭秘了中国绵亘五千年之久的秘密——民族信仰。关于民族信仰，中华民族向来是不缺的，面对战争屈辱是如此，面对来势汹汹的疫情更是如此。无论是过去，还是现在，甚至在未来也可预见，民族信仰将会永远流淌在每个中国人的血液里。我们都是被英烈保护的孩子！身为教育者背负着中国未来的使命感，为教育而生，为中国而教育始终是每一个艺术人的职责所在。"这些民众，也会作为种子去叫醒更多人。"如今我们眼前的盛世太平是英雄以命相许换来的，我们是"种子"，除了要铭记历史，更要肩负起兴旺祖国的责任。自古落后就要挨打，唯有祖国日益强盛，一切才有意义。下一代"种子们"要做好充分准备，开始为"中华崛起而读书"了！

少年强，则国强！历史不可辜负！

《影视鉴赏》党史教育案例

杨 鑫

一、教学背景

2021年是中国共产党成立100周年,也是"十四五"开局之年,必将在中国历史上留下浓墨重彩的标注。开启历史新征程,朝着第二个百年奋斗目标进军,这是建党百年来前所未有的重要关口。站在"两个一百年"奋斗目标的历史交汇点上,我们版专人既要充满信心,也要居安思危。要胸怀中华民族伟大复兴战略全局和世界百年未有之大变局,牢牢把握"国之大者",锚定党中央擘画的宏伟蓝图,观大势、谋全局、抓大事,坚持底线思维,保持战略定力,勇于担当作为,增强斗争精神,认真做好各项工作,以优异成绩庆祝中国共产党成立100周年!

本次教学内容是影视制作专业的专业必修课程《影视鉴赏》中的一部分,本次教学希望学生通过对影片《建党伟业》的赏析,了解该电影作品的演绎方式和分镜头设计等,并要求能够对电影作品的各个元素构成,比如画面、音乐、人物、剧情等有清楚和深刻的认识和理解,最后,用评论、对比等专业方式阐述自己对该电影作品的理解,将党史学习融入影视鉴赏这门课程的教学工作中,带领学生详细分析《建党伟业》这部影片的剧本结构、镜头语言、拍摄手法,学生在学习专业知识的同时,也了解了我们党建立的艰辛历程,从而达到寓教于乐的学习效果。

二、教学设计

1. 思政元素

我们课程思政的教学第一位任务就是要加强思想理论武装,在人心人脑上下深功夫、细功夫,将党的创新理论学习融入课堂教学、校园文化等各领域,引导广大师生增强"四个意识"、坚定"四个自信"、做到"两个维护",不断提高政治判断力、政治领悟力、政治执行力。

在"课程思政"理念的指导下,围绕"立德树人"的根本任务,将影视鉴赏与思政教育相结合,可以在教学内容上达到一科多教的目的,提升教学效果。本次教学内容是影视制作专业的专业必修课程《影视鉴赏》中的一部分,本次教学希望学生通过对影片《建党伟业》的赏析,了解该电影作品的演绎方式和分镜头设计等,并要求能够对电影作品的各个元素构成,比如画面、音乐、人物、剧情等有清楚和深刻的认识和理解,最后,用评论、对比等专业方式阐述自己对该电影作品的理解,将党史学习融入影视鉴赏这门课程的教学工作中,带领学生详细分析《建党伟业》这部影片的剧本结构、镜头语言、拍摄手法,学生在学习专业知识的同时,也了解了我们党建立的艰辛历程,从而达到寓教于乐的学习效果。

2. 教学策略与融入方式

主要策略:结合影片的叙事结构和影像符号,分析《建党伟业》的意识形态,挖掘德育点。

归根结底,此片内在上有一核心之矛盾对立,其实也是我党内心之最大矛盾对立。即,我们以暴力与革命而建立政权,对于这段过去,必须承认其合法性与合理性,即暴力与革命之合法性与合理性;然而,我党如今已经是一执政党,对于现在,必须强调和平与稳定的合法性与合理性。于是,在历史与现实之间、在革命与稳定之间,产生了一组二元对立,此二元对立的难以调和性,导致了我们对于历史叙述的难以进行,因为我们的历史反对我们的现实,我们的现实驳斥我们的历史。

具体来说,这部电影在最大程度上突出了当时中国时局之艰难,以及我党领袖之英明。然而与此同时,又最大程度地消解革命和暴力之意义,尤其是对于学生运动以一种非褒义的表现方式来展现,突出了学生运动中非理性的一面,以及早期革命越革越乱,对革命态度需要谨慎的意识形态。

一言以蔽之,本片协调此二元对立的方法是,将我党与革命进行了一次割裂(这也许是相关主旋律电影的一次极大胆的创新),即强调我党革命正确性的同时,否定革命的必要性。具体而言,本片是如何做到这一点的呢? 答案是运用了"两次革命之对比"。

3. 教学过程

教学过程中我们首先进行组织学生通过对影片《建党伟业》进行赏析,在赏析过程中了解该电影作品的演绎方式和分镜头设计等,并要求能够对电影作品的各个元素构成,比如画面、音乐、人物、剧情等有清楚和深刻的认识和理解,然后展开小组讨论,用评论、对比等专业方式阐述自己对该电影作品的理解。

通过以上教学过程,我们将党史学习融入影视鉴赏这门课程的教学工作中,带领学生详细分析《建党伟业》这部影片的剧本结构、镜头语言、拍摄手法,学生在学习专业知识的同时,也了解了我们党建立的艰辛历程,从而达到寓教于乐的学习效果。

三、教学成效

1. 深入理解电影的演绎手法

学生通过对影片《建党伟业》的赏析,了解该电影作品的演绎方式和分镜头设计等,并要求能够对电影作品的各个元素构成,比如画面、音乐、人物、剧情等有清楚和深刻的认识和理解。

2. 激发学生爱国主义情怀

通过深度解读电影,把每个镜头的内容、场面调度、运镜方式、景别、剪辑、声音、画面、节奏、表演、机位等都纪录下来,最后总结一下。书读百遍,其义自见。看电影亦然。拉片就是抽丝剥茧地读电影。同时大家通过学习重温了党史、新中国史、改革开放史、社会主义发展史。了解回顾了党的伟大征程,进一步激发了学生爱党爱国热情和爱国主义精神。

四、教学反思

电影鉴赏结束,我内心的触动却久久不能平息。我认为作为学生,在回首历史时,我们不应执着于对侵略者的耻辱、痛恨或对革命者的崇拜、赞美,而是应该在历史中学会反思,以史为鉴,立足当下。学习革命先烈的爱国热情与大无畏的牺牲精神,鞭策自身努力学习,不断进步,为中国在世界舞台上地位的提高做出属于自己的贡献。天下兴亡,匹夫有责。少年志则国志,少年强则国强,为了祖国,我甘愿做一只毅然扑火的飞蛾,怀抱着坚定的信念理想,毫不犹豫,勇往直前。

进入新时代,高校作为为党育人、为国育才的重要阵地,要深刻领悟党在百年奋斗历程中对历史发展规律和大势的科学把握,贯彻新发展理念,发挥学科门类齐全、各类人才聚集、基础研究厚实等独特优势,瞄准世界科技前沿,服务国家实现关键核心技术自主可控,牢牢掌握自主创新主动权,为科技自立自强、培养高层次创新人才作出应有贡献。

在未来的课堂我们将继续开发系列富有特色的爱国文化活动,准备为大家不定期带来一些经典红色影片如《建国大业》《冰山上的来客》等的赏析,将红色基因传播、传统文化贯穿到课堂教育中,增强大家的精神力量,深入推进全民爱国的活动中去。

透过《建党伟业》,全体学生再一次认识到,在当时的历史背景下,不论是什么党派,不论是什么制度,都救不了中国。在那个时代,仁人志士们在黑暗中探索与思考,最终他们发现,能够救中国的,唯有中国共产党!

《歌声献给党》

——《声乐作品表现》课程思政案例

邢　潞

一、教学背景

2021 年是中国共产党成立 100 周年，以史为鉴，大力发扬红色传统、传承红色基因，赓续共产党人精神血脉，鼓起迈进新征程、奋进新时代的精气神。以优异成绩迎接建党一百周年。

二、教学设计

本课程属于影视表演专业中的基础课程，旨在通过对声乐作品的分析与表现，学习声乐作品的表演方法，完成对声乐艺术作品的艺术呈现。这门课程以具体的声乐作品为依据，以不同情况的学生为主体，以科学合理的方法为手段，启发学生个性化的潜能，引导学生在声乐方面得到最大限度的开发和成长，为影视表演综合能力的全面提高服务，同时使学生能在歌手、影视戏剧角色、影视、娱乐、节目主持人、公众人物等职业方面进行有效的能力拓展。《声乐作品表现》这门课，要求学生具有基本的音准和节奏能力，具备基本的乐感，最好具有一定的乐理和视唱练耳基础知识，并具有丰富的想象力和创造性思维，通过学习准确分析和把握声乐作品的思想内涵、音乐特点，能够较为熟练地运用相应的专业技巧，准确地表达声乐作品。本课程任务在于继续进行歌唱基本状态训练的前提下，侧重声乐作品的分析、理解和表现。并引导学生根据每人自身的声音和表现力特点，适当追求作品表现风格的个性化。

将"课程思政"融入声乐教育是在新的教育教学观念下提出的顺应时代发展的新型教学实践，声乐课作为高校音乐专业的必修课，应坚持德育为先的教育理念，将"课程思政"贯穿于声乐课程的每个环节，从教学内容、教学过程等方面进行深入研究和探索。

高校的声乐教育目标是在新的教育教学观念下提出的,通过"唱""表""讲""研""导""德"顺应时代发展,它们之间存在着相互补充、相互促进、相互作用、辩证统一的关系,不仅关注声乐演唱技能的传授,而且注重学生作为未来音乐教育工作者所需要的音乐表演与表现能力、审美创新能力、教育教学能力、科学研究能力等综合能力的培养。尝试将思想政治教育及素质教育理念贯穿于声乐教学中,探究声乐课程思政的新路径,提出在教授声乐专业理论知识的同时,要注重技能性、艺术性的培养,进而提高人格修养,促进学生全面发展。

(一)"课程思政"理念下红色经典歌曲在高校声乐教学中的应用

在"课程思政"的理念下,在高校的声乐教学中向学生教授红色经典歌曲,有利于大学生了解我们民族的革命历程,陶冶大学生的情操,激励大学生奋发图强。

在20世纪中国新音乐发展历程中,"红色经典音乐"是中国传统音乐文化的继承与发展,红色经典音乐包括了各地最具代表的山歌、小调、劳动号子,以及各种说唱音乐、戏曲音乐等,而这些几乎都是广大人民群众精神生活与现实生活的真实写照。同时,在"红色经典音乐"不断发展的过程中,有众多的音乐工作者们自觉学习民族民间音乐,并以研究这类音乐为己任,他们深入生活、体验生活,将民族民间优秀的音乐元素与自身的音乐创作结合在一起,呈现出一批又一批优秀的红色经典音乐作品。如新中国成立后创作的歌曲《歌唱祖国》《让我们荡起双桨》《革命人永远是年轻》《我爱你中国》等;芭蕾舞剧《红色娘子军》《白毛女》等;大型声乐套曲《长征组歌》等;管弦乐《春节序曲》和交响序曲《红旗颂》等。在声乐课堂上选取优秀的、反映时代主旋律的作品,积极引导学生向主流价值观靠拢,借助歌曲的力量,培养学生的爱国情怀、家国理念,增强学生的社会责任感和文化自信,塑造其高尚的人文精神。

在总结与归纳近一个世纪以来红色经典音乐,包括了红色经典音乐发展历史概述、有关中国共产党在各个历史时期的文艺思想、红色经典音乐在各个时期的创作与作品、红色经典音乐家以及当代红色经典研究成果五个部分。在授课上,该课程从红色经典音乐作品以及具有代表性的音乐家入手,重点选取了近一个世纪以来最能代表红色经典音乐的各类音乐作品、作曲家、表演艺术家以及理论家,同时努力将中国共产党在各个时期的文艺思想与理论进行了一定的梳理,力图全面展现红色经典音乐。

在课程思政的统领下,不仅要检验专业课的技能目标是否达到,还要检验思政目标是否达到。红色经典歌曲蕴含着丰富的内容,意义深远,展示了伟大的民族精神和革命文化,对于我们来说意义非凡。

(二)采取循序渐进的"课程思政"声乐教学模式

在声乐教学中,一般坚持"三步走"策略。第一步,以中声区为基础,掌握发声的基本方法,调节和锻炼肌肉,以适应歌唱技术需要。第二步,在中声区的基础上,适当扩展音域,更加强调气息和共鸣的强度,但不可急于求成,特别在中间声音向高音区发展的过程中,更需要谨慎。第三步,在比较稳定的基础上加强音量、音高的训练,形成有明显声部特点的音域和音色,然后接触比较难的曲目。

荣誉感、责任感等的培养要贯穿在发声练习、基础歌唱、声乐表演的训练过程中,并在合适的时候给学生介绍为声乐事业作出贡献的歌唱家、声乐教育家的动人事迹,培养学生学习的恒心和毅力,加强他们的思想道德教育。

只要有了事业成功的思想保障,加上科学的训练方法及学生的辛勤积累,学生的音乐修养和审美才能逐步提高。音乐素养的提高是一个长期过程,需要学生掌握大量的音乐知识,一个缺乏音乐素养的人是不可能发出优美的声音,也不可能完美诠释歌曲内涵的。

培育和弘扬社会主义核心价值观,是新时期赋予高校立德树人的新要求、新任务。因此,我们要将学生培养成真正的艺术家,首先是教育他们如何做人,如何做一个品格高尚、思想深刻的人,并将这些理念贯穿于实际的教学中,在声乐教育实践中不断深化、完善。

三、教学成效

"声乐教育包括声乐技能教育,但不能归结为声乐技能教育。声乐教育说到底是人的精神文明教育,或者简单来说,是修养的教育,是灵魂的教育,是做人的教育。"将"课程思政"融入声乐教学中,是从单纯的"育才"转变为"育人",是观念的蜕变,能够使学生在获得声乐文化知识技能的同时,多方面素质、能力、观念、人格得到全面和谐发展。此教育目标的提出对更新高校声乐教育教学理念、拓展声乐教育目标、深化高校声乐教育教学本质内涵、提高声乐教育质量、提升声乐人才培养质量具有重要作用。

四、教学反思

音乐艺术课程中蕴含的思政元素有利于学生心灵的净化、情操的培养与审美的提高,进而帮助学生树立正确的世界观、人生观与价值观。声乐课程开展课程思政,有利于通过声乐作品的表现力激发学生对真善美的追求。声乐课程是学生的必修课,将课程思政的理念融入其教学中,能够使学生在提高音乐技能的同时,进一步提高对美的感受力、表现力和创造力,提升自己的思想道德水平。

第四部分　课程思政教学案例

《广告案例设计》课程思政

程 红

课程思政是高校进行教学改革的重要途径。进行课程思政相关教学改革,须根据各专业的特点,将课程思政恰切地融入其中。

一、对《广告案例设计》进行课程思政的必要性

广告,意为广而告之。从远古时期的结绳记事到现代广告的精彩纷呈,广告本身承载着信息传递的功能。广义广告是以一定形式的媒体(传统的形式有口头、报纸、书刊;现代的形式有电视、网络等),向大众传递某类消息的方法;狭义广告仅仅指商业广告,针对广大消费者,有计划地传递商品或信息,目的是为销售商品。

广告设计是随着广告行业的日趋发展而衍生出来的行业,就其本身的艺术特点而言,可以将其归为艺术门类;但就其商业属性而言,其意在突出商品的某种功能,最终目的是进行商品的销售,因而其更多的是实用与审美一体。当下,随着互联网对人们日常生活的不断介入,广告的大众媒介属性日趋凸显,广告设计也不仅仅是信息传播的载体,更是服务于人们精神物质发展的重要工具。基于此,《广告案例设计》课程在培养学生专业素养的同时,不仅仅需要关注学生对相关理论及技能的掌握,也需重视对学生广告设计的相关伦理道德及职业素养的培养。

二、《广告案例设计》的课程思政元素

(一) 以生动的案例讲解职业伦理的诸多面向

在互联网发达的今日,广告其本身的大众媒介属性被无限扩大,一些负面的东西也会随之进入人们的视野。从摄影师陈漫在《迪奥与艺术》上所展现的《中国十二色》,到清华美院的眯眯眼事件,广告中的国人形象无不向着"审丑"

抑或西方"凝视"下的形态发展，广告从业者的职业伦理堪忧。因此在教学中需要结合时事，将这些职业伦理方面的内容以案例的形式讲解给学生。职业伦理主要包括以下几个方面：

1. 广告设计者要维护民族利益

在第一章的"广告设计概论"，以清华美院的"眯眯眼"走秀及陈漫为迪奥拍摄的广告为例，谈当下广告人的"审丑"趋向。这一趋向的本质在于通过丑化国人的形象，迎合西方人关于华人形象的刻板印象。广告从业者在对内外信息传递的过程中，没有从民族利益的角度出发，倡导一种积极向上的国人形象，从而在对外传播中占据高地。

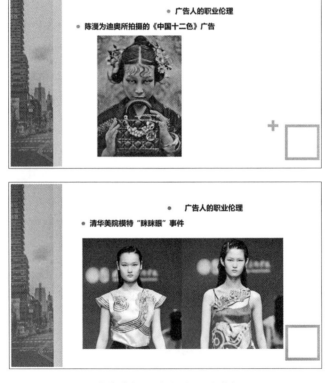

《广告案例设计》课程思政举例

2. 广告设计者要倡导良好的社会风气

伦理是人们认识道德生活，认识人与人之间关系的一种方式。圣吉（Peler M. Serge）教授指出："人类追求的远景超出个人的利益，便会产生一股强大的力量,远非追求狭窄目标所能及。"在互联网时代,广告的信息纷繁复杂,身处这样一种信息过载的环境,广告设计者要有一种忧患意识,有对自身生存以及发展的命运关心。广告设计者要在广告活动中传递何者为应当做的,何者为不能做的,从而通过传递正向的信息,倡导一种良好的社会风气。如在广告案例设计概论一章,通过对非商业广告的公益性的讲解,谈广告设计者的职业伦理。

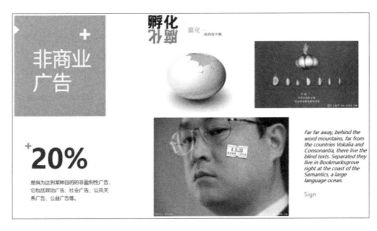

《广告案例设计》课程思政举例

3. 广告设计者要发挥广告的教育功能

广告伦理的教育功能是指广告伦理通过评价、激励等方式,造成社会舆论,形成社会风尚,树立道德榜样,塑造理想的道德人格,提高广告活动的道德

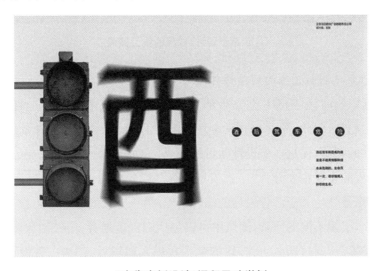

《广告案例设计》课程思政举例

观念、道德境界和道德行为。在"广告设计基础"一章,通过对一些经典广告案例的分析,探讨广告在教育民众的过程中所发挥的重要作用。

(二)通过多种实践活动锻炼学生的职业素养

1. 以兴趣为主的职业目标的建立

在专业课程讲授的过程,结合学生个人兴趣,为学生讲解广告设计者如何树立职业目标,通过课堂上学生进行广告人角色代入的训练,让学生体会广告设计者的职业目标及职业使命。

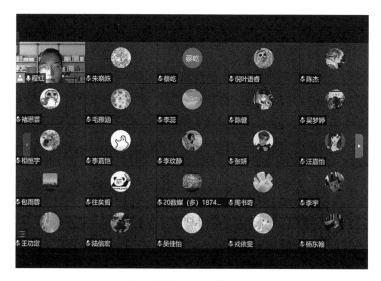

《广告案例设计》课程的线上授课

2. 以集体利益为主的团结协作能力

在互联网时代,随着广告产业的发展,广告设计愈来愈呈现一种跨学科以及领域的趋势,因此,需要培养学生协调各方力量、团结各方人才的能力。以行之有效的团队,促进广告设计项目的完成。这方面一方面体现在《广告案例设计》课程的设置主要分为"广告策划执行""广告创意设计""广告应用设计"等方面,培养学生关于广告设计的综合素养,另一方面通过让学生在日常学习的过程中,组建不同的团队,团队中可以包括广告策划者、广告创意设计者、广告调查员等等,通过团队协作,培养学生在进入职场后,作为广告设计者的团队协作能力。

三、教学反思

课程思政最为突出的问题是，如何将思政主题巧妙地融入教学过程中。一方面，在教学过程中，教师本身需要将思政主题内化至自己的知识体系中，因此教师需要在教学、阅读以及知识的获取与输出的过程中，一点一滴改变自己，从而适应课程思政的节奏。另一方面，课程思政不是填鸭式的教学，是教学改革的重要手段。因此，在教学中，教师需要灵活地运用各种理论与实践的方式，吸引学生进入课程思政的场域内，并通过营造生动的情境，让学生感悟课程思政的魅力。

《二维动画创作项目实训》课程思政

——红色精神教学案例

方小龙

一、教学背景

习近平总书记指出："担当和斗争是一种责任，敢于负责才叫真担当、真斗争。党员干部特别是领导干部要发扬历史主动精神，在机遇面前主动出击，不犹豫、不观望；在困难面前迎难而上，不推诿、不逃避；在风险面前积极应对，不畏缩、不躲闪。"我们党自成立之日起就把为中国人民谋幸福、为中华民族谋复兴作为初心使命，以强烈的使命感和责任感团结带领人民进行伟大斗争，书写了中华民族几千年历史上最恢宏的史诗。当前，我们比历史上任何时期都更接近、更有信心和能力实现中华民族伟大复兴的目标，同时必须准备付出更为艰巨、更为艰苦的努力。

在面对困难时，我们要敢于负责，真担当、真斗争，在机遇面前主动出击，在困难面前迎难而上，在风险面前积极应对，充分彰显我们党不畏强敌、不惧风险、敢于斗争、勇于胜利的风骨和品质。

这种坚忍不拔的红色精神是红色教育的源泉。讲身边人、说身边事更能激发大学生在喜爱动画专业，上《二维动画创作项目实训》专业课的同时保持对红色文化的兴趣与热情，对红色精神的理解。因动画教学之法，与美术设计之科殊异，与一般文科亦存不同，作为当下教学工作者，应心存革新之雄胆，溯动画源流之远，练专业手眼之熟，陶学科心怀之广。挖掘当下红色精神开展红色思想教育，建立有效的实施途径，激发大学生学习红色精神的热情，也可以让学生在体验中重温历史、了解共产党人的故事，在知和行的浸润中深深埋下内心中的红色种子。

此课程的思政核心是将坚忍不拔的红色精神融入学生的创作和作品中。让红色精神的学习教育在学生的专业学习中落地。

二、教学设计

1. 思政元素

将具有地域特色的主旋律题材或具备主旋律精神的生活小事、平民英雄等题材延伸至动画专业课程教学,可以增进学生对思政教育的亲切感,拉近其与思政教育之间的距离,帮助学生发散思维,增进对主旋律文化的了解,为学生后续思政主题作品创作打基础。

从专业角度出发,选择优秀主旋律题材影视动画作品进行范例赏析;在保留学生主观能动性的情况下引导学生进行主旋律题材作品创作;结合主旋律文化背景知识,将动画专业课程与其他思政相关课程联动教学,提高学生对思政教育的关注度,双向加深学生专业课程与思政课程的学习效果。将主旋律文化元素融入动画课程教学中,可以促进动画专业的课程思政建设,实现人文教育与专业教育融合,提高专业教育与思想政治教育的综合实效。

2. 教学策略与融入方式

2.1　明确教学内容和知识点要求

首先掌握"二维动画"和"定格动画"的基本创作原理和理论知识,明确脚本设计和角色设计的创作方法和理论,培养"二维动画"的创作能力。认识二维动画艺术特性、二维动画艺术种类、二维动画的艺术语言,最终掌握二维动画的基本创作原理,创作方法和创作技巧。

2.2　观摩并学习有关党的精神的动画并引入到自己的创作中

本次教学让学生们集中观摩 30 集党史动漫专题片:《血与火:新中国是这样炼成的》(如图 1),这部动画是首次以动画的方式展现了从中国共产党成立到新中国成立 28 年的革命奋斗史,让学生们了解历史事件,并将红色精神的不惧风险、敢于斗争、勇于胜利的风骨和品质融入动画创作的脚本设计和角色设计中。

2.3　案例分析和二维动画创作要点分析

通过实际创作案例分析与赏析(如图 2 和图 3),这部动画作品用二维动画的方式向观众介绍了中国共产党诞生起,就把为中国人民谋幸福、为中华民族谋复兴作为初心和使命,领导全国人民在血与火的征程中谱写出宏伟壮阔、可歌可泣的伟大精神。

图 1

图 2

图 3

通过让学生们学习并分析经典红色作品案例,让学生们对二维动画创作手法和基本概念有一定的了解,让学生们在创作中对红色精神了解得更加透彻,在创作目标上更加明确,并且可以参考一些有价值的创作方式和创作风格结合自己的想法进行创作。

3. 创作实践

让学生们领会"不畏强敌、不惧风险、敢于斗争、勇于胜利的风骨和品质",并融入动画脚本及角色设计创作中。

图4　学生创作作品过程图

作品类型:红色精神动画创作

团队成员:查彦雯＋冯子玲＋范毓扬＋胡兴松＋熊逸清

(影视艺术系21级广播节目制作专业学生)

创作方式:手绘＋数字绘制

作品时长:2分钟

创作时间:2022年3—4月

作品释义:

本片以火警为原型,塑造了一名优秀党员在困难和火灾面前救人民的感人故事。

图 5　学生创作作品过程图

作品类型:艺术抗疫主题动画创作

团队成员:杨雨欣(影视艺术系 21 级广播节目制作专业学生)

创作方式:手绘＋数字绘制＋实景摆拍

作品时长:1 分 30 秒

创作时间:2022 年 3—4 月

作品释义:

本片以"疫情抗疫"作为创作主题,表达了我们为战胜疫情所做的决心。

4. 教学过程

在高校教育中推进"课程思政"发展,是积极响应政府关于高校思政工作改革相关意见的重要举措。主旋律文化和正能量思想与高校思政教育联系紧密,是对学生的思想成长建设具有优秀的引导作用。习近平总书记强调,要与现实结合,善用"大思政课"。政府在对于高校思想政治工作的相关意见中亦表示,要把握师生思想特点和发展需求,提高思政工作科学化和精细化水平,推进理念思路、内容形式、方法手段的改革创新。

因此,在做好思想政治公共课程工作的同时,《二维动画创作项目实训》在专业教学方面应该尽量结合高校本身的育人优势,将思政教育融入动画课程教学和改革的各环节,开展"课程思政"的必要性。

作为一名高校教师,在教学创新方面,将根据高校动画专业特点努力推进教学理念与思路的创新：

（1）高校动画专业教育应加强我国社会主义核心价值观的输出，传扬中国优秀文化，培养具有较高思想觉悟与正确价值观的动画工作者，使其在学术技能与思想内涵两方面共同发展。

（2）主旋律题材是以弘扬主流价值观、弘扬民族自豪感为目的的影视艺术题材，大多以我国真实历史时期的英雄角色展开叙事。随着时代的演变，新时代的主旋律文化导向也逐渐大众化，题材也将进一步拓宽。

（3）引导学生了解主旋律文化，学习其中所蕴含的优秀文化传统，可以在提高学生专业技能的同时丰富其作品内涵，潜移默化地帮助学生树立正确的思想观念。

三、教学成效与意义

在《二维动画创作项目实训》的创作中，学生们结合身边点滴小事，并结合当下时政热点，以及疫情当下实情，来体现党和红色精神的"不畏强敌、不惧风险、敢于斗争、勇于胜利的风骨和伟大的品质"，并充分体现在作品创作中。

在动画与思政元素的结合过程中首先也尝试打破了学生对以往思政课程较为刻板的印象。虽然主旋律文化在国内大方向是大致相同的，但是细分下来，每个地区、每个时期都有着不同时期的特色文化。并且，从文化思想教育的角度出发，主旋律作品承载着我国主流意识形态，对观众具有强烈的情感带动作用。

对动画专业教学来说，在课堂教学中进行专业技能案例教学时尝试使用主旋律影视、动画等相关优秀作品案例进行讲解。从专业角度来说，运用主旋律题材作品进行案例教学，可以帮助学生分析和学习其镜头语言、美术风格、影片后期等知识。从思政教育角度来说，这种案例教学可以潜移默化地对学生进行思想教育，引导学生深入理解主旋律影片所表达的思想感情及精神内核，发挥主旋律题材影视动画的思政教育作用。

将主旋律文化与红色精神引入《二维动画创作项目实训》课堂的理论体系，通过开展主旋律主题互动练习、赏析优秀主旋律题材动画作品等方式在课堂中潜移默化地带入思政教育元素，生动课堂思政教育形式，丰富思政教育路径，对在高校中提高思政教育工作实效具有关键意义。

四、教学反思

在未来《二维动画创作项目实训》的课程作业创作环节,可以尝试让学生以思政为大方向进行动画创作。这种练习不应限于在创作中表现建国建党的艰辛与伟大,也可以聚焦在我国历史与传统文化中的美好精神、当代人民的坚韧意志(例如抗洪战士、抗疫白衣天使的精神体现),甚至生活中的文明美德。

在教学初期,未来也应引导学生以主旋律题材进行创作练习,尽可能地将创作范围阐明并适当放宽,引导学生创作方向的前提下为学生提供一定的创作自由空间,消除学生可能存在的抵触情绪,在完成作业的过程中潜移默化地接受思想政治教育。

在《二维动画创作项目实训》教学课程中,也将鼓励学生在现有的红色故事蓝本基础上适当发挥、运用想象力来对主旋律题材故事进行合适、有趣的改编,或使用不同于以往的叙事模式,如多线性叙事来进行创作,综合运用多种艺术创作手法。让动画专业学生在学好专业的同时,生动有趣地讲好主旋律故事,发自内心地认可主旋律文化,实现良好的课程思政教育效果。

新时代青年的影像讲述
抗疫逆境下的屏幕实践

——《电视摄像基础》课程思政案例

林晓琳

在本学期主讲的《电视摄像基础》课程中，我期望对新时代青年思想政治的接受路径展开深入地思考与探讨。让学生们在影片选题策划、拍摄制作和展映传播的实践学习中，挖掘与展示时代变革下的青年模范、历史发展中的青年代表以及新时代的青年精神，从新时代青年的视角中讲述中国好故事。

一、教学背景

因为 2022 年为中国共青团成立 100 周年，本课程的原定教学计划是指导学生拍摄以"讲述共青团百年历史，彰显新时代青年精神"为主题的微影片作品。然而 2022 年 3 月，新冠疫情突袭上海，学校师生积极响应疫情防控指挥，校园封控管理，课程教学改为线上。线上教学给实践课程带来了些许的难度，但是在和同学的教学互动中，我发觉封闭于校园的学生们正是在经历抗疫事件的鲜活角色，他们每个人都在体验"我"的抗疫生活。于是我将疫情之下的社会环境、专业学生的真实体验与拍摄实践的教学目标相结合，进一步贴近青年生活实际、触及青年思想深处，指导学生们开展了一次规定情境下的"新时代青年疫情下的逆境解读，致敬疫情中的每一位坚守者"主题短片拍摄训练。

二、教学内容

教学内容主要根据影片制作流程分为以下三个方面：

1. 影片选题策划及脚本创作：新时代青年精神的提炼与反思

在影片选题和类型创作上，结合社会现状和学生个体经验，通过虚构与纪实影像风格的还原与建构，提炼出三个选题：

a. 展示新时代青年抗疫事迹与感悟的纪录片/故事片

让学生根据抗疫中的青年医护人员、基层工作者、志愿者的真实经历创作故事片或拍摄纪录片,通过对抗疫故事中典型人物事迹的拍摄,以不同的影像风格致敬抗疫一线工作者,呈现出新时代青年在抗疫工作中奉献精神与青春风采。

b. 思考疫情与当下生活的隐喻性实验片

本次课程的实验片是一种不强调完整的故事情节,而是利用影像叙事对疫情中发生的某种现象、某个问题进行揭示与提问的影片类型。通过影片的拍摄体现出同学们对疫情、生活与个人之间的社会思考与生活探讨。

c. 记录疫情期间学生经历的温暖校园生活 Vlog

Vlog 是近年互联网兴起的一种影像叙事形式,它是当代青年表现私人生活的影像日记,以讲述个体生活的纪实感体验为主要呈现方式。在拍摄上需要扎实的拍摄基础和对生活片段的敏锐捕捉。疫情期间,同学们作为故事中的主要角色,讲述他们"隔离"在校园的真实感受,以一种欢快愉悦的青春氛围,彰显新时代青年在逆境中积极进取、苦中寻乐的青春正能量。

2. 影片拍摄制作:新时代青年理想与时代精神的影像化阐释

该课程要求同学们以小组的形式根据"新时代青年疫情下的逆境解读,致敬疫情中的每一位坚守者"为主题,拍摄一部时长不少于 5 分钟的微影片。影片要求横屏拍摄、格式限 MPG、MOV、WMV、MP4。每个小组自行准备 15 秒预告片及 1 张海报,用于多渠道宣传展示。

在拍摄制作部分,同学们将故事构思从抽象的文字创作转化为视听影像。可见的影像拍摄会让创作者对主题叙事产生更直观的体验与感受,以视觉创作形式实现对文字故事影像化的接受与解读。在作品后期剪辑的过程中,对已拍摄素材再次创作,构成了对故事主题深刻理解后的阐释与表达。

3. 影片展映传播:青年理想与爱国精神在影像中的展示与交流

在以往的实践教学中,同学们的结课作业时常在拍摄完成之后就被遗忘了,他们对于作品的拍摄多是为了完成作业,却忽略了影视作品的传播性和互动性。为了推广学生作品,弘扬新时代青年正能量,我安排在学期末举办一场《电视摄像基础》学生作品线上展映活动,将同学们优秀作品推荐至新媒体平台播出,并推选优秀作品参加全国各大影像节赛事。在《电视摄像基础》实践教学中,搭建一个展示与传播青春正能量的平台,不仅让同学们完成一次拍摄训练,同时还能够让同学们与更多的受众交流他们的青春理想。

三、教学成果

(一) 学生作品线上展映

在本学期的期末举办"逆境守'沪'同'屏'抗疫"《电视摄像基础》课程作品线上展映。在此次活动中,邀请学校与专业领导、业界专家和专业老师一同参与。通过此次展映为学生提供锻炼和展示的平台,一方面提升学生知行合一的视频摄制实践与应用能力,另一方面提升学生的实践热情传递青春正能量。

(二) 学生作品推荐至新媒体平台播出

在学生的作品拍摄完成后,立足青年群体思想意识特点和互联网时代媒体传播规律,将学生作品上传课程公众号、视频号推广,推荐优秀学生作品至官方平台播出,让同学们的作品实现社会性传播,扩大作品的传播范围与影响力。让学生创作与受众形成互动交流,树立学生的责任理想与爱国情感。

(三) 推选学生作品参赛

此次选手作品的拍摄是根据参赛要求和参与标准完成创作的。在教学过程中,指导学生参与到第十五届上海大学生电视节"庆祝中国共产主义青年团成立 100 周年"影视短片大赛中。参与此类赛事,同学们与世界各地的青年们进行一次青春时代的影像交流,让他们在推动民族文化传播的过程中,提升民族自豪感与自信心。

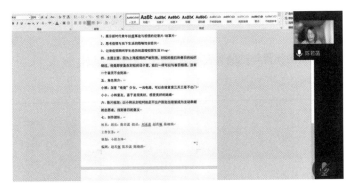

《××××》选题报告

一、拟片名：

二、展映主题：

"新时代青年疫情下的逆境解读，致敬疫情中的每一位坚守者"

三、选题类型：（　）

1. 展示新时代青年抗疫事迹与感悟的纪录片/故事片

2. 思考疫情与当下生活的隐喻性实验片

3. 记录疫情期间学生经历的温暖校园生活 Vlog

四、主题立意：

五、角色简介：

逆境守"沪" 同"屏"抗疫

《电视摄像基础》《分镜头脚本设计》

课程作品线上展映

· 展示新时代青年抗疫事迹与感悟的纪录片/故事片

四、教学反思

在此次课程思政的教学实践中,探究与反思影视实践课程中青年思想政治意识的接受路径,归纳为三方面内容:

(一) 与时代同行,在国情现状与民族发展中挖掘选题

在拍摄实践中,学生们时常存在创作内容不清晰,故事讲述思路杂乱的问题。在选题策划和故事创作中需要老师予以范围的划定。老师在为学生提供创作选题时,需要立足国情,放眼世界,结合时代与民族的发展特征;引导学生正确认识世界,全面了解国情,把握时代大势,树立远大理想。在选题创作中感受时代精神与爱国情感,建立民族自信、文化自信。

(二) 与学生个体经验结合,增强青年民族认同感与共情体验

学生因为社会经验的缺乏导致其创作具有局限性,尤其是对个人并未经历过的领域与行业存在叙事不清、理解不足的问题。他们很容易从自身角度、从理想状态的状态来认识和理解世界。在影片拍摄训练中,以学生实际经历进行创作,不仅能够让学生走进自己熟悉的世界,从青年视角了解青年故事,更能够挖掘出体现青年新面貌和时代精神的典型故事,讲述中国的青年好故事,建立新时代青年的理想信念与责任担当。

(三) 扩大学生作品传播范围,加强青年与社会群体的互动传播

影视作品并非单向的影像输出,它是一种双向的叙事交流。它具有传播性和互动性。让学生以展映和播出的标准完成作品的实践训练,在作品展映与播出中进入社会与受众交流,弥补个人的思想局限,传递新时代的青年精神,提升青年的民族自信心与自豪感,完成自我表达与自我塑造。在社会交流与个体成长中,实现青年对民族意识与爱国主义的情感认同与行动追随。

第五部分　课程思政建设成果

2022 年上海市教育科学规划项目立项书

上海市教育委员会文件

沪教委科〔2022〕2 号

上海市教育委员会关于公布
2022 年度上海市教育科学研究项目的通知

各高等学校、各区教育局，各有关单位：

经专家评审、社会公示，现将 2022 年度上海市教育科学研究项目予以公布。上海市哲学社会科学规划教育学一般项目立项 15 项（见附件 1）、上海市哲学社会科学规划教育学青年项目立项 5 项（见附件 2）、上海市教育科学研究一般项目立项 413 项（见附件 3）。

请各单位加强对上海市教育科学研究项目的管理，保障项目负责人的科研工作条件，确保质量，按时完成。

联系人：市教委科技处 姜冠成，联系电话：23116822

— 1 —

立项编号	项目名称	负责人	承担单位
C2022231	习近平法治思想融入大学生法治精神培育研究	龙　钰	上海交通大学
C2022232	指向现代商业素养培育的跨学科学习活动系统设计与实施研究	潘红星	上海市澄衷高级中学
C2022233	生态教育理念下的小学生态课堂构建研究	马燕婷	上海市杨浦区复旦科技园小学
C2022234	高职院校课程思政实施策略与育人成效研究	张　波	上海出版印刷高等专科学校
C2022235	产教融合下的高职艺术设计专业"三体合一"教学模式研究	马溪茵	上海电子信息职业技术学院
C2022236	高校思想政治理论课教师理论教学能力提升研究	陈　蔚	东华大学
C2022237	学科整体性治理的评价标准及其行动逻辑	张新培	上海交通大学
C2022238	新时代普通高中校本化推进"五育融合"的实践与研究	陆康其	上海市青浦高级中学
C2022239	基于儿童视角的幼儿园托班健康教育活动实践研究	许敏霞	中国福利会托儿所
C2022240	基于大数据的青少年儿童注意力的运动处方构建	陈　超	上海体育学院
C2022241	基于上海实践的中欧博士生联合培养模式与机制研究	郑高明	同济大学
C2022242	"后真相"时代中学生媒介素养教育的案例研究	罗玉英	上海市静安区教育学院
C2022243	体育素养视域下上海市小学生体质健康发展研究	朱晓玲	上海市杨浦区教育学院
C2022244	延安时期党的群众路线对大学生思政工作的启示	段晓彤	上海师范大学
C2022245	初中化学证据推理素养培育的结构化设计与实施	陈韶瑾	上海市虹桥中学
C2022246	基于初中数学课本设计问题导出单,培养学生问题提出能力的实践研究	曾文洁	上海市浦东教育发展研究院

立项编号	项目名称	负责人	承担单位
C2022247	深化慈善文化资源在高校德育中的开发与利用研究	齐久祥	上海中医药大学
C2022248	立德树人视域下高校党建育人功能的现实考察与提升路径研究	王瞿建	上海理工大学
C2022249	跨学科视域下小学美育学习过程的建构与实施	周　青	上海市日新实验小学
C2022250	指向学科概念学习的高中思想政治学科任务设计	王红妹	上海市西南位育中学
C2022251	三全育人视域下小学生理想信念启蒙教育设计和实践	赵美华	上海市闵行区浦江第二小学
C2022252	卫生教育专业本科教学质量标准的研制	侯晓静	上海杉达学院
C2022253	基于表现性评价的0—6岁幼儿道德发展与教育的研究	王　岫	上海市黄浦区学前儿童发展监测中心
C2022254	基于4R理论下农村小学科学人文素养培养的统合课程建设的实践研究	金志刚	上海市宝山区罗店中心校
C2022255	基于资源整合的初中艺术课程构建和实施研究	方燕华	上海市海南中学
C2022256	新时代高校思政课教师与辅导员队伍深度融合的工作机制研究	王　鑫	上海中医药大学
C2022257	科学探究活动中促进幼儿深度学习的实证研究	陆英因	上海市静安区常熟幼儿园
C2022258	近视率、肥胖率——学校自我调控的实践研究	逯怀海	上海市静安区教育学院附属学校
C2022259	幼儿园基于乡土情怀培育的"崇明老家"创意体验活动实施的研究	宋　寅	上海市崇明区虹宝幼儿园
C2022260	提升2—5年职初教师家庭教育指导力的实证研究	王晓燕	上海市杨浦区延吉幼儿园

"党史教育融入课程思政育人体系"优秀教学案例获奖证书

一等奖

二等奖

三等奖

职业院校课程思政融入专业教学的实践路径研究

一、项目背景

2016 年 12 月，习近平总书记在北京召开的全国高校思想政治工作会议上明确指出："要用好课堂教学这个主渠道，思想政治理论课要坚持在改进中加强，提升思想政治教育亲和力和针对性，满足学生成长发展需求和期待，其他各门课都要守好一段渠、种好责任田，使各类课程都与思想政治理论课同向同行，形成协同效应。"①作为"大思政课"的教育理念、教育方法和教学体系之一，课程思政指的是，每门课在讲授课程知识的同时充分发挥课程的育人功能，以落实高校立德树人的根本任务。

2017 年 12 月，中共教育部党组印发了关于《高校思想政治工作质量提升工程实施纲要》，纲要强调，应"大力推进以课程思政为目标的课堂教学改革，优化课程设置，修订专业教材，完善教学设计，加强教学管理，梳理各门专业课程所蕴含的思想政治教育元素和所承载的思想政治教育功能，融入课堂教学各环节，实现思想政治教育与知识体系教育的有机统一"②，挖掘育人要素、提升育人体系，从学校、社会等多方面发挥育人功能。2019 年 3 月，全国学校思想政治理论课教师座谈会由习近平总书记主持并召开，全会聚焦讨论思想政治理论课建设规划和改革发展的新方向，针对教育实际向思想政治理论课的教学改革方面提出了新要求。习近平总书记指出，要全面发挥出高校所有课程的育人功能，在开展思想政治理论课教育的同时，也要使其他各类课程与思政课程形成协同效应。

课程思政对于高校教育的重要性已经成为普遍的共识，习近平总书记多

---

① 习近平.在全国高校思想政治工作会议上的讲话[N].人民日报,2016-12-09(1).
② 中共教育部党组《高校思想政治工作质量提升工程实施纲要》[N].光明网,2017-12-07.

次围绕教育发展问题进行了重要论述,将教育事业的发展提升至中国特色社会主义事业发展的战略位置。2020 年 5 月,教育部印发《高等学校课程思政建设指导纲要》,文件提出,在整个人才体系中贯穿进思想政治教育,在高校全面展开课程思政建设,抓好各类课程的育人工作,深入挖掘每门课程的育人元素,与各类课程同向同行,与专业课教师协同育人。从国家战略高度规划实施课程思政的建设和拓展,构建新型课程教育体系,实现多角度立体式的育人大格局,优化落实立德树人的根本任务。

习近平总书记在党的二十大报告中系统地规划未来党和国家事业发展的目标任务和大政方针,党的二十大是塑造大学生的思想武器,而课程思政是贯彻落实党的二十大精神的有效途径。课程思政就是要求任课教师在所教授课程的过程中融入思政元素,在课程中潜移默化地对学生进行思想政治教育,加强大学生的思想引领,达到润物细无声的效果,不断促进大学生成长成才,促进立德树人目标的实现。

青年群体是国家建设与发展的重要力量,其价值观念和思想意识影响着社会主流意识形态的主导地位,引导青年确立正确的思想意识、推进思想政治教育的稳步发展是新时期高校育人工作的必然要求。面对这一时代命题,2014 年,上海大学开设的大国方略特色课程提出了课程思政概念,上海市委、市政府印发实施上海市教育综合改革方案(2014—2020),计划在全国范围内率先进行教育综合改革试点工作,"课程思政"这一教育理念和设计首次亮相,其目的是解决高校大学生接受思想政治教育单一的问题,特别是思想政治课与专业课之间"两张皮"的现象。

如今的职业教育主要解决为社会培养和输送专业人才的问题,更加注重专业课教育,思想政治教育的资源投入相对较少,也忽略了学生的接受与吸收能力,思政效果不尽如人意。此外,思想政治教育的主体常被局限于辅导员、学生工作者,忽略了全员育人的教育模式,使专业教学课堂专注于专业知识的教授,缺少了对学生思想政治方面的引领,学生思想政治信念的确立成效不大。针对"育人资源挖掘不充分、思政教育面临孤岛困境"与"学生学习动机与内驱力不足、思政与技能培养存在断层困境"两大显著问题,本课题立足职业院校课程思政研究,从职业教育人才培养实践出发,探索专业教育与思政教育协同育人的实施途径,以期实现课程思政的育人目标。

二、研究内容

本课题立足全媒体时代职业院校的课程思政与专业教学相融合的人才培养诉求,创新性地提出课程思政视域下"一核三驱四联动"的协同育人体系建设,构建高职课程思政教育教学体系,发挥全部专业课程的育人功能,落实所有教师的育人职责,从而把"立德树人"工作贯穿于教育教学全过程,形成全员育人、全程育人、全方位育人的"大思政"教育格局,使其成为进一步深化高职院校思想政治教育教学的重要路径和有力抓手。

教育的根本任务在于立德树人,高校各个学科都要担负起立德树人的重要使命。职业院校专业课、通识课等课程应挖掘各类课程蕴含的思政元素来建立有机的课程体系,从而形成全员、全方位、全过程的思想政治教育育人体系,全面实现立德树人根本任务。课程思政教学理念推行得是否顺利,关键在于职业院校中各学科任课教师是否具备相应的思政育人能力。然而,在现实教学中,部分学科任课教师缺乏这一能力,不能有效挖掘所教授课程中的思政元素,并用其发挥育人作用。

本课题立足实践基础和理论基础,分析职业院校课程思政、协同育人等相关理论的含义和特点,在课程思政理论的指导下推进协同育人,本课题提出:

第一,构建课程思政协同育人新体系,打通培养高端职业技能人才的显性技能与隐性素养相结合的通道。以"课中课"课程思政模式下的"多元共育"为核心引领,通过"道法术器""三寓三式""五项清单"等课程思政的创新举措,引导专业课教师将德育元素融入技能培养环节,课程教学"思政化"、课程内容"创新化"、教学方法"快乐化"、教学手段"信息化"这四个方面环环相扣,从而构成高效有序的课堂教学质量链,使思政要点与专业课堂设计互融、与课程要求紧密衔接,探索职业教育"以心育人"的新路径,使学生职业技能、职业品质和职业素养的培养联动起来,面向"中国智造"和"中国创造"培养高素质技能型人才。

第二,将"一核三驱四联动"的思政课程协同育人体系应用于课程重塑的理论与实践路径中,形成可量化、可推广复制的多维度考核评价体系,将专业教学与思政教育进行优势互补性设计,为职业院校的课程思政建设提供可借鉴的理论指导与蓝图设计。"一核三驱四联动"是指以创新理念为核心引领,以"潜移默化为先导的课程教学思政化""激发学生兴趣为特征的教学模式快乐化""媒介融合为支撑的教学手段信息化"为驱动,最终形成"学校—政府—企业—创新创业服务机构"四方联动的大行业体系下的人才、市场、资金、设备、场地等各个要素的充分融合与良性循环。在此体系指引下,可以循序渐进,下沉实践,有机连接教育链、人才链、产业链与创新链,更好发挥课程思政的引领作用,积极打造"思想过硬""一专多能"的新型人才培养模式。

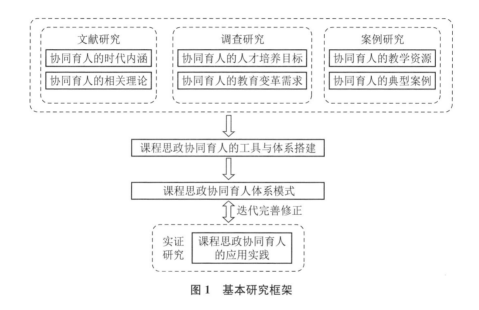

图 1　基本研究框架

三、基础条件

(一)思政研究基础

学校高度重视职业教育背景下的课程思政理念,探索实践了"全程思政教育、全面思政教育、立体思政教育、创新思政教育"的新做法,得到了教育部社科司、教育部高校思想政治理论课教指委、上海市教委、全国高职高专院校思政课建设联盟等多方专家的肯定,做到了职业院校中思政教育的"落地、落实",在思政课教学理念、培育途径等方面实现了创新,并推出《"课中课"融汇,德智技贯通——上海出版印刷高等专科学校课程思政改革探索与实践》课程思政成果。发表相关研究论文 20 余篇,对专业课融入思政教育的设计、德育元素融入技能培养环节、职业教育"以心育人"的新途径等进行研究。成功申报并实施了上海市教育改革试点项目《思想政治理论课融入高职高专实训教学的有效路径研究》《思想政治理论课融入高职高专实训教学的"同城协作"模式研究》，通过理论探索、教学实践、积累总结，形成了思政教育融入专业实训课的"课中课"同向同行教学模式。

（二）课程思政资源

与上海科技馆、国歌展示馆等科普场馆，上海市科学技术委员会、上海市民防工程行业协会等企事业单位及行业部门，东方网、上影集团等龙头企业合作，在项目中不断累积产学研作经验，坚持理实一体化教学模式，以项目带动教学、以竞赛检验学习成果。与中央十套科教频道、上海电影集团、东方网、世纪出版集团、中福会出版社、上海商飞集团、东方传媒技术有限公司、上海灿星文化传媒股份有限公司、上海数字内容产业促进中心等龙头单位及顶尖影视制作和影像档案公司合作，共建校外实习基地40余，并与中华商务上海基地共建课程思政建设基地，在实践中落实"促进产教融合、校企合作育人"。

完成国防及民防科普、新职业科普、纪念"三八"国际劳动妇女节110周年、"上海书展·阅读的力量"特别网聚活动等，作品在中央电视台、人社部官网、新华网等媒体平台播出，取得了良好社会反响。联合上海市数字内容产业促进中心、南上海数字出版传媒产业园等校内外服务平台开展新媒体策划及运用、短视频制作等培训班50余个，承办"启影大学生电影节""美丽中国艺术作品展""大学生国防创意市集"等活动，与多个国家合作举办主题论坛，加入世界文化遗产保护等活动，为促进国际文化交流作出贡献。

（三）软硬件设施

建有3000余平方米的数字化影视实训基地，现有高清摄像与包装实验室、影视动画集群渲染实验室、异形虚拟互动投影实验室、数字特效制作实验室、立体互动媒体创作实验室、实景棚实验室、影视系实验室展示中心、影视实验教学中心等多个实验室。同时建成影视传媒生产实习基地，拥有千元以上设备700件，设备总值近3000万元。

拥有完善的影视摄影与制作系统、实验平台和设备，包括高端苹果工作站、录音棚实训系统、VR空间多人追踪制作系统、4D影院等。硬件设备包括多功能机房、游戏设计中心、影视拍摄、后期制作、灯光设计、舞美设计、虚拟演播、影视拍摄、灯光实训等，同时配备了 SONY、阿莱、索贝、大洋、JANUT、IN-STA360 等多种知名品牌设备，为培养复合型、创新型科普文化传媒人才及视听融通、一专多能的高水平数字版权专业人才提供了强有力的设施设备支持。

（四）教师团队

教师团队实力雄厚，专业带头人获上海市劳动模范、上海市五一劳动奖章、第三届上海高校青年教师教学竞赛特等奖、上海市"四有"好老师（教书育人楷模）、上海市育才奖、上海市教学能手等荣誉。成立上海影视创智大师工作室、高校文化艺术人才工作室等，聘请行业与学术领域的高端人才充实教学团队。

教师团队发表影视类、传媒类、教育类学术论文近百篇，完成上海市科学技术委员会"科技创新行动计划"科普专项"多模态交互式大学生公共安全科普教育课件的研制与推广"等课题 120 项（含省部级科普实践项目 13 项），科研经费年均 300 万元，共有"一种带有防抖动功能的摄像固定装置"等专利 28 项，获 21 项科研奖项。专业师生获上海国际电影节影像滴水湖·48H 挑战赛全国 4 强、第十四届北京大学生电影节教育题材特别奖、第十三届中国人口文化奖、第 24 届金鸡百花电影节民族影展特别贡献奖、第十一届北京国际电影节"天坛奖"最佳影片奖、第九届澳门国际电影节最佳编剧奖及红点奖、iF 奖等世界顶级大奖。师生在中国国际"互联网＋"大学生创新创业大赛、全国高校数字艺术设计大赛、世界技能大赛等顶级赛事中表现出众。

四、实施情况

本课题积极探索职业院校中，课程思政与专业教学融合的路径，以"多元共育"核心理念为引领，通过"道法术器""三寓三式""五项清单"等举措，引导专业课教师将德育元素融入技能培养环节，思政教育要点与专业课堂的设计互融，实现显性技能培养与隐性素养提升相结合，探索职业教育"以心育人"的新路径。本课题积极推动"一核三驱四联动"的思政课程协同育人体系应用于更多学校课程重塑的理论与实践路径中，从而突破高校教育现有的思政育人短板，为研究者提供深入探讨的方向和落脚点。

（一）挖掘专业教学思政元素，教学内容现代化

将社会主义核心价值观教育、爱国主义为核心的民族精神教育、以改革创新为核心的时代精神等思政元素融入对学生的专业知识传授和能力提升之中。以培养精益求精，勇于创新的"工匠精神"为目标，根据企业一线岗位职业素质要求，将专业知识和企业文化深度融合构成职业思政元素，构建适合职业学生的思想政治理论课程内容建设。

（二）拓展思政教学创新建设，教学方法多样化

创新教学方法，拓展教学手段，积极探索科学有效、形式多样的课程教学方式方法，组建课程思政研究中心，凝聚力量，以课程为单元融合不同类型的思政元素进行教学设计，形成教学实施方案，开展课堂教学。改革传统教学模式，引导学生自主思考、小组交流，学生与教师互为主体，提高学生综合能力。通过申报专项教改课题、打造示范课程、举行教学比赛、典型案例评选、课堂观摩等活动，按照理论研究、教师培训、试点实施、全面推开4个步骤稳步提升教师课程思政课堂教学能力，采取"以心育人"方式，确保各类课堂协同及润物无声的育人成效。

（三）深化课程思政教学体系，教学资源思政化

优化课程标准，细化课程素质目标，开启系部全部课程思政的建设目标。实施课程建设标准化工程，提高课程政治站位，将企业岗位用人标准与德智体美劳全面发展的育人目标充分结合，将课程理论思想与学生生活实践紧密结合，以专业为单位进行目标整体设计，课程和课堂逐级衔接，构建体系化的三级课程思政目标链。

教学大纲全面采用三寓三式课程思政版本，在知识点和技能点之外，加入思政元素及其层次要求。每个章节的授课内容都有与之对应的思政元素及实施手段，进一步完善专业教学的思政教学体系。

（四）建立思政考核评价体系，教学评价专业化

建立可量化、可推广复制的考核评价体系是课程思政创新改革的重要保障。"一核三驱四联动"课程思政协同育人教学改革形成了多维度的考核评价

体系,实施更为科学合理的考核方式与方法。在新形势下,于考核内容中增加了对实际操作能力的考核,在理论知识的考核部分增加了思政知识、思政实践的考核,有效促进课程思政教育在专业教学中的发展。

五、研究结论

课程思政的目标在于实现高校立德树人根本任务,重点在于结合专业课程、注入思政元素、形成协同育人体系,通过知识传授、价值塑造、实习实践、社会服务等多元途径,整体实现思政与专业的有机融合,最终实现高校育人与育才相统一的教育职能。结合职业院校育人特殊性,考察课程思政融入多元方式,总结出"工匠精神"引领课程思政育人目标、"以心育人"探索职业教育实现路径、创新"一核三驱四联动"课程思政教学体系这一思政与教学同向同行的落地方法。

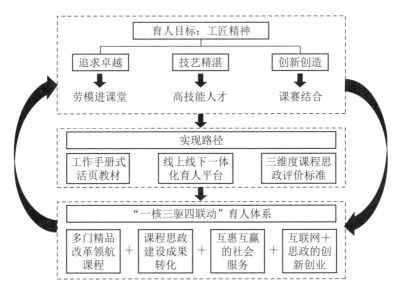

图 2　职业院校课程思政融入专业教学的实践路径

（一）"工匠精神"引领课程思政育人目标

职业院校面向社会培养高素质技能型人才,工匠精神是职业院校在价值层面需要突出和强调的思政目标。工匠精神是职业精神的体现与升华,强调对工作的热爱和专注以及追求卓越与完美的态度,具体包括追求卓越品质、追求技艺精湛、注重细节和品质控制、持之以恒地努力和追求创新等方面。以"工匠精神"作为职业院校的整体育人目标有助于引导学生树立正确的职业观念,培养学生的创新思维和实践能力,形成责任感和团队合作精神。

1. 以劳模进课堂形式培养学生追求卓越的品质

劳模精神和工匠精神密不可分,劳模精神中的楷模引领作用与工匠精神中的追求卓越的品质一脉相承。本研究以讲座、短片、工作室等形式将劳模引入到教学中,通过举办《大力弘扬劳模精神劳动精神工匠精神》的学术讲座,举行"劳动成就梦想奋斗书写华章"劳模精神进校园活动,从时代背景、科学内涵以及当代价值三个方面生动而又具体地阐释了劳模精神和工匠精神。

本项目负责人领衔的"张波劳模创新工作室"成为中国教育工会上海市委员会第四批上海市教育系统的"劳模创新工作室",所属院校被评为2021—2022年度"劳模精神进校园"活动优秀组织单位。以劳模精神引领新时代劳动教育,营造了劳动光荣、争当先进的浓厚氛围,凝聚了鼓舞全校师生奋力谱写学校新时代转型发展新篇章的强大精神动力。通过劳模进课堂的教学实践,学生们近距离接触劳模,不仅接受知识,更积极参与、深入思考,通过与劳模面对面感悟精神力量。这种教育方式的应用将为培养具有追求卓越品质的学生做出重要贡献,使他们在今后的职业生涯中具备更强的竞争力和适应力。

图3 2021—2022年度劳模精神进校园活动优秀组织奖

2. 以高技能人才培养模式带动学生专业技能提升

工匠精神是一种追求卓越、追求完美的职业精神,注重对专业技能的极致追求和精益求精的态度,高技能人才培养模式正是以培养学生的专业技能为核心,强调实践能力的提升和职业素养的培养的同步提高。

上海出版印刷高等专科学校被上海市人力资源和社会保障局确定为"上海市高技能人才培养基地"(沪人社职〔2014〕741号),课题负责人为第47届世界技能大赛3D数字游戏艺术上海市牵头集训基地负责人。由此契机,课题组探索课程思政与高技能培养之间的紧密联系,在指导学生参与3D数字游戏艺术项目的过程中,培养了学生艰苦奋斗、注重细节、持续学习的职业精神。经过刻苦训练和备赛工作,三位学生获得了第二届全国技能大赛上海市选拔赛优胜奖,一人入选3D数字游戏艺术上海集训队,并获得上海市第一届职业技能大赛3D数字游戏艺术项目第二名。

3. 以课赛结合提升学生创新创造能力

课赛结合是一种将课程教学与竞赛活动相结合的教育模式,旨在培养学生的创新创造能力和实践应用能力。通过将课程知识与实际问题相结合,激发学生的创造思维,提升其创造性解决问题的能力。竞赛活动往往需要学生与其他团队或个人进行竞争,展示自己的特长与优势。这种竞争环境可以成为激发学生积极向上的动力,助推他们不断挑战自我,追求更高水平的创新创造。

立足影视制作的专业特殊性,学生完成了红色教育短视频《鲜血染红旗帜》。在"致敬匠心,光影永恒"上影集团经典电影创意短视频创作大赛中荣获"最佳艺术作品奖""优秀蒙太奇单元奖",并被"学习强国"推荐。学生借助主旋律作品创作过程深入了解时代精神、英雄事迹,使先辈抛头颅洒热血、不怕牺牲的伟大壮举深深烙印在人们的心中。在上海市文化和旅游局主办、杨浦区文化和旅游局协办、SITV乐游频道承办的2022年上海大学生旅游节红色景点自拍及攻略设计大赛中,学生作品《杨浦印迹红色车轮》荣获红色景点攻略设计大赛特等奖。学生创作的纪录片《我的保供守"沪"日记》荣获上海大学生电视节"庆祝中国共产主义青年团成立100周年影视短片大赛"二等奖。正能量作品的传播使学生在创作中提升思想境界、发扬创新精神,实现了思政目标的多样化落地。

（二）"以心育人"探索职业教育实现路径

"知识—价值—能力—行为"构成了课程思政"立德树人"育人目标的四个层级，知识层级旨在通过知识学习提高认知能力，价值层级是对知识本身的理想以及道德情操、价值立场等的判断，能力则是解决具体问题的本领和素质，是将知识和价值内化为能力素养的过程，培养"有能力的人"只是完成了"立德树人"的本体塑造，最终层级则是要转化为实际行动，在行为层面达至"知行合一"。作为课程思政的实施者，教师应以爱心、热心、同理心投入教学，以身作则为学生树立职业榜样。

1. 考察学生心理，积极开发工作手册活页式教材

2022年，国务院办公厅印发《关于深化现代职业教育体系建设改革的意见》中明确指出深入推进习近平新时代中国特色社会主义思想进教材，大力培育和践行社会主义核心价值观，健全德技并修、工学结合的育人机制，努力培养德智体美劳全面发展的社会主义建设者和接班人。[①]

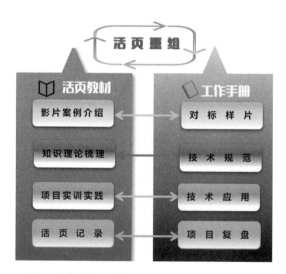

图4 活页教材结合工作手册的创新教材模式

为了使学生快速掌握专业知识，同步提升思想道德水准，团队在教材开发中充分考虑学生的接受心理，特设课程思政模块，以此强化课程＋思政的作用

---

① 中共中央办公厅、国务院办公厅《关于深化现代职业教育体系建设改革的意见》[N].新华社,2022-12-22.

效果。以《视听语言与影视制作》教材的编写为例,教材探索课程思政内容与新型活页式、工作手册式教材的融合路径,以立德树人为根本,改进和完善课程思政的质量,以"三全育人"为指引,推进协同育人建设。从影视艺术角度不断挖掘案例及知识体系中的思政元素,利用课堂主渠道及教师的引导作用,鼓励学生透过影视艺术看到社会现象与现实问题,通过短片表达内心思考及人文关怀。在课程思政设计的微观层面,强调"寓道于教+寓德于教+寓教于乐""画龙点睛式+专题嵌入式+元素化合式"的"三寓三式"方法和手段的有机融合,在教材建设层面把控课程思政设计。

表1 课程思政与活页教材融合

项目模块	教学内容	数字影片案例	课程思政设计	"三寓三式"教学方法	思政实践
1	影视剧本创作原理	《我不是药神》	人性的善意与生命的敬意	"启发式""互动式"	结合影片,分析人物的成长
2	影视编剧元素解析	《我不是药神》	人性的善意与生命的敬意	"探索式""讨论式"	结合影片,解析追求理想主题故事的编剧元素
3	影视剧本的画面转化	《我不是药神》	人性的善意与生命的敬意	"启发式""讨论式"	人物成长转变的影像化呈现
4	影片的画面构图	《冬奥会开幕式二十四节气图》	爱国奉献	"元素化合式"	中国传统文化:模仿二十四节气构图
5	影片的画面影调	《天才枪手》	诚实守信品质	"讨论式""专题嵌入式"	对于诚实品质的思辨:仿拍《天才枪手》人物觉醒段落
6	影片画面的色彩	《英雄》	奋斗精神	"启发式""讨论式"	中国传统文化:灵活运用色彩在中国文化背景下的叙事含义
7	影片的空间设计	《肖申克的救赎》	坚定目标信念	"讨论式""探究式"	社会问题关注:拍摄拾金不昧主题短片
8	摄影机的拍摄高度运用	《健听女孩》	克服困境,追求理想	"探索式""互动式"	《航拍中国》影像艺术赏析

续表

项目模块	教学内容	数字影片案例	课程思政设计	"三寓三式"教学方法	思政实践
9	摄影机的拍摄轴线规律	《喜剧之王》	自我鼓励与爱的勇气	"案例式""启发式"	人物成长的塑造:仿拍《喜剧之王》自我鼓励段落
10	固定镜头与运动摄影	《刺客聂隐娘》	爱国奉献	"专题嵌入式""探索式"	中国优秀古文改编影像
11	摄影画面内部调度	《当幸福来敲门》	逆境重生,坚忍不拔	"启发式""讨论式"	拍摄主题:克服困难
12	摄影镜头的调度	《我和我的家乡》	爱国精神,家国情怀	"专题嵌入式""讨论式"	拍摄主题:我的家乡
13	影视剪辑的基本方法	《爆裂鼓手》	坚定目标信念	"案例式""启发式"	正能量传递:通过控制剪辑节奏激发激昂向上的情绪
14	蒙太奇的运用	《春蚕》	弘扬民族文化	"专题嵌入式""讨论式"	文化认同与自信:仿拍中国早期电影中的蒙太奇
15	影视的声音设计	《勇闯绝命岛》	民族文化自信	"探索式""讨论式"	中国美食文化:为美食短片添加声音设计

2. 立足"移动信息化",打造线上线下一体化育人平台

媒介融合时代的到来为影视教育提出了更高的要求与更广阔的发展空间。信息技术的快速发展已渗透到教育领域中的各个层面,课程思政领域也不例外。在职业教育过程中,应充分考虑学生的使用习惯,从学生角度出发,强化信息化教学手段辅助开展课程思政教学工作的力度。在教学过程中,借助"智慧教室""异形虚拟互动投影实验实训室""虚拟仿真实验室""全媒体数字演播室"、VR影视课程、App等信息化技术及软硬件设备设施,创设不同情境,激发想象力,使学生能够亲自操控教学机设备,在实践场景中锻炼自身技能,提高技能掌握熟练程度,在移动信息化辅助下完成教学与思政目标,达到预期的育人成效。

网络环境下的课程思政教育,摒弃了老师手把手式的传统教学模式,取而代之的是专业老师运用生动的课堂组织形式,引导学生充分发挥主观能动性,与老师共同开展主流价值观的学习,最终将感受与掌握的价值观念自觉运用于实践。

图 5　VR 影视课程实训

　　课题研究充分发挥在线平台可随时随地播放的优势,将学生作品在线上展映推广,把青年学生作品中弘扬新时代正能量的精神内涵传播到课堂、学校之外。"全国大学生网络文化节"和"全国高校网络教育优秀作品推选展示活

二、微电影

一等奖

作品类别	作品名称	作　者	学　校	指导老师
微电影	奶奶家的老母鸡	李博帅、郭世杰	山西运城农业职业技术学院	梁　杰
微电影	八千里路云和月	傅宇杰、肖源睿	清华大学	金雨浩
微电影	望天水	陈艺楠、郭嘉禾、张苢瑞、贺　源、陈雨鑫、梁自豪	山东艺术学院	籍　勇
微电影	光	张子凡、陈子涵	西安外国语大学	郭　斐
微电影	鱼缸里	方雪旖、王　涵、杨皓然	上海理工大学、上海出版印刷高等专科学校	孙蔚青
微电影	雄狮有梦,梦在今朝	梁雅雯、梁润璋	华南农业大学珠江学院	袁佳琦
微电影	他的梦	吉洛加、才让夸、环贡叶后	扬州工业职业技术学院	吴　迪

图 6　全国高校网络教育优秀作品推选展示活动

动"是教育部、中央网信办在高校思想政治教育领域举办的重大活动,是全国高校网络思想政治教育典型成效的展示平台。学生创作的微电影《鱼缸里》以小见大,聚焦疫情下平凡人之间互帮、互助、互爱的温情故事,以朴实的镜头语言记录着生活中的治愈瞬间。同时,通过此次影视创作中的剧本、镜头打磨及主题表达等环节,作品指导教师引导学生深入实践,感受生活中的真善美。

3. 基于三个教学维度,制定可量化的课程思政评价标准

在高职院校思想政治教学评价指标体系方面,根据有关政策法规对高职院校思想政治建设的要求,建立"教学内容""教学方法"和"教学效果"三个指标。其中,教学内容中的思想政治要素是否得到有效挖掘是衡量课程思想政治教学有效性的前提,教学方法是否有效是检验课程思想政治教学有效性的现实依据,学生的成长与发展是检验课程思想政治教学有效性的有效标准。

一级指标"教学内容"由法律法规、党史和国史、基本国情和国家政策、国际政治形势、职业道德、法律法规、中华优秀传统文化、社会主义核心价值观和思维方法9个二级指标组成。以上9个二级指标主要集中在教育部《高等学校课程思政建设指导纲要》要求的政治认同、家国情怀、文化素养、法律法治意识、道德修养等内容。教学方法是一种艺术化的方法,具有明确的多种目的导向。在次要指标中,"三寓三式"的"方法教育"意味着教师不仅要教学生如何学习知识,还要润物细无声地让学生懂得把握自然和社会的发展规律,遵守社会和生活的规范。教学效果中的次要指标则包括社会责任感、国家责任意识、全球意识、诚实守信、纪律守法、文化传承等10项指标。

课程思政教学评价指标体系的确定有助于量化评价课程思政效果,能够为高校思政经验检验及推广提供参考标准。

表 2　高职院校思想政治教学评价

层级	总分	评估方向	具体内容	分数
课程内容	45	融入"家国情怀"元素	课程内容结合了四史、重大政策和时事。	25
		融入"职业道德"元素	课程内容涵盖社会主义核心价值观、职业道德以及法律法规。	12
		融入"文化素养"元素	课程内容融合了文化传统和媒体素养。	8

续表

层级	总分	评估方向	具体内容	分数
教学方法	31	三种类型的道德教育	课程内容结合了方法教育、道德教育和趣味教育。	19
		三种类型的教学方法	课程内容结合画龙点睛,专题嵌入,元素化合。	12
教学效果	24	进一步提升"家国意识"	具备保卫祖国、支持国家政策、具有全球视野的能力。	8
		"工匠精神"进一步提升	学生具有勤劳务实、不懈奋斗和一丝不苟的精神。	10
		"社会责任"进一步完善	学生具备为社会服务的能力,勤于思考与探索,热衷于公益事业。	6

(三) 创新"一核三驱四联动"课程思政教学体系

"一核三驱四联动"产教协同育人体系下的人才培养模式将技能培训与思政教育高度融合,聚焦课程育人、实践育人和文化育人等全新领域,创新性地将德育元素融入知识技能培养环节,打通了显性知识技能培养与隐性素养培育相互促进的通道,凝练出"三寓三式"思政理念。这种创新性的教学改革模式让思政教育有了抓手,在培养高技能人才的同时也让思政教育"进课堂、进教材、进头脑、进行业、进社会",提高了职业院校思政教育效果,构建了开放、和谐的教学氛围,引导学生在实践中了解国情,认识社会,服务社会,锤炼思想,增长才干,充分调动学生的主观能动性,全方位考虑学生的可持续发展,全

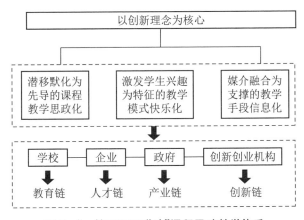

图 7　"一核三驱四联动"课程思政教学体系

力开发学生潜能。

1. 深挖课程资源,建立精品改革领航课程

课程体系的整体建设思路可归纳为以职业能力为主线,以提高本专业人才培养质量和社会服务能力为首要目标,以思政元素融入课程大纲为着力点调适教学观,将育人理念融入专业课程整体规划。设置课程的知识传授、能力培养和价值引领目标,对课程开发、教学设计、教学实施、资源建设进行系统设计,在每个课程模块设立课程思政评价点及标准,制订突出职业素养和职业能力培养的专业课程体系和课程标准,形成了《二维动画创作项目实训》《影视配乐》《电视栏目编导》《声音设计》《图形图像情景训练》《专题片创作》《艺术色彩》《摄影基础》《影视特效后期制作》《音乐鉴赏》十门课程思政改革的典型课程,引领整专业教学的思政化改革,继而构建突出先进性、实效性、前瞻性和持续性的课程思政教学资源库建设体系。

通过对课程思政领航课程的深入研究,探索出一套适用于专业课程特点的思政路线。专业课程建设立足学生实际情况,发挥专业课程本身的特色,提炼爱国情怀、法治意识、社会责任、文化自信、人文精神等要素,转化成核心价值观教育具体而生动的载体。在课堂教学中将社会主义核心价值观和中华优秀传统文化教育内容融入教学要求,根据学生专业学习的阶梯式成长特征以及学生遇到社会问题的复杂度,系统设计德育递进教学路径,并固化于教学大纲中,推进思政教育在人才培养全过程中的全覆盖。在课程的教授过程中,注意"入深入细、落小落全、做好做实",注重课堂形式的多样性和话语传播的有效性,避免附加式、标签式的生硬说教,深入分析专业学生的学习需求、心理特征、成长规律和价值取向,坚持因事而化、因时而进、因势而新,悉心点亮学生对专业课程学习的专注度,引发学生的知识共鸣、情感共鸣、价值共鸣。

《二维动画创作项目实训》2020 年被评为上海市精品开放课程,课程对教学平台集成和资源要素进行有机整合,丰富课程思政的教学方法,梳理课程中教学案例与思政的相关性,将思政教育的隐性作用发挥出来。在教学互动中,传递出正确世界观、亲民奉献的正确人生观、向善和谐的社会主义核心价值观等,同时利用影视艺术系建立的微信群、课程群、课程 App 等新媒体路径,在翻转课堂的同时融入快乐教学,以学生喜闻乐见的电影、动画作品进行课外的拓展与交流,培养学生的思政自觉性,产出可以体现和谐正确的社会主义核心价值观的影视

艺术作品。

建设总体方案

教学单元	专业教学内容	思想教学要点	实施手段
单元一： 前期创作阶段	剧本创作、角色设计、场景设计、道具设计、分镜头脚本创作等	依据中国传统文化创作动画剧本、利用民族元素创作美术设计	采用启发式、专题嵌入式、课程内容创新化、画龙点睛式、讨论式教学思政化
单元二： 中期制作阶段	原动画创作、视听语言、景别、动画中的人物表演、固定摄影、运动摄影	与课程内容巧妙结合，融入课程思政，传播正能量做到润物细无声的效果	元素化合式、启发式、课赛结合、画龙点睛式、教学方法快乐化
单元三： 后期合成阶段	蒙太奇、镜头剪辑、后期特效、录音配音、成片	促进集体协作，增强学生团队合作精神，并且在创作工程中抓重点起到画龙点睛的作用	探究式、画龙点睛式、元素化合式、教学手段信息化

图 8　《二维动画创作项目实训》课程思政建设总体方案

除了构建本课程的课程思政方案，以《二维动画创作项目实训》为模板参照，其他课程也相继将课程思政的成功经验融通到自己的专业领域内，形成了精品改革领航课程建设的汇编，将优秀的思政经验进行互通共享。精品改革领航课程陆续取得佳绩，《音乐鉴赏》入选上海市课程思政示范课程，《影视特效后期制作》于 2022 年获批了上海高职高专院校市级在线开放课程。由一门课程带动多门课程、再由多门课程构建体系的做法充分贯彻落实了习近平总书记的重要讲话精神，按照《高等学校课程思政建设指导纲要》中提出的"课程育人质量提升体系"的要求实施课程思政，着力结合课程构建"思政课程、课程思政、校园空间"三个维度相对独立又以资源互为基础的思想政治教育系统。课题研究团队在 2022 年成立了课程思政"三寓三式"范式研究中心，在此基础上进一步凝练教学成果，课题《守牢意识形态主阵地：基层政宣部门新媒体人才培养的创新于实践》获得上海市职业教育优秀教学成果二等奖。

课题研究不仅着眼于本校的优秀案例，还以上海市职业院校教师素质提高计划国家级培训项目"专业带头人领军能力研修"为契机，集结了各大职业院校优秀的课程实施方案，出版了《上好一门课——上海职业院校教师优秀课程案例集》，内容涵盖艺术、管理、交通、医学、园林、计算机、职业英语等各个领域。该案例集推广了课程建设经验，在全国范围内具有辐射作用。

图9　出版《上好一门课——上海职业院校教师优秀课程案例集》

2.企业协同项目制教学,完成课程思政成果转化

推动产业与教育的深度融合是一项重要的任务,旨在将课程思政的成果应用于产业实践中,进一步提升教育的实效性和产业的发展水平。通过开展联合课题研究、实习实训项目等形式,将课程思政的理念和方法运用于实际产业情境,培养学生的创新能力和实践能力。结合产业需求和发展趋势,调整和优化课程设置,将产业实践纳入课程教学中,通过项目驱动的学习、案例分析、模拟实训等方式,在实际产业场景中运用课程思政的理论和方法,培养学生的实际操作能力和解决问题的能力。

以此为引导,与中华商务上海基地共建课程思政建设基地,形成独特的"双轮驱动"教研模式,充分利用高起点启动、高水平推进、高质量产出的先行优势,进一步开展产教融合,创新课程思政理念,推动学校人才培养工作迈上新台阶。

此外还与上海图书馆合作研发《微阅读·行走》项目,旨在用融合媒介传播的方式推广城市阅读文化,打造智慧图书馆,领略城市文化魅力,现已创制完成《土山湾与海派》《从牌坊到〈海派〉》《转角遇见和集》等14期作品,在澎湃新闻客户端、上海图书馆官方视频号等平台发布,收视突破100万,并获徐汇文旅、徐汇源等政务新媒体以及企事业单位转载。

图 10 《微阅读·行走》产教融合项目

中国商用飞机有限责任公司、中央电视台十套科教频道也成为校企合作试点项目制课程思政探索的合作单位,学生参与中国商飞的平面设计和视频制作实习项目,进一步深化产教融合,开展党建联建及校企协同育人在人才培养方面的合作与拓展。出色完成了与中央电视台十套科教频道合作的"追寻

图 11 《追寻党的光辉足迹,讲传人社惠民故事》建党百年专题片项目

党的光辉足迹,讲传人社惠民故事"十集建党百年专题片,取得了良好的社会反响。这些产教融合的案例是成功的爱国主义教育研究探索,体现了价值引领和意识形态教育效果,加强了专业课程的"思政"作用。

3. 与政府机关密切合作,提供社会服务价值

思政教育与社会服务相辅相成、互为补充。思政教育旨在培养学生的思想道德素养和社会责任感,引导他们形成正确的世界观、人生观和价值观,社会服务则是将学生的专业知识和技能应用于社会实践,为社会作出贡献。

课题研究通过促进思政教育与社会服务的有机融合,实现多方面的共同发展和互惠共赢。为学生提供正确的价值观和伦理道德基础,使他们在社会服务中更好地履行职责,积极参与社会发展,推动社会进步。社会服务同时也为学生提供了实践锻炼的机会,让他们能够将思政教育的理念与实际行动相结合,通过服务他人来提升自身的综合素质。

课题团队与政府机构展开密切合作,尤其是在民防科普领域成效显著。连续两年为杨浦区国防动员办公室进行全民国防教育日活动直播,并制作法治科普系列短片,在新华社、搜狐视频、网易视频、新浪网、中国微电影网、上观新闻上线,单新华社客户端,累计点击量达到141.2万次,与上海市民防科学研

图 12　全民国防教育日活动直播现场

究所合作,展开基于"5G＋云 VR"社区人民防空疏散虚拟演练技术手段研发,项目成果后续将推广至社区基层,提升民防宣传效果。

4. 项目＋思政,创新创业中实现育人

在创新创业教育中注重培养学生的社会责任感,教育学生在创新创业过程中秉持诚信、关注社会问题,以解决社会问题为导向,推动社会的进步和可持续发展。课题团队通过"有爱无碍"学生公益社团,孵化信息无障碍传播项目。通过校企政深度合作,不断积累了近200部无障碍影视作品,无障碍文娱内容超过2万分钟,为行业标准制定、政府决策、理论研究提供了参照。该项目获第十七届"振兴杯"全国青年职业技能大赛国赛银奖、在第十三届"挑战杯"大学生创业计划竞赛上海赛区三等奖、第十七届"挑战杯"上海市大学生课外学术科技作品竞赛等国家及省部级多个奖项,探索出创新创业领域的思政落地路径。

图 13　第十七届"振兴杯"全国青年职业技能大赛(学生组)创新创效专项赛银奖

通过研究进一步拓展专业教育与课程思政结合的创新创业可能性,涌现出了一批具备文化传播性、社会责任感的项目,包括《寻根艺术——传统文化体验馆》《文化振兴让古村"活"起来——三明文化古村旅游开发》《佰瑞福瑞——为视障人群提供无障碍文娱的微信小程序平台》《在互联网＋手段下科学提高学习效率助力素质教育》《惠民养老》等,这些项目在大学生创业大赛上取得了佳绩。

　　本研究旨在为当代职业院校课程思政与专业教学同向同行提供路径借鉴与经验分享,围绕高校立德树人教育目标,总结出"工匠精神"引领课程思政育人目标、"以心育人"探索职业教育实现路径、创新"一核三驱四联动"课程思政教学体系的三大策略,以知识传授、价值塑造、实习实践、社会服务等多元途径落实协同育人,通过思政与专业的有机融合最终实现高校育人与育才相统一的教育职能。

庆祝海军 70 周年宣传设计项目

——学校承办庆祝人民海军成立 70 周年"惊涛骇浪铸海魂、薪火传承追梦人"摄影展顺利开幕

发布者：宣传部

与世界同行，与时代同步，与梦想齐飞。4 月 20 日上午，为庆祝人民海军建军 70 周年，在上海市教育委员会、上海市双拥办的指导下，由上海市青少年校外活动营地——东方绿舟主办，我校与中国建筑第八工程局联合承办的"惊涛骇浪铸海魂、薪火传承追梦人"摄影展在东方绿舟太阳广场顺利开幕。上海市教育委员会、上海市双拥办、海军上海基地政治工作部、上海市青少年校外活动营地——东方绿舟、中国建筑第八工程局的相关领导和我校影视艺术系师生代表、驻沪海军官兵代表、上海市中学师生代表，上海教育电视台、《新民晚报》《文汇报》等媒体代表出席了本次开幕仪式。

开幕仪式上，主办方领导为本次开幕式致欢迎词，上海市双拥办领导讲话。原海军上海基地转业干部、《文汇报》记者郭一江与我校影视艺术系主任王正友教授等领导共同向上海市学生代表赠送纪念画册《海魂》。

本次活动由我校党委副书记、副校长黎卫牵头，影视艺术系策展设计团队在学校的支持和系部领导的带领下，结合系部专业特色融入创新创意理念，积

出席开幕式的领导合影，向上海市学生代表赠送纪念画册《海魂》

展览现场引导观展

极筹备、分组包干、从选址、策划、组织、布展陈设乃至引导观众参观体验,团队国际化视野和"专业"的态度始终贯穿。在反复研讨、完善修订,日夜奋战,最终历时两个月,圆满完成了本次展览的整体视觉设计与制作工作。我校影视艺术系专业教师李艾霞和谭斯琴共同担任本次摄影展策展人,本次摄影展走出室内,在青草相映,蓝天白云之下,主体视觉设计四种蓝色代表着我国四大海域,给人全新的"中国海军走向深蓝"感受。利剑般异形展墙海浪一样编排连接象征着中国海军"乘风破浪,向海图强",主体蓝色方形展箱,外观简洁流畅,呈现艺术与自然、历史与现代的融合之美。这次展览是一个美好的经历,展览的观展路径规划别具匠心,分为"五大兵种""铁心向党""砺剑深蓝""使命担当""握手世界""同心筑梦"6大板块,聚焦万里海疆火热军营、定格跨洋越海"流动国土"。以海军官兵的情怀和视角,展现人民海军强军兴军的精彩与辉煌、光荣与梦想,探寻中国水兵的精神高地,感悟他们眼中的光与影、心中的"诗和远方",全面反映了人民海军在中国共产党坚强领导下取得的辉煌成就。

校党委副书记、副校长黎卫牵头 423 项目推进会

庆祝人民海军成立 70 周年"惊涛骇浪铸海魂、薪火传承追梦人"摄影展开幕

　　本次摄影展的成功举办，既是我校影视艺术系加强思想政治认识，坚定的走素质专业化、创新型教师队伍建设的成果，也是系部教师过硬的专业化理论与实践能力相结合，团结协作团队合作精神的体现。

　　我校通过承办此次摄影展览，为爱国主义教育增加了崭新的维度，是今后教育教学的生动实践案例，也是向祖国母亲 70 周年和人民海军成立 70 周年的献礼！

专业教师带领学生团队一线布展

我校影视艺术系教师团队与海军军官合影留念

（影视艺术系、创意园区综合管理办公室供稿）

光荣使命

——我校承接海军上海基地政治工作部"庆祝人民海军成立
70 周年"吉祥物和相关文化纪念品设计重任

发布者:宣传部

近日,我校影视艺术系受海军上海基地政治工作部委托,参与了"庆祝人民海军成立 70 周年"系列纪念品设计制作工作。本次项目时间紧、任务重、要求高,影视艺术系张波、张俊、谭斯琴等教师与海军官兵们反复进行思想碰撞、方案设计、样品修改,按时保质保量完成了此次任务。

本次纪念品设计共涉及 3 个主题,5 大领域,教师们分别参与了特种邮票和邮册、吉祥物、系列纪念品,以及邀请函、门票和道旗的设计。"航迹"特种邮票和邮册设计以"向海图强、挺进深蓝"为设计理念,讲述了人民海军从木帆船起步,从无到有,从小到大,装备更新发展的航迹,拓展到从黄水到蓝水,到深蓝,人民海军走出去,向海图强的航迹。吉祥物以"小水滴"为基本素材,运用 3D 拟人化处理,加入水兵服等海军元素,角色以蓝白色为主色调,张开双手以奔跑姿态表明对未来的憧憬。邀请函和门票设计强调为海军庆生的喜庆意味,以传统的中国红结合海军蓝,手绘的校内指示图赋予了作品鲜明的文化内涵和风格特点。系列纪念品设计从海军"五大兵种"中精选武器设备,展现了人民海军从当年渡江渔船,到今日蓝海劈波斩浪的现代化舰队。道旗设计以海军为设计元素,象征中国海军挺进深蓝,筑梦万里的气魄。

项目从前期沟通需求开始,设计,对接制作,打样修改,直至成品交货历时近两个月。其间,参与教师全情投入,在校领导的积极推动下,和海军上海基地政治部的领导们多次会议沟通。为了实现最佳成品效果,确保实物能完美还原设计初衷,还积极与对接制作公司沟通协调。最终完成的设计产品被用于庆祝人民海军成立 70 周年摄影展,"海洋、上海、海军"专题文艺晚会,第二届"军民携手、挺进深蓝"半程马拉松,舰艇开放日等系列活动的现场,获得了海军军队领导、校领导、和市民的一致赞誉。

纪念品设计项目的顺利完成,是影视艺术系教师专业实践能力的全面体

"航迹"——庆祝人民海军成立 70 周年邮册、特种邮票

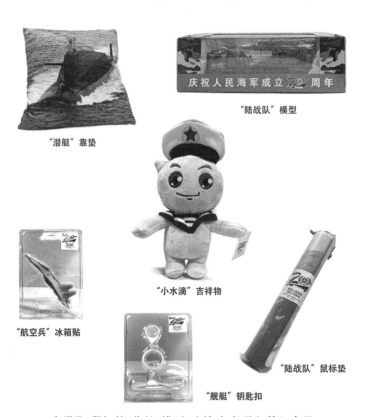

"潜艇"靠垫

"陆战队"模型

"航空兵"冰箱贴

"小水滴"吉祥物

"舰艇"钥匙扣

"陆战队"鼠标垫

吉祥物、鼠标垫、靠枕、模型、冰箱贴、钥匙扣等纪念品

马拉松、庆祝晚会、舰艇开放日现场

庆祝晚会邀请函、门票、道旗

现。通过此次项目顺利有序地实施，教师们不仅充分发挥专业优势，努力提升系部在教学、科研及服务社会等方面的综合实力，同时还为推动学校和驻沪海军部队军民融合发展，贡献了自己的力量。此外，作为上海唯一一所参与设计的高校，此次合作也为提升学校的社会影响力起到了推动作用。

（影视艺术系、创意园区综合管理办公室供稿）

学校收到"人民海军上海基地"感谢信

发布者:宣传部

近日,学校收到来自中国人民解放军海军上海基地的感谢信。信中充分肯定了上海出版印刷高等专科学校在海军70周年系列宣传活动中给予基地的大力支持以及取得的不俗成效,生动诠释了新时代军民融合发展工作深刻内涵,丰富创新了新时代双拥共建工作的内函形式,受到军内外的热情点赞和充分肯定。

此次活动在学校党委的关心指导下,影视艺术系教师结合系部专业特色与创新理念,成立了"申海梦"电视纪录片创作组、宣传纪念品设计组以及摄影展创作组,积极筹备、反复研讨、分组包干、完善修订,用形式多样的艺术手段生动诠释了与共和国同龄的人民海军在70周年发展历程中取得的一系列伟大成就,同时也展现出版专教师严谨求实的工作作风与精益求精的专业态度。

纪念人民海军建军70周年系列宣传活动的圆满成功,是学校加强思想政治认识,坚定的走素质专业化、创新型教师队伍建设的有益成果,大力推动学校和驻沪海军部队军民融合发展,同时也进一步激发版专师生坚守初心,勇担使命,立德树人,奋勇争先的使命感以及干事创业的责任感,为学校未来的发展贡献力量。

中国人民解放军海军上海基地

感谢信

上海出版印刷高等专科学校:

为深入贯彻习主席强军思想，更加深切感悟习主席向海图强的领袖意志、建强海军的战略决心和对海军转型的殷切期许，大力推进部队强军实践，海军上海基地联合驻地党政机关和企事业单位于4月中下旬共同开展了庆祝人民海军成立70周年系列纪念暨国防教育活动。在军地团结协作下，活动成功顺利举办，全程生动展现了党领导下的人民海军发展壮大历程，勾画了部队官兵投身强军伟大实践，特别是加深了驻沪海军与上海人民鱼水情谊，为传承红色基因血脉、助力部队转型建设、聚力全民国防首开先河。

为确保此次系列活动圆满成功，贵部党委领导满怀强军兴军的政治责任和对海军官兵的深厚感情，高度重视、鼎力支持、全力配合，尤其是在海军成立70周年系列宣传纪念品的设计制作、"申海梦"电视纪录片拍摄制作等大型活动中给予了基地大力支持，受到了军内外的热情点赞和充分肯定，生动诠释了新时代军民融合发展工作深刻内涵，丰富创新了新时代双拥共建工作的内容形式，我们深受感动并对此表示由衷的感谢!

我们坚信，在习主席强军思想的引领下，有驻地党委政府和人民的大力支持，基地部队将不惧任何挑战和困难，聚力备战打仗苦练打赢本领，奋力锻造坚如磐石的海军一流基地，坚决维护国家战略利益和海洋权益。

海军上海基地

2019 年 5 月 23 日

（影视艺术系供稿）

全民国防教育日活动拍摄项目

——影视艺术系师生团队顺利完成全民国防教育日宣传工作

发布者:宣传部

为了更好地服务社会,提高学生所学专业融入实践的能力,2021年9月18日,影视艺术系师生团队应杨浦区民防办的邀请来到新江湾城街道文化中心参加杨浦区防空防灾应急疏散演练拍摄活动。

上午11时35分,防空警报试鸣,师生团队按照预先分组设定,现场直播、视频摄录、VR摄录三个小组同时启动拍摄工作,完整记录了紧急疏散、民防工程掩体内医疗救护、心理防护、救助物资领取与警报解除后居民分批撤离的演练全过程。影视艺术系师生团队的专业技能、敬业态度与服务意识得到了杨浦区民防办公室领导与现场居民的一致认可与好评。

本次民防疏散演练拍摄是影视艺术系师生参与第21个全民国防教育日系列活动的工作内容之一。暑假期间,师生团队还助力杨浦区民防办完成了宣传片与短视频的拍摄、制作工作。其中,民防法治宣传系列短片——公民义务篇、擅自拆除篇、警报信号篇已于9月15日在新华社客户端上线,截至全民国防教育日当天20时,短视频累计浏览量为100.9万次,累加人民号、杨浦微博、杨浦微信、金山传播等账号,短片点击量高达101.2万次。

启用VR拍摄、制作短视频、发挥新媒体传播优势是影视艺术系在科普宣传与服务社会方面做出的全新尝试。自2012年成立以来,影视艺术系积极探索项目制培养模式,通过实践项目练兵呼应、充实课堂教学,在帮助学生提升专业技能的同时注重培养学生的集体荣誉感与社会责任感,实现学生的全面发展。面向社会输送技术过硬、品质过硬的复合型艺术人才,这正是影视艺术系"双一流"专业建设的初衷、愿景与使命。

(影视艺术系供稿)

我校师生助力杨浦区民防办公室顺利开展全民国防教育日系列活动

　　为弘扬爱国主义精神,普及国防教育,使全民增强国防观念,掌握必要的国防知识和军事技能,杨浦区民防办公室于9月18日—19日组织开展了民防运动会、黄兴公园集中展示宣传、警报试鸣演练等全民国防教育日系列活动。我校影视艺术系师生团队全程参与活动策划执行,克服时间紧任务重等客观困难,按时完成民防宣传片的拍摄制作,并承担了全民国防教育日所有活动的现场直播及视频录制,活动的顺利开展展现了我校师生娴熟的专业技能及良好的服务意识,师生团队认真专业的工作得到了杨浦区民防办公室领导的一致好评。

　　从今年6月开始,影视艺术系师生就参与全民国防教育日系列活动的策划与筹备中。接到相关任务后系部迅速集结项目课题组,由党总支书记、系主任担任双组长,下设策划设计组、拍摄直播组及采访制作组。系部专业教师、辅导员在校领导的指导和系部领导班子的带领下秉持服务社会的理念,纷纷踊跃报名,施展专业所长。暑假期间课题组多次召开会议,与民防办相关负责人反复沟通宣传片的制作要求,加班加点完善采访提纲,讨论修改拍摄方案,影视艺术系负责人张波更是亲自上阵担任民防宣传片的主持人,为最终活动的成功举行奠定了扎实的基础。

　　为保证此次全民国防教育日系列活动拍摄直播工作的顺利开展,影视艺术系三支由系部领导、专业教师、毕业生、在校生组成的服务团队,多次奔赴民防运动会、黄兴公园集中展示宣传、警报试鸣演练的活动现场参与彩排及现场服务。紧张而严肃的活动现场俨然成为了影视系的第二课堂。工作的开展并非从一开始就一帆风顺,民防办负责人希望服务团队在完成拍摄任务之余,将919警报试鸣演练现场的画面通过直播车传输回指挥部,这额外的任务让服务团队犯了难。当天课题组就召开了紧急会议,在会上课题组成员一致决定,为了国家的民防事业,为了展现版专师生迎难而上的精神风貌,我们想方设法一定要完成任务! 在短短的一周内,服务团队采购了特殊的直播设备,多次与直播车进行沟通对接,紧锣密鼓地安排直播方案,最终在正式演练前解决了所有难题。作为此次活动的参与者,18影视编导学生安泽宇感叹道,能参与这次活动真的获益良多,不仅在专业老师的指导下能够熟练掌握设备的使用技能,更学到如何应对突发情况,如何在不利的条件下想尽一切办法完成拍摄任务,这种紧迫感是在课堂里、从书本上学不到的,希望以后还有机会参与课题,开展实战。

　　影视艺术系自2012年成立以来,积极开展项目化实践教学,通过项目的运作与实施,系部教师更加清晰地进行过程指导,学生也能有计划更好地将所学的知识转化为具体的实践能力,同时在为社会、为企业服务的过程中,提升使命感与荣誉感。通过课题项目的实践教学,影视艺术系不断提升青年师生影视专业职业素养,激发内生动力,切实推进"双一流"专业及师资队伍建设。

（影视艺术系供稿）

电影示范党课建设

——我校开展"匠心传承、奋勇攀登"电影示范党课

11月19日下午,上海出版印刷高等专科学校主题党课"匠心传承、奋勇攀登"在营口路校区大礼堂开讲。此次党课特邀上影集团党委书记、董事长,电影《攀登者》总制片人任仲伦,上影集团艺委会副主任、《攀登者》总策划汪天云等为800余名各界嘉宾、师生代表呈现营养丰富的党课"大餐"。

杨浦区文化和旅游局局长杨茵喻,副局长杜彪,副局长张新,中国人民解放军92608部队政治委员李晶,上影集团办公室副主任陈小兵,学校党委书记顾春华,副书记、副校长黎卫,副校长曾忠出席。杨浦区代表、部队代表、学校师生代表参加活动,党课由影视艺术系党总支书记张卫华主持。

图1　党课现场1

党课在《攀登者》的先导片中拉开帷幕。上海市"五一"劳动奖章得主、上海市教卫系统优秀共产党员、影视艺术系负责人张波以《情感浓一点　让教育

252

深一点》为题,深情并茂地讲述了观看电影《攀登者》时的所思、所想、所感。"当看到中国登山队站在珠峰之上,队长手握对讲机说'报告北京,报告祖国,中国登山队成功登顶!'那一刻,我的心被点燃了,这种爱交织着选择、信仰,他们站在世界屋脊之顶,比他们更高的是随风飘扬的五星红旗!"说到这里张波的声音高亢,脸上满是骄傲与自豪,随着五星红旗在舞台前挥舞,观众们的爱国热情也被点燃了,全场响起了热烈的掌声。

图2　党课现场2

随后,电影《攀登者》总制片人任仲伦以"红色指引我们前行"为主题,介绍了《攀登者》电影创作的初心。任仲伦表示,作为78级的大学生,在大学念书期间,读到罗曼·罗兰给《贝多芬传》写的一句话,四十年来一直影响着他。罗曼·罗兰写道,"德意志民族沉浸在小智小慧中太久了,我们需要打开窗户呼吸一下英雄的气息",我相信我们的这部《攀登者》也是打开窗户,让我们呼吸一下我们共和国英雄的气息。任仲伦强调,在新中国成立70周年这个时间点上,用电影塑造一种攀登的形象,我们觉得是有时代意义的。《攀登者》从题材到内涵,都特别能体现共和国最重要的精神——攀登精神。在重要的历史节点勇于担当、勇于攀登,这也是我们上影七十年一脉相承的宝贵精神。

《攀登者》总策划汪天云讲述了《攀登者》电影拍摄制作的台前幕后。他表示,《攀登者》拍摄的过程中可谓任务艰巨、挑战巨大,一是时间紧张。从接到任务到影片上映仅一年多的时间,而电影必须按自身的创作规律、工业规律去做;二是如何保障影片的品质。《攀登者》要体现主流价值、英雄本色,中国之前并没有同类的登山题材电影,已有的西方登山题材电影也多为写实主义,在不断的探索中《攀登者》找到一个突破口:东方叙事,融入冒险和动作的类型片元素;三是投入和产出。要拍一个感天动地的大片,特效运用肯定比较多,没有大投资就完不成大片。《攀登者》能否接棒《战狼 2》和《流浪地球》取得票房和口碑的双赢?大家都拭目以待,这也给上影集团带来了很大的压力。

在随后的圆桌论坛上,汪天云、黎卫、曾忠与现场观众进行了互动。汪天云就在电影创作中资本更重要还是创作本身更重要与观众进行了探讨;曾忠为观众们详细介绍了此次学校与中共杨浦区委宣传部、上影集团三方合作签约并策划此次示范党课的由来以及对于学校发展的重要意义;黎卫从观影体验出发,结合切身的攀登经历告诉同学们要坚定信仰,勇攀高峰。三位嘉宾的回答和互动睿智而幽默,现场多次响起笑声和掌声。

图 3　圆桌论坛现场

最后,学校党委书记顾春华对此次示范党课进行了点评。他首先对现场嘉宾精彩的演讲表示感谢。顾春华强调,近日,中共中央、国务院印发了《新时代爱国主义教育实施纲要》,其中明确指出要大力弘扬以爱国主义为核心的民族精神和以改革创新为核心的时代精神,并丰富新时代爱国主义教育的实践载体,此次"匠心传承、奋勇攀登"电影示范党课成功举行就是一个很好的尝试。爱国主义教育是凝心聚力的兴国之魂、强国之魂。今天上午,学校与中共杨浦区委宣传部、上影集团签署了合作共建协议并为实践育人基地揭牌。我希望,由我们三方共建的不只是实践育人基地,也是爱国主义教育基地,通过我们共同的努力,培养更多有梦想、有技能、肯实干,能担当民族复兴大任的时代新人。同时希望通过此次示范党课传递百折不挠的"攀登精神",引导广大干部群众坚持以习近平新时代中国特色社会主义思想为指导,展现新气象、激发新作为,把学习教育成果转化为爱国报国的实际行动,让主题教育真正产生实效。

（影视艺术系、宣传部供稿）

"美丽中国"视觉艺术作品展

——庆祝中华人民共和国成立 70 周年视觉艺术作品展顺利开幕

发布者：宣传部

　　为庆祝新中国成立 70 周年，展现中国上海 70 年来翻天覆地的变化，进一步激发全校师生强烈的爱国热情，增强民族自豪感与自信心，坚定为祖国繁荣富强努力奋斗远大理想，11 月 7 日下午，由上海高校实践育人创新创业基地联盟主办，上海出版印刷高等专科学校承办的"美丽中国"——庆祝中华人民共和国成立 70 周年视觉艺术作品展在杨浦复地四季广场 3 号楼汇创空间展厅正式开幕。上海市美术家协会副秘书长丁设、杨浦滨江投资开发有限公司副总经理钱亮、杨浦区文化和旅游局四级调研员胡国棉、学校全体在校校领导出席活动。各高校专家学者，学校相关职能部门负责人、影视艺术系师生代表参加了此次开幕式。

图 1　"美丽中国"视觉艺术作品展现场 1

　　开幕式在"美丽中国70周年光影秀"中正式拉开帷幕,策展人谭斯琴首先介绍展览构思及设计亮点。

　　校长陈斌致欢迎辞。他首先代表学校感谢上海市文学艺术界联合会、杨浦区文化和旅游局、杨浦滨江投资开发有限公司等单位一贯以来对于学校发展的支持。他强调,此次展览凸显了我校师生的艺术造诣,彰显我校师生的慧眼和匠心,展现了我校师生坚守传统文化,勇于开拓创新的艺术理念,能在我校深入开展"不忘初心、牢记使命"主题教育期间举行此次展览,对于我校师生学习贯彻习近平新时代中国特色社会主义思想具有十分重要的意义。

　　影视艺术系负责人张波介绍了此次展览的主办情况。她表示,影视艺术系师生各展所长,以作品为媒介,集中展现了新中国成立以来中国社会取得的巨大变化,策展团队从众多参展作品中精心遴选出100余幅具有代表性的作品,生动展现了党和国家70年来坚定的理想信念以及高质量的发展步伐。

　　上海市美术家协会副秘书长丁设对本次展览形式的丰富以及内容的创新表示肯定。他表示,此次展览展现了中国风格、中国气派和中国审美,彰显了版专师生的创作力量与热情,诠释了新时代青年人对于艺术的理解和思考。作为艺术传媒类高校,上海出版印刷高等专科学校在学生综合素质的培养以及艺术美感的塑造方面有不少值得借鉴推广的创新举措。

图2　"美丽中国"视觉艺术作品展现场2

开幕仪式结束后,领导嘉宾在影视艺术系教师、本次展览策展人谭斯琴的讲解下进行了参观。作为"课展结合"的重要尝试,今年是影视艺术系连续第三年举办"美丽中国"视觉艺术作品展。系部师生历时两个月的时间,精心组织筹划、反复打磨完善,以多样的形式和多元的风格,展示了新中国 70 年来的辉煌历程,诠释了版专师生对生活与艺术的理解与思考,体现了影视艺术系扎实推进育人工作的丰硕成果。

此次展览设立了"美丽中国""我和我的祖国""声忆石库门"三个板块,并加设"不忘初心、牢记使命"主题教育特展。作品涉及绘画、书法、摄影、视频、

图 3　部分展出的视觉艺术作品

异形投影、灯光装置、电影短片、海报设计等各类艺术表现形式。其中"美丽中国"板块以书画、摄影为主要载体，师生们用笔墨色彩勾画出祖国的好山好水，诠释了中华儿女拳拳爱国之心；"我和我的祖国"展区中的作品，将舞台贴近生活，通过电影短片、音乐创作等形式生动诠释在中国腾飞发展的进程中，人民对中国梦的无限向往与不懈追逐；"声忆石库门"则将目光聚焦于上海的发展与变迁，版专师生通过装置艺术及摄影作品记录下上海杨浦的点滴变化，通过艺术的领悟与表达，展现了对家乡的眷恋与热爱。而"不忘初心、牢记使命"主题教育图书特展是学校新中国成立 70 周年精品图书展的延续，也是学校深入开展主题教育，扎实推进理论学习的重要举措，相信此次美丽中国视觉艺术作品展的成功举办势必会将学校主题教育推向新的高潮。

（影视艺术系、创意园区综合管理办公室供稿）

"学教结合，展练并重"

——影视艺术系开展"美丽中国"课展结合课堂教学模式新探索

发布者：宣传部

在上海市文学艺术界联合会、上海市杨浦区文化和旅游局、上海高职高专文化素养教育教学指导委员会的指导下，11 月 7 日下午，由上海高校实践育人创新创业基地联盟主办，上海出版印刷高等专科学校承办的"美丽中国"——庆祝中华人民共和国成立 70 周年视觉艺术作品展盛大开幕，为观众带来了一场视觉盛宴。此次活动的成功举办，展示了影视艺术系师生团队协作配合的团队精神与较高的专业素养，也是系部积极探索课展结合课堂教学模式的成功案例。

此次展览共设立了"美丽中国""我和我的祖国""声忆石库门"三个板块，并加设"不忘初心、牢记使命"主题教育特展，在"声忆·石库门"板块中，系列

《声忆·石库门》系列作品

作品结合了异形投影与声音装置两种艺术形式,带给观众游走于石库门里弄的沉浸式体验。

学生在指导老师胡悦琳的带领下,通过石库门采风活动参观了上海的标志性建筑,浏览了《屋里厢博物馆》,在代表不同时期的新老石库门里弄间实地录音,最后凝练成《海派》《市井》《改造》《新尚》四个主题板块声音艺术作品。此外,选取"海关大钟""英雄纪念碑""一大会址"三个上海代表性建筑,将视觉影像投射到模型上,"活化"建筑模型,展现上海70年的沧桑巨变,用光影诉说石库门的历史与重建。这些作品,从前期的素材采集、方案设计、模型制作、投影测绘、视音频制作,到最后的异形矫正及布展,都由学生自主完成。

该展览作品是胡悦琳《异形投影技术》与《声音设计》课程教学实践。在授课中,胡悦琳强调展练有机结合,学生展出的不仅是作品,而是自己的能力、创作的思维,以及学习过程中的收获与见解,以展览为导向的教学模式,有效地培养了学生独立思考能力、社会实践能力、合作创新等各种能力,也让学生在实践中学习,享受创作的过程。在这个过程中,教师与学生分享彼此的思考、经验和知识,交流彼此的情感、体验与观念,丰富教学内容,求得新的发现,从而达成共识,共享、共进,实现教学相长和共同发展的理念。

学生在石库门录制声音

学生在制作投影模型　　　　　　　　　学生在异形矫正投影

　　在上海着力打造文化中心四大品牌建设的时代背景下,影视艺术系教师积极创新课程实践、传承与弘扬海派文化,将上海的城市精神作为教学育人的载体,在潜移默化中提升影视学子的文化素养,增强学生们的社会责任感和使命感。

（影视艺术系、教务处供稿）

"无障碍电影"新探索

——澎湃：无障碍电影放映：一座城市的温度与担当
发布者：宣传部

"新媒体背景下无障碍电影建设与传播研讨会"在沪举行

7月16日，在国家电影局宣布影院即将重开的这个好日子，由上海电影家协会、上海出版印刷高等专科学校共同举办的"新媒体背景下无障碍电影建设与传播研讨会"在上海市文联举行。来自沪上影视行业、高校等关注和支持"无障碍电影"项目的专家学者围绕无障碍电影的政策环境、品牌建设、校企协作、人才培养等方面进行深度研讨，以期更好地为政府的政策制定、高校的人才培养提供决策咨询。

上海一直走在无障碍电影工作前列

无障碍电影，是专门为了方便残障人士观看的经过加工的电影。通过重新剪辑增补大量配音解说的方式，让视力障碍者了解整部电影的内容，享受电

"新媒体背景下无障碍电影建设与传播研讨会"在沪举行

影艺术乐趣。

全国人大代表、著名导演贾樟柯在两会期间曾提出《关于发展我国无障碍电影事业的议案》，建议国家为无障碍电影立法、建设无障碍电影标准、减少对于无障碍电影的版权限制、完善电影院的无障碍观影设施，号召社会各界关心、支持无障碍电影。今年，贾樟柯导演在两会上延伸发展了无障碍的意义，他呼吁社会去关心老年人"数字生活"的问题，出台办法去帮助老年人适应"数字生活"，减少智能时代的障碍困境。

上海从 2008 年开始，就在进行无障碍观影的工作，且一直走在全国前列。过去几年里，上海已有多家影院开设"无障碍电影专场"，并且组成了一支由撰稿人、广播电视主持人、高校学生等在内的志愿者队伍，为视障观众提供电影的解说词编写和现场解说服务。

为了善用科技手段和社会支持力量，实现无障碍电影的真正高质量制作、全方面覆盖，上海电影发行放映行业协会联合上海电影技术厂，成立"至爱"平台，组织一支由艺术家、技术专家等组成的"至爱"团队，旨在推动上海"无障碍电影"的进一步发展，为生活在上海的视障群体提供更丰富、更多元的电影作品，让他们和其他人一样，随时走进电影院，走近电影，感受电影的魅力和快乐。

　　"现有的电影院都可以放映'无障碍电影',只需要额外安装一套'无障碍观影'设备,通过这套设备就能实现视障人士和普通观众一起观看电影。影院为每一位有需求的视障观众提供专用耳机,当影片播放时,视障人士不仅可以和普通观众一起听到影片里原汁原味的声音效果,享受听觉盛宴,还可通过耳机里单独播放的解说音轨,更好地理解、想象剧情画面。"上海电影发行放映行业协会活动部主任钟敏,上海电影技术厂有限公司数字制作中心副总经理、"至爱影院"项目顾问贺欣向大家介绍"无障碍电影"如何走入线下影院。

《山河故人》无障碍版海报

　　上海出版印刷高等专科学校影视艺术系的师生们在今年4月参与贾樟柯导演《山河故人》的无障碍版制作项目,导演贾樟柯也在通过视频表达了对这部电影无障碍版本的关注和支持。上海出版印刷高等专科学校校长、上海出版传媒研究院院长陈斌认为,关注残障人士是小康社会内涵中的一部分,无障碍电影的播放有助于实现残疾人士文化素养的提升,给予该群体信息无障碍建设带来的社会关怀。此次研讨会是一次浓缩时代气息、融入人文关怀、勇于社会担当的精神碰撞。上海电影集团艺委会副主任、教授汪天云强调本次研讨会是对无障碍电影工作的一次大幅提升。5G时代已经到来,影视行业相关的研究工作和人才培养工作要跟得上,无障碍电影也是如此,要从单纯的电影扩展到影视、扩展到网络。

研讨会现场

　　上海电影评论学会在无障碍电影方面成绩斐然，仅在蜻蜓 FM 平台上就达到了 1068000 次的访问量。秘书长黄一庆表示，这是一次无障碍电影业界的里程碑式的研讨会，期待以上海出版传媒研究院为平台，形成未来的制作与片库中心。并当场慷慨地将上海电影评论学会制作的 163 部无障碍电影无偿提供给上海出版传媒研究院。

丰富上海文化品牌的建设

　　视障人群是上海城市建设不可或缺的一部分，也是上海文化品牌建设与传播中不应被忽视的重要群体。我国《残疾人保障法》的颁布，赋予并特别关注残疾人平等参与文化生活的权利，建立了各项有效举措，随着近年社会各界人士对特殊人群观影的关注与支持，我国的无障碍影视得到了巨大发展。上海出版传媒研究院将以所承接的"新媒体背景下'上海文化'品牌的建设与传播"智库内涵建设项目为依托，持续关注和研究"新媒体背景下无障碍电影的建设与传播"，将进一步提升新时代下上海文化的内涵，丰富上海文化品牌的建设。上海电影家协会、上海市盲人协会等行业组织也将极力推广无障碍电影的传播范围，切实为"文化惠民"、文化平等以及"人民城市"建设持续努力。

　　作为上海无障碍电影的放映品牌，2020 年 7 月"至爱电影"项目还将启动

"至爱视频"计划。计划将开通线上视频账号,通过策划、拍摄、制作、播放多系列、多主题符合时下受众审美、反映主流文化和价值观的视频内容,打造既符合平台调性、又能传播正能量、有社会关注度的内容风格,呼吁更多片方、明星、路人、组织/机构等关注弱势群体,尊重个体差异,共建文明和谐的无障碍信息社会。

（来源：澎湃新闻,2020 年 7 月 17 日,

链接:https://m.thepaper.cn/newsDetail_forward_8311658)

影视艺术系影像档案技术学生
志愿服务无障碍影视项目

发布者：宣传部

9月30日，"走向美好生活：全面建成小康社会主题影展开幕式暨至爱影院——无障碍观影项目重启仪式暨《我和我的家乡》无障碍版首映式"在天山电影院——虹桥艺术中心旗舰店举办。

本次活动由上海市电影发行放映行业协会、上海市慈善基金会、上海电影评论学会、上海艺术电影联盟主办，天山电影院承办，上海电影家协会、上海市盲人协会、上海电影技术厂、北京京西文化旅游股份有限公司、蓝精灵等支持单位。为创建更好的文娱生活环境，也为让视障人士们能够享受同等的文娱待遇，上海市委宣传部副部长高韵斐，上海市慈善基金会副理事长兼秘书长张华，上海市慈善基金会副理事长施南昌以及知名作家、导演韩寒，长三角各协会代表等领导嘉宾出席了本次活动的开幕式。我校影像档案技术班的11位同学在影视艺术系主任张波老师的带领下，参与了本次活动。

无障碍电影，是专门为了方便残障人士观看的经过加工的电影。通过重新剪辑增补大量配音解说的方式，让视力障碍者了解整部电影的内容，享受电影艺术乐趣。我校影视艺术系发挥专业特长，积极响应无障碍公益项目，在此已经组成了15人的师生志愿者团队，与北上广三地无障碍电影制作的公益组织共同制作了一系列无障碍文娱视听作品。我校影像档案技术专业在发挥专有所长的同时，也体现了"协同、开放、创新、卓越"的无障碍内容制作精神，共同唤起社会对视力障碍群体的关注，激发社会对视力障碍群体的关爱。

张波（影视艺术系主任左四）、赵芸（上海电影家协会秘书长左五）
与 19 级影像档案技术专业学生

（影视艺术系供稿）

"启影"大学生电影节建设

——"2021启影"电影节启动仪式亮相第十七届中国国际动漫游戏博览会
发布者：宣传部

7月17日，我校举办的产教融合峰会暨2021"启影"电影节启动仪式在中国国际动漫游戏博览会举行。上海广播电视台业务总监沈伟，上海麟锐文化传媒有限公司总经理张春雨、副总经理李青云，我校影视艺术系党总支书记张卫华、副主任肖澎参加启动仪式。

学校一直致力于推动产教融合，培育影视产业人才，推出了青年短视频孵化平台，为青年电影人提供更丰厚的创作土壤。虞骏为在场的嘉宾与观众深入介绍该平台，与会专业从业人员、影视爱好者纷纷扫码，踊跃加入，大家的创作热情比之三伏天还要热烈。

峰会现场1

启动仪式上，肖澎为大家介绍上海出版印刷高等专科学校另一知名影视品牌，也是今天活动的主角——"启影"电影节。该电影节由上海高校实践育人创新创业基地联盟主办,至今已成功举办四届,并已逐步发展为具有专业特色的影视文化品牌活动,在上海乃至全国具有愈来愈强的影响力。肖澎还带来了"启影"电影节历年的获奖作品进行展映,让现场观众一睹当代青年电影人的艺术才华。

峰会现场 2

学校代表张卫华、肖澎,同企业代表沈伟、李青云共同按下手印,宣告"2021 启影"电影节正式启动。同时,为了更好地深化合作,推动影视教育事业,上海出版印刷高等专科学校与上海麟锐文化传媒有限公司还在启动仪式上进行了校企合作签约,促进产教融合更快落地,培育更多的技能应用型人才,打造上海影视产业新高地。

峰会现场 3

峰会现场 4

（影视艺术系供稿）

中国"最美的书"项目

——我校教师创作设计的《沂蒙田野实践》荣获 2020 年度"中国最美的书"
发布者：宣传部

近日，由我校教师李艾霞创作设计的《沂蒙田野实践》在 2020 年度"最美的书"（原"中国最美的书"）评选中从 320 种参评图书里脱颖而出，荣膺本年度"最美的书"称号，并将代表中国参加 2021 年度的"世界最美的书"评选活动。

评选活动现场

　　"最美的书"创立于 2003 年,是上海市新闻出版局主办的书籍设计年度评选活动,每年评选出的中国"最美的书"会被送往德国莱比锡参加"世界最美的书"的评选。该奖项不仅反映了中国图书设计的艺术水平和文化内涵,也是中国的装帧艺术和中国童书设计走向世界,传播中华文化的重要载体。

部分评选图书

　　《沂蒙田野实践》源于项目发起人李艾霞老师 2018 年夏天带领上海童书研究中心的学生团队在沂蒙山所做的教学实践项目,在两年后经过重新梳理,以绘本的方式呈现。其主要内容为:思考怎样将艺术介入到支教中,儿童与成人的教育模式如何展开,并在实践中思考施教与被教如何展开,教师如何做好儿童学习的组织者、合作者及引领者。李艾霞老师将创作主动权交给孩子们,并将整理出的作品,通过中欧插画与影像展、书籍排版工作坊、长画卷等方式呈现给观者。

　　今年是我校教师首次在"最美图书"评选中获奖,实现了该奖项的重大突破,体现了学校创新创业教育和实践育人的重要成果,该作品作为重要的教学成果是学校立足专业,培养具有创新能力、创意思维的应用技术型人才的重要成果。今后,学校将继续鼓励师生以传统文化为根基,立足专业开展创意实践,以赛促教、以教促学、以文化人。

(影视艺术系、创意园区综合管理办公室供稿)

鸿鹄计划就业导师制建设

——影视艺术系 2020"鸿鹄计划"就业推进大会
暨校企合作签约仪式顺利举行

为深入学习贯彻党的十九届五中全会精神,促进我系毕业生更加充分更高质量就业,12 月 18 日上午,影视艺术系 2020"鸿鹄计划"就业推进大会暨校企合作签约仪式在营口路报告厅举行。上海市文创办专职副主任强荧,资金办、综合办王康,上海上报资产管理有限公司韩家明,上海亚沪数码科技有限公司合伙人万超翔、姚旻霄,校党委书记顾春华,副校长杨爱玲等应邀出席。校就业指导中心、影视艺术系相关负责人,"鸿鹄计划"导师,影视艺术系毕业班辅导员、班主任及全体毕业生参加了本次大会。会议由影视艺术系党总支副书记张卫华主持。

校就业指导中心主任朱兰首先解读了 2021 年就业政策,在疫情防控常态化条件下,她建议全体毕业生要认清就业形势,发挥专业特长,适时转变就业观念,提高社会适应能力。

影视艺术系负责人张波详细介绍了"鸿鹄计划"近年来的开展情况。她指出,自 2017 年创新开展"鸿鹄计划"以来,有针对性地指导、帮扶学生就业,打造学生就业的精准化、定制化服务模式,取得一定成效。系部将继续安排导师在各位同学的顶岗实习、毕业实践、毕业设计和学生就业工作四个环节中进行深入指导,结合与东方网的产业学院建设工作,实现全体教职员工齐抓共管的就业工作格局。

随后,影视艺术系副主任肖澎与系学生会主席安泽宇作为师生代表进行签约,副校长杨爱玲上台见证。双方就就业扶助工作达成协议,师生双方为提高就业质量,实现精准就业共同努力。

系团总支副书记、学生会副主席李苗硕作为学生代表回顾了大学三年的点滴成长。她表示,作为一名学生党员不论未来是走向工作岗位,还是继续求学深造,都将牢记初心使命,抓住新时代新机遇,到祖国最需要的地方去建功立业;"鸿鹄计划"的受益者,2019届毕业生,现就读于上海杉达学院的彭双双与在场的毕业生分享了自己求学历程,并将升本"干货"倾囊相授,鼓励学弟学妹们明确个人定位,尽早树立目标。

为进一步拓宽就业渠道,提升毕业生就业质量,影视艺术系负责人张波与上海亚沪数码科技有限公司CEO万超翔作为双方代表进行了校企合作签约,市文创办专职副主任强荧、校党委书记顾春华共同见证了这一历史性时刻。双方协定共同为数字媒体人才培养、数字媒体行业技术发展贡献智慧和力量。

作为版专校友,万超翔回顾了校园生活与创业经历。他表示,亚沪数码科技作为温哥华2010年奥运会图像设计服务供货商,是中国最专业制作公司之一,未来校企将开展产学研深度合作,欢迎广大版专学子来公司实习就业,成为数字媒体行业的"汹涌后浪"。

随后,顾春华发表讲话。他代表学校感谢强荧主任与企业代表出席此次就业推进大会。他表示,影视艺术系高度重视毕业生就业指导工作,创新推动"鸿鹄计划"导师制,全员参与,责任到人,效果显著,成绩斐然,希望影视艺术系能继续推进校企合作、工学结合、顶岗实习的职业教育人才培养模式;同时顾春华也殷切鼓励同学们,无论未来身处何方,都要牢记"崇德弘文,笃行致远"的校训,以"工匠精神""启盈精神""王选精神"为行动指南,把握历史机遇,用青春接续奋斗,在前路砥砺前行。

强荧对此次就业推进大会暨校企合作签约仪式的成功举行表示热烈祝贺。他强调,目前上海正深入贯彻落实习近平总书记重要讲话精神,全力实施"三大任务"、全面强化"四大功能"、加快建设"五个中心"。相信此次校企双方的合作能有效推动数字人才培养,进一步引导积极向上的数字媒体行业发展,营造浓郁的数字媒体行业氛围和良好的教育生态,为全力打响上海"设计之都"品牌,打造品牌新形象。全面优化产业发展生态贡献力量。

会后,2018级毕业生与导师一一见面,互留联系方式并开展了深入的交流。影视艺术系也将继续推动"鸿鹄计划"工作的开展,通过考核激励机制,引导"鸿鹄计划"导师本着对每一位毕业生负责的态度,做好实习就业指导工作,帮助毕业生把好人生方向,实现华丽转身,走好职场第一步。

(影视艺术系供稿)

创建智慧媒体产业学院建设

——聚焦产教融合　共谋智慧媒体产业学院创新发展

为进一步贯彻《加快推进教育现代化实施方案(2018—2022年)》及《国家职业教育改革实施方案》等国家产教融合政策,完善产教融合的办学体制机制,构建教育和产业深度融合发展新格局,3月18日下午,上海东方网股份有限公司旗下东方视讯有限公司董事长陈梁、总经理郑志强、制片总监顾亨瑜、办公室主任常骏来我校回访,就合作共建产业学院,深入推进智慧媒体产教融合项目落地发展作进一步沟通和交流。校长陈斌、副校长周国明出席,影视艺术系领导班子及相关教师代表共同参加。

回访会现场

会上,双方沟通顺畅,讨论热烈,本着"优势互补、共同发展、谋取共赢"的原则,就智慧媒体产业学院共建,校园融媒体建设,学生实训实践,"双师型"师资培养等相关项目的落地发展进行了深入探讨。陈斌表示,在学校转型改革,升级发展的大背景下,结合产教融合未来发展,学校期待与传媒产业龙头企业合作,形成共建联盟,共同筹谋产业学院创建的标杆项目,推动产教融合的落地实施。陈梁也表示,在传媒融合发展的大背景下,东方视讯也将整合产业资源,与我校共谋智慧媒体产业学院的创新发展。

与会人员留影

(影视艺术系供稿)

上海书展网聚宣传项目

——影视艺术系师生参与"上海书展在线阅读"网聚活动

发布者：宣传部

近日,影视艺术系师生积极参与由上海市委宣传部、上海市图书馆等单位发起的"上海书展在线阅读"网聚活动。在新冠疫情期间,师生们充分发挥专业特长,制作"在线读书""在线书评""与作家面对面"等短视频的编辑与制作,获得对方单位的认可与好评。

影视艺术系在接到工作任务后,迅速组建工作小组开展工作,由影视艺术系负责人张波老师总负责,专业教师石莹具体落实,部分专业技能突出的学生积极参与,师生团队"在线互动、实时指导、交流共享",克服"时间紧、任务重"的困难,在疫情期间,积极有效的完成任务,为上海在线书展群策群力。

"上海书展"在线阅读

自接到任务起,短短五日,影视系师生已完成二十余条短片的编辑与制作。这些作品将于近日配合"上海书展"的各类线上活动在 B 站、趣头条、澎湃、喜马拉雅、抖音等平台全线上线。

部分在线阅读内容

通过此次活动,影视艺术系的学生们锻炼了专业技能,展现了版专青年在疫情面前,运用专业知识和技能为人民群众服务,为社会贡献自己的青春力量。

相关短片可在以下链接查看:https://pan.baidu.com/s/1N2uUkDVSAXN-lIPpBAP-Ag

（影视艺术系供稿）

中华商务课程思政建设基地揭牌

——我校与中华商务上海基地举行校企战略
合作签约暨课程思政建设基地揭牌仪式

12月29日下午,我校与中华商务上海基地校企战略合作签约暨课程思政建设基地揭牌仪式在融媒体教室举行。上海市教育委员会高教处副处长赵坚,上海安全印务有限公司董事长张月明、常务副总经理臧传军、副总经理顾焱、市场研发部主任杨文玺、上海中华商务联合印刷有限公司常务副总经理徐欣、副总经理周建华,校党委书记顾春华、副校长周国明、副校长杨爱玲应邀出席。教务处、规划发展处、影视艺术系相关负责人、教师代表参加此次活动。会议由影视艺术系负责人张波主持。

战略合作及揭牌仪式现场

会上,张波以校企战略合作及课程思政作为切入点,全面详细地介绍了课程思政工作开展情况。她表示,影视艺术系近年来积极引进优质资源、创新教学模式,以"一核三驱四联动"的理念不断深化校企多元协同合作,增强社会服务功能,打造出了一系列富有特色的思政育人案例。

随后,校企双方代表进行了战略合作签约,在场领导嘉宾共同见证。顾春华、张月明共同为课程思政建设基地揭牌,汪军、孟仁振、张卫华分别为张月明、臧传军、徐欣颁发行业导师聘书。

在交流发言环节,校企双方分别就战略合作框架及课程思政建设的内涵进行了规划和憧憬。张月明认为,校企双方将以此为契机,形成独特的"双轮驱动"教研模式,充分利用高起点启动、高水平推进、高质量产出的先行优势,拓展更加广阔的合作空间和前景。汪军对此次课程思政建设基地的成立表示祝贺,希望在影视艺术系的助力下,校企双方进一步开展产教融合,创新课程思政理念,推动学校人才培养工作迈上新的台阶。

部分参会人员合影 1

揭版仪式现场

部分参会人员合影 2

上海安全印务有限公司董事长张月明

赵坚指出,长期以来,学校始终围绕思政育人工作不断探索发展,把思想政治工作贯穿专业教育教学全过程,努力创新形式,切实做到课程思政课入耳、入脑、入心。未来,希望学校与中华商务上海基地以"优势互补、合作创新、共同发展、协作共赢"为原则,建立长期、全面、深度的合作伙伴关系,为学生的实习实训与思政育人搭建更广阔的平台。

上海市教育委员会高教处副处长赵坚

顾春华对影视艺术系产教融合与课程思政的有机结合表示了肯定。他指出，此次签约开启了校企共同育人、校企思政教育的新模式、新格局，为进一步落实立德树人、实现全员、全方位、全过程育人夯实了基础。双方可以在未来共同提炼一些可推广的课程思政教育教学典型经验和特色做法、形成科学有效的课程思政教育教学质量考核评价体系，共同探索适合版专特色的人才孵化模式。

校党委书记顾春华

此次校企战略合作签约暨课程思政建设基地揭牌仪式的成功举行，是深入落实"促进产教融合、校企合作育人"要求的又一重要举措，未来将更好的为广大学生搭建了就业平台，提高学生的实践能力，同时也为企业培养优秀人才做支撑，助力企业蓬勃发展，实现校企互利双赢。

（影视艺术系供稿）

荣获印刷大奖 Benny Award(班尼奖)

——学校为荣获第69届美国印刷大奖
Benny Award(班尼奖)代表举行颁奖仪式
发布者:宣传部

2019年1月8日,学校为第69届美国印刷大赛中荣获班尼金奖的获奖代表举行颁奖仪式。校长陈斌、常务副校长滕跃民出席颁奖仪式。印刷包装工程系、艺术设计系、文化管理系、影视艺术系、印刷实训中心、技术技能人才学院相关负责人,参赛学生和获奖作品指导教师参加颁奖仪式。常务副校长滕跃民主持仪式。

表彰仪式现场

校领导首先为获奖代表颁发了班尼金奖奖杯和获奖证书。印刷包装工程系、艺术设计系、文化管理系、影视艺术系、印刷实训中心等部门负责人纷纷发言,向学校和参赛师生在大赛期间给予的指导和支持表示感谢。

部分获奖人员合影

　　常务副校长滕跃民表示,本次大赛成绩的取得离不开各系部、教师和同学们的积极参与,14座班尼金奖也创造了学校新的历史。参赛师生在比赛过程中团结协作、教学相长,积累宝贵经验的同时磨炼了意志品质、提升了专业水平,对于促进我校专业人才培养具有积极重要作用。

　　最后,陈斌作重要讲话,他向参赛学生、指导教师和各系部取得的优异成绩表示祝贺,对积极组织筹备大赛的各相关部门给予了高度肯定。他表示,

陈斌校长讲话

2017 年学校获得了 1 金 3 铜的优异成绩,今年报送的 14 件参赛作品全部获得班尼金奖和集体金奖,这一成绩的取得在印刷行业、企业中产生了很大反响,实现了学校在该项目中新的历史性突破。他强调,学校高技能人才培养工作正在不断走向深入,积极参与国际性大赛,将以赛促教、以赛促学、以赛促进理念不断融入教学是未来学校教育教学改革工作的重要方向,希望获奖师生和各部门以此次大赛为契机,为学校师生们做好榜样,助力学校未来发展更上一个台阶。

"党史教育融入课程　思政育人体系"建设

——关于公布"党史教育融入课程　思政育人体系"优秀教学案例获奖情况的通知

全校各部门：

　　经教师本人申报，系(部、院)推荐，及专家评审，共评出 50 个优秀教学案例，其中一等奖 12 个，二等奖 19 个，三等奖 19 个。已完成公示，现将获奖情况公布如下：

序号	系(部、院)	教师姓名	课程/案例名称	获奖等级
1	印刷包装工程系	顾　萍 麻祥才 刘　艳 葛惊寰 牟笑竹	《印刷概论》	一等奖
2	印刷包装工程系	方恩印 孔玲君 杨晟炜 郑　亮 李春梅	学史力行、实事求是，知行合一、止于至善——静电照相印刷名片设计	一等奖
3	印刷包装工程系	秦晓楠	红色基因进课程，艺术表达融入党史教育——文字的设计与表现手法	一等奖
4	信息与智能工程系	孙　敏 潘　杰 于　璇 付婉莹 周　萍	《移动应用开发》	一等奖
5	出版与传播系	范雄华	五星红旗在我心——《美术设计基础》思政教学案例	一等奖
6	文化管理系	衣凤翔	红歌演艺项目融入《舞台艺术基础》教学案例	一等奖

序号	系(部、院)	教师姓名	课程/案例名称	获奖等级
7	影视艺术系	王 莹 邢 潞 包立霞 杨 鑫	《音乐鉴赏》	一等奖
8	影视艺术系	张 波 孙蔚青 姬文瑾 葛芊芊	《影视导演基础》	一等奖
9	影视艺术系	陈思婕	《二维动画创作项目实训》党史教学案例	一等奖
10	艺术设计系	张页	《标志设计项目实训》课程思政教学案例	一等奖
11	动漫与电竞系	常方圆 张 静 程 璐 赵 佳	《数字摄影摄像》	一等奖
12	基础教学部	刘 军 陈洁华 蔺学才 唐桂芬 徐耀辉	《实用英语》	一等奖
13	印刷包装工程系	郑 亮 李春梅 孔玲君 方恩印 黄功剑	学习百年党史,传承红色精神,练就专业技能——党史入课堂教学案例《三维模型制作及应用》	二等奖
14	印刷包装工程系	俞忠华	学绿色印刷,圆印刷强国梦——党史教育融入课程思政育人体系《印刷企业管理》教学案例	二等奖
15	信息与智能工程系	吴丽萍	文字处理软件图文混排——以张太雷事迹及红色家书混排为例	二等奖
16	信息与智能工程系	张琦琪	组合数据类型的综合应用——以中国共产党大事年表为例	二等奖
17	出版与传播系	王 贞	传承红色基因,践行优良传统——融合"新华书店红色发展史"的出版发行课程教学设计	二等奖

序号	系(部、院)	教师姓名	课程/案例名称	获奖等级
18	出版与传播系	费　越	红色建筑摄影构图教案设计——关于课程思政党史教育融入的探索	二等奖
19	文化管理系	瞿　畅	《审计实务》总论案例——打铁还需自身硬,树立为社会提供专业服务意识	二等奖
20	文化管理系	傅　冰	从"延安文艺座谈"看文化产品的供给——《经济学基础》教学案例	二等奖
21	文化管理系	苏云霞	《文化经纪理论与实务》党史教育融入课程思育人体系教学案例——演艺经纪目标市场营销管理模块	二等奖
22	影视艺术系	孙蔚青	对话红色经典　致敬峥嵘百年——党史教育融入《电视栏目编导》课程思政育人案例	二等奖
23	影视艺术系	朱晓姝	寓史于课　润物无声——《融合媒介实务》课程思政案例	二等奖
24	影视艺术系	冯和平	电影艺术课程思政案例——电影《八佰》	二等奖
25	艺术设计系	高秦艳 周　勇 靳晓晓 张　页 蒋　璟	《商品包装设计项目实训》课程思政教学案例	二等奖
26	艺术设计系	陈　晨 薛　峰	《展示设计项目实训(一)》课程思政教学案例	二等奖
27	动漫与电竞系	朱　伟	中共一大会址 MG 动画制作	二等奖
28	基础教学部	唐桂芬	忆苦思甜发扬艰苦奋斗精神 党史教育融入《实用英语》课程思政案例	二等奖
29	基础教学部	薛中会	《高等数学》课程思政——以极值为例	二等奖
30	马克思主义学院	马前锋 张玉华 霍利婷	从"长征精神"到"精神长征"的跨越——VR助力党史教育融入高职思政课	二等奖

序号	系(部、院)	教师姓名	课程/案例名称	获奖等级
31	现代传媒技术与艺术学院	王正友 王 丹 耿 燃 谭斯琴	《二维动画设计》	二等奖
32	印刷包装工程系	刘 艳	理论联系实际,让知识融会贯通——《色彩原理与应用》实践教学案例	三等奖
33	印刷包装工程系	曹 前	党史故事融入《包装印刷》课程教学案例——传奇印刷机,革命大功臣	三等奖
34	信息与智能工程系	章 惠	融入党史教育和思政教育的《计算机网络技术》课程教学	三等奖
35	信息与智能工程系	陈 昱	课程思政建设案例——《机械基础》	三等奖
36	信息与智能工程系	马静君	党史融入《工程制图》课程思政案例	三等奖
37	出版与传播系	冉 彬 都 薇 沈逸鲲	心有所信 方能行远——《共产党宣言》的出版传播《出版与传播概论》	三等奖
38	出版与传播系	戴 正	柔性表达与认同——《微视频创意与制作》课程思政教学案例	三等奖
39	出版与传播系	徐 敏 沈晏妮 张华欣 李柏林 杜稳定	学史明理、学史增信、学史崇德、学史力行——《大学生职业生涯规划》教学案例	三等奖
40	文化管理系	颉 鹏	《中国书画》课程思政建设	三等奖
41	文化管理系	来 洁	《文化创意与策划实务》课程思政教学案例	三等奖
42	文化管理系	万 洁	感悟党史故事砥砺奋进前行——党史教育融入《管理学原理》课程思政教学	三等奖
43	影视艺术系	邢 潞	《歌声献给党》——《声乐作品表现》课程思政案例	三等奖
44	影视艺术系	杨 鑫	《影视鉴赏》党史教育案例	三等奖

续表

序号	系(部、院)	教师姓名	课程/案例名称	获奖等级
45	艺术设计系	钟垂贵	《网页艺术设计项目实训》课程思政教学案例	三等奖
46	艺术设计系	李佳黛	《用户体验设计项目实训》课程思政教学案例	三等奖
47	艺术设计系	朱忠翠	《家居室内设计》课程思政教学案例	三等奖
48	动漫与电竞系	张 静	动画分镜设计与红色经典影片视听语言分析	三等奖
49	基础教学部	范钦佩	党史教育融入《国际贸易实务》课程	三等奖
50	基础教学部	胡摇华 陆雯婕 顾怀秋 葛菁菁	"复兴之路,星火接力"中长跑教学案例《体育健康》	三等奖

联系人:_____ 电话:_____

教务处

2021 年 6 月 18 日

红色电影音乐主题党课建设

——"不忘初心 培根铸魂"建党100周年
红色电影音乐主题党课精彩举行
来源：上海出版印刷高等专科学校

百年风雨兼程，世纪沧桑巨变。为庆祝中国共产党成立100周年，弘扬中国精神，传播文化内涵，展现学校实践育人的丰硕成果，6月8日下午，影视艺术系党总支联合机关一支部、现代传媒技术与艺术学院直属党支部以及上理附属实验中学党支部，以一场别开生面的"不忘初心 培根铸魂"建党100周年红色电影音乐主题党课，向党的百年华诞献礼。全体校领导、相关师生受邀出席。

主题党课现场

本次音乐党课以百年党史为主题，师生们在悠扬的歌声中忆往昔峥嵘岁月；在优美的舞姿中展现中国共产党领导全国各族人民谋幸福；在激昂的诗朗诵中聆听革命先辈们的情怀;用音乐剧使观众进入那一段艰苦奋斗的长征路。以丰富的表现形式让现场观众体会到中国共产党在枪林弹雨中砥砺前行,在千难万苦中坚韧不拔,在生死存亡时不忘初心。

部分现场表演照片

学校始终肩负红色文化的传承重任,坚定理想信念、凝聚思想共识,通过此次电影音乐党课，全体师生一同追寻红色印迹，重温共产党筚路蓝缕的来时之路，更激励着大家奋勇向前。

现场人员合影

（影视艺术系、机关一支部、现代传媒技术与艺术学院供稿）

课程思政结硕果，红色故事拔头筹

——影视艺术系学生在上海大学生旅游节荣获特等奖

近日，在上海市文化和旅游局主办，杨浦区文化和旅游局协办，SITV乐游频道承办的2022年上海大学生旅游节红色景点自拍及攻略设计大赛中，我校影视艺术系教师林晓琳指导，影视艺术系学生钱嘉玲创作的《杨浦印迹红色车轮》荣获红色景点攻略设计大赛特等奖。同时，由林老师指导，影视艺术系学生王雅静创作的《开端》获得了红色景点自拍大赛优秀奖。在此次大赛中，我校是上海市唯一入围的专科院校，学生作品获得了上海平民女校等单位的一致好评，获奖作品将在SITV乐旅频道展播与展示。

此次获奖的学生作品是林晓琳老师《电视摄像基础》和《影视后期特效制作》课程思政建设的教学成果，是影视艺术系课程思政"三寓三式"范式研究中心的探索案例。在课程教学中，林老师结合课程思政"三寓三式"范式研究，通过对影视生产过程的深入实践，寓道于教、寓德于教、寓教于乐，训练学生的创作思维和实践能力。她引导学生在知识接受和实践创作中，自主地走进红色景点，场景化地感受红色文化，互动式地领悟爱国精神；让学生在拍摄前期的红色景点调研中理解红色历史，在中期拍摄和后期剪辑中讲述红色故事，在作品展映时传播红色精神。林老师的课程思政建设，将理论与实践相结合，教学与竞赛相融合，为职业院校课程思政融入专业教学实践路径研究提供了特色的课程案例与成果展示。

为加快推进课程思政理论研究和实践探索，影视艺术系始终不忘初心，乐于奉献，坚持不懈地为教师的课程思政建设提供强有力的支持平台，提升育人能力，建立优质的人才培养模式；为高职院校课程思政实施策略与育人成效探索新路径、新方法，拓展学生的新思维、新技能。

部分设计大赛照片

（影视艺术系供稿）

高等学会重点课题师生团队获奖情况

一、"守牢意识形态主阵地：基层政宣部门新媒体人才培养的创新与实践"获上海市职业教育优秀教学成果二等奖。

申报单位	申报成果名称	成果主要完成人	建议等级
上海行健职业学院	从"单向借鉴"到"互利共享"的中法合作商科人才培养探索与实践	丁玲、章卫芳、孙天楚、严威、杜若茜、Yann TOURNESAC、陈晓雪	二等
上海工艺美术职业学院	高职院校全媒体广告人才培养模式建构与实践	殷实、张新、沈瑞月、孙晓晨、金缘、朱卫兵、夏磊磊、路孙炳、张瑶瑶、黄伟	二等
上海电子信息职业技术学院	信息技术赋能高职公共英语"三教"改革探索与实践	肖潇、张霜、邓玉华、黄争妍、吴亚上、李俊霞、王惠华、张朝、陈娜华、张长瑜	二等
上海农林职业技术学院	培养新时代工匠型花艺师——学赛赛训四位一体花艺人才育人模式创新与实践	徐耀辉、朱迎起、顷一鸣、吴东明、成文泉、俞平添、丁穗林、吴文青、邵建玲、张琴	二等
上海出版印刷高等专科学校	守牢意识形态主阵地：基层政宣部门新媒体人才培养的创新与实践	张波、孙向阳、陈斌、邵跃民、汪军、孔祥鑫、韩宁、王正友、王莹、肖素	二等
上海科学技术职业学院	岗位适应性视域下高职照明科技专业实训课程的三教改革	郭威、韩芳、胡晓辉、王晶晶、刘克璐、曹春花、张文霜、钱晰、李贝贝	二等
上海出版印刷高等专科学校	项目引领、平台搭建、产教协同的文化服务类德技双优人才培养研究与实践	王红英、陈斌、聂烨、顾凯、宗利永、马前律、孔祥君、韩舍琳英、王建明	二等
上海东海职业技术学院	以数字学生促进智慧教育创新发展的探索与实践	张丽阳、徐志兰、刘婧忻、陈冯海冬、侯凤乐	二等
上海中侨职业技术大学	基于"企业实景"的汽车维修线人才培养实践探索	郭立峰、赵欣、黄绘奇、李先、费荣建、徐玮娄、叶朝志、刘群、王海斌、吴珂	二等
上海思博职业技术学院	"生命至上、对接国际"高职护理教育课程体系的探索与实践	叶楠、沈小平、马志华、刘芹、金政欣、王璋、张健、严巧巧、李斌、贺佳娃	二等
上海工艺美术职业学院	文化浸润、三维育人：高职院校数字影视类专业主题式项目教学改革与实践	陈玮、唐延强、徐彩、吴燕、林超、韩囤之、董宗芬、张嘉婚、姚桂英、李娜	二等
上海城建职业学院	基于CDIO理念的园林植物景观设计教学改革与实践	朱红霞、徐冬梅、夏海文、吴圣杰、朱贲青、杜安、林佳	二等

上海市职业教育优秀教学成果项目名单

83	上海健康医学院	预防医学	唐红梅
84		女性健康	王 红
85	上海出版印刷高等专科学校	印刷概论	顾 萍
86		音乐鉴赏	王 莹
87	上海旅游高等专科学校	休闲活动策划	刘新静
88		美食与美酒知识	陈 思
89	上海公安学院	治安学总论	朱志萍
90		警务谋略学	金晓屏

获奖人员名单

二、8门课程在校级优秀案例评选中胜出，一等奖3门。二等奖3门，三等奖2门。一门课程入选上海市党史融入课程100门优秀案例(见后图)。

三、《信息无障碍背景下视障人群媒介使用调查报告》在上海市第十七届"挑战杯"竞赛中获得一等奖

上海市第十七届"挑战杯"竞赛获奖现场

四、"我们的城市"短视频大赛是在人民网、中共上海市杨浦区委员会指导下,人民网上海频道、中共杨浦区委宣传部、杨浦区文明办联合 11 所高校和社会各界共同举办的主题短视频大赛。课题团队创作的 5 个短视频作品,其中《NIGHT OF SHANGHAI》《上海"智"造》《居之变革》《人民城市的印刷密码》4 项均获得此次比赛不同奖项。

"我们的城市·上海"短视频大赛获奖现场

五、《音乐鉴赏》入选上海市课程思政示范课程。

课程思政示范课程拟入选名单(507 门)

345	职业教育	上海工程技术大学	特种制造项目实训
346	职业教育	上海公安学院	信息安全基础
347	职业教育	上海公安学院	特警警械实战应用
348	职业教育	上海公安学院	道路交通安全违法行为处理
349	职业教育	上海公安学院	监所收押工作实务
350	职业教育	上海出版印刷高等专科学校	静电照相印刷
351	职业教育	上海出版印刷高等专科学校	印刷概论
352	职业教育	上海出版印刷高等专科学校	出版与传播概论
353	职业教育	上海出版印刷高等专科学校	经济学基础
354	职业教育	上海出版印刷高等专科学校	实用英语
355	职业教育	上海出版印刷高等专科学校	音乐鉴赏
356	职业教育	上海出版印刷高等专科学校	印刷企业管理
357	职业教育	上海旅游高等专科学校	美食与美酒
358	职业教育	上海旅游高等专科学校	会议策划与管理实务
359	职业教育	上海旅游高等专科学校	旅游职业素养

六、第五届上海高校青年教师教学竞赛暨第六届全国高校青年教师教学竞赛选拔赛一等奖。

竞赛现场

七、创业项目《云眼文娱——为视障人士打造无障碍文娱内容的平台》获得第十七届"振兴杯"全国青年职业技能大赛(学生组)创新创效专项赛银奖。

技能大赛及获奖证书

八、2021—2022年度"劳模精神进校园"活动优秀组织单位

优秀组织奖奖牌

九、学生作品《鱼缸里》在教育部"全国大学生网络文化节""活动中荣获一等奖

二、微电影
一等奖

作品类别	作品名称	作者	学校	指导老师
微电影	奶奶家的老母鸡	李博帅、郭世杰	山西运城农业职业技术学院	梁　杰
微电影	八千里路云和月	傅宇杰、肖源睿	清华大学	金雨浩
微电影	望天水	陈艺楠、郭嘉禾、张苣瑞、贺　源、陈雨鑫、梁自豪	山东艺术学院	籍　勇
微电影	光	张子凡、陈子涵	西安外国语大学	郭　斐
微电影	鱼缸里	方雪旖、王　涵、杨皓然	上海理工大学、上海出版印刷高等专科学校	孙蔚青
微电影	雄狮有梦，梦在今朝	梁雅雯、梁润璋	华南农业大学珠江学院	袁佳琦
微电影	他的梦	吉洛加、才让夸、环贡叶后	扬州工业职业技术学院	吴　迪

获奖人员名单

十、"构建智慧图书馆《微阅读·行走》在行动"项目,在"2022年上海青少年模拟政协提案征集"活动中,荣获上海市青少年模拟政协提案"优秀模拟提案作品"奖项,同时,该项目也获得了2022年"知行杯"上海市大学生社会实践大赛高职组三等奖。

十一、《我的保供守"沪"日记》荣获上海大学生电视节"庆祝中国共产主义青年团成立100周年影视短片大赛"二等奖。

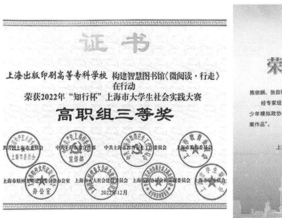

活动现场及获奖证书

影视短片大赛现场

课程思政融入专业教学实践创作成果

一、参与第 21 个全民国防教育日系列活动的拍摄,助力杨浦区民防办完成了宣传片与短视频的拍摄、制作工作。系列短视频在新华网上线,收视突破 140 万。

活动现场人员留影

二、大学生校园安全主题科普项目是由上海市科委资助的,旨在促使大学生在公共安全领域的国家安全、公共卫生安全、网络空间安全、心理安全和禁毒安全等的科普教育中,课件于 2021 年 5 月在上海科普平台上线,累计收视突破 10 万。

部分课件图

三、中国教育工会上海市委员会命名了第四批上海市教育系统的"劳模创新工作室"。由上海出版印刷高等专科学校影视艺术系负责人张波同志领衔的"张波劳模创新工作室"名列其中。

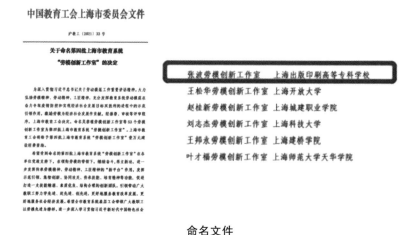

命名文件

四、课题组与上海图书馆进行产教融合研究,共同传播城市文化,打造智慧图书馆的项目——《微阅读·行走》文化微纪录短视频记录上海的脚步继续前行。多个融合媒介作品上线澎湃新闻客户端,并多次获要闻版首页推荐。

智慧图书馆项目证明

五、上海科技创新行动计划科普专项——舞台剧《平安校园》,该项目是课题组与上海广播电视台影视剧中心校企共建的科普传播项目。以校园实验室安全为主线，通过情景模拟、知识问答、多媒体舞台等形式，将学生喜闻乐见的形式与青少年安全教育相结合，给同学们生动的安全教育，以达到寓教于乐的目的。

仪式现场人员留影

六、"有爱无碍"公益社团与上海无障碍文娱项目组协作完成了无障碍电影《罗生门》《乱世佳人》手语转化。

手语转化现场 1

手语转化现场 2

七、课题组与上海大学共同承制大型纪录片《中国纪录片口述史》,聚焦多元文化讲好中国故事。

纪录片录制现场

八、毕业大戏《狂飙》讲述中国人物,传承红色基因,传递中国价值,毕业大戏《狂飙》的演绎也进一步深化了党史学习教育,使影视学子们对党的百年奋斗历程有了更加深入的理解,更加坚定了自身理想信念,明确了就业方向,确立了人生目标,彰显了影视学子履行"请党放心,强国有我"的坚强决心。

毕业大戏《狂飙》演出现场

九、《文化振兴　让古村落"活起来"——三民文化村旅游开发项目》在"三民民俗体验"小程序上借助数字孪生技术,打造线上三民文化古村;借助线上旅游,周边售卖,与项目化课程三个模块实现线上线下联动,项目达到以新技术传播当地文化并带动当地经济发展人口就业的目的。

线上三民文化古村

十、与中央电视台十套科教频道合作,制作"追寻党的光辉足迹,讲传人

311

社惠民故事"十集建党百年专题片。

专题片部分内容照片及中央广播电视总台实践证明

后　记

在影视艺术系党政领导和广大教师的大力推进下，本书终于公开出版了。本书是影视艺术系课程思政"三寓三式"范式研究中心、课程思政领航学院多年来的建设成果，更是广大教师辛勤努力的结晶。

在编写过程中，我们得到了学校领导、校课程思政研究中心、教务处等部门的大力支持，同时张卫华书记、谢无暇、王飞、程红老师也做了不少工作，在此一并表示衷心的感谢。

因时间仓促及水平和精力所限，本书尚有若干有待完善之处，衷心希望广大读者提出宝贵的改进意见和建议。

编者

2024 年 7 月

图书在版编目(CIP)数据

课程思政系统性探索与实践:基于"三寓三式"范
式导向的"上海高校课程思政重点改革领航学院"建设案
例.续三/滕跃民,张波主编. -- 上海:上海三联书店,
2024.9. --ISBN 978-7-5426-8663-3

Ⅰ.G641

中国国家版本馆 CIP 数据核字第 2024MP5348 号

课程思政系统性探索与实践

——基于"三寓三式"范式导向的"上海高校课程思政重点改革领航学院"建设案例·续三

主　编/滕跃民　张　波

副主编/王　莹　肖　鹏

编　务/包立霞

责任编辑/方　舟

装帧设计/一本好书

监　制/姚　军

责任校对/王凌霄

校　对/莲　子

出版发行/上海三联书店

　　　　(200041)中国上海市静安区威海路 755 号 30 楼

邮　箱/ sdxsanlian@sina.com

联系电话/编辑部:021-22895517

　　　　　发行部:021-22895559

印　刷/上海惠敦印务科技有限公司

版　次/2024 年 9 月第 1 版

印　次/2024 年 9 月第 1 次印刷

开　本/710mm×1000mm 1/16

字　数/320 千字

印　张/20.25

书　号/ISBN 978-7-5426-8663-3/ G·1738

定　价/88.00 元

敬启读者,如发现本书有印装质量问题,请与印刷厂联系 021-63779028